問學

丛书编委会

（按姓氏音序排列）

求学与治学

杜泽逊　著

浙江古籍出版社

图书在版编目（CIP）数据

求学与治学 / 杜泽逊著 .-- 杭州：浙江古籍出版社，2021.11（2023.9 重印）
（问学）
ISBN 978-7-5540-2090-6

Ⅰ . ①求… Ⅱ . ①杜… Ⅲ . ①治学方法－文集 Ⅳ . ① G795-53

中国版本图书馆 CIP 数据核字（2021）第 184744 号

求学与治学

杜泽逊　著

出版发行　浙江古籍出版社
（杭州体育场路 347 号　电话：0571-85068292）
网　　址　https://zjgj.zjcbcm.com
责任编辑　周　密
文字编辑　屈钰明
封面设计　吴思璐
责任校对　吴颖胤
责任印务　楼浩凯
照　　排　浙江时代出版服务有限公司
印　　刷　浙江海虹彩色印务有限公司
开　　本　787mm × 1092mm　1/32
印　　张　10.5
字　　数　230 千字
版　　次　2021 年 11 月第 1 版
印　　次　2023 年 9 月第 2 次印刷
书　　号　ISBN 978-7-5540-2090-6
定　　价　60.00 元

序

浙江古籍出版社王旭斌社长盛情邀请为《问学丛书》提供一部书稿。我揣摩这套丛书是谈治学的，于是把近年与青年学生谈治学方法、与教师同事交流治学经验以及涉及治学的若干评论、访谈、序言、杂记，汇为一册，稍作诠次，分为五组，名《求学与治学》，聊以塞责。

我与同辈友人讨论治学，每叹读书太少，功力浅薄。乾嘉诸儒，固不敢仰望；即近世师辈，亦愧为后学。每每想到龚定庵著名的诗句“著书都为稻粱谋”，不能无戚戚焉。哪里有什么资格谈治学方法、治学经验呢？不过忝为人师，总不能不勉励青年学子奋发进取，谈一点甘苦之言。所幸没有撒谎，没有自欺欺人，而是反复强调因地制宜、由近及远、由易到难。又述前辈嘉言懿行，以为示范。其中深意，盖有难以言表者。

去年中华书局郭时羽女士为我编集了一册演讲录《治学之道与著述之道》，蒙读者赏光，评为中华书局大众人文类“十佳图书”。这本小书性质相同，可称姊妹篇，因仿其体例，以类相从。蒐集排纂，则门生王君篤堃、孔君妍文任其劳，文学院、儒学院、校经处、尼山学堂诸生佐余录入整理、校订文字，已分注各篇，浙江古籍出版社编辑屈铚明女士亦大费辛劳，总此申谢。书中文字大都匆匆赶写，或录音整理，不免疏误，尚乞读者诸君批评教正。

杜泽逊

2021年3月17日于山东大学

目录

CONTENTS

壹　致青年学子们

与尼山学堂诸生谈论文写作

尼山学堂招生面向大一在校新生，这有很大的好处，队伍稳定。如在高考环节招生，存在的问题是什么呢？我曾问过武汉大学的郭齐勇先生。在高考环节中招生，队伍不稳定。大一新生知道这样一次选择的机会可能是此生最后一次。所以面试时被问到："为什么要来尼山学堂？"大家都极有感触：最初报考尼山学堂时可能是无所谓的，后来就放不下了，等被通知考上后就不能不来了。这说明它是一种需求。文史哲各院之中，我们起一个补空的作用。

"国学"作为一个一级或二级学科，至今没有得到国务院学科规划系统的认可。"经学"这个学科在 1912 年就已经被国民政府教育部取消。假定"中国历史"这个学科被取消了，震动该有多大呢？从传统上说，"经学"其实是第一学科，被取消后就造成了一个完整的、曾经是核心的学科分裂了。李学勤先生在《中华读书报》上发过一篇文章，是他在中国人民大学国学院的一次讲话，题目非常醒目：《国学的主流是儒学，儒学的核心是经学》。《山东大学研究生学志》让我题词时，我添了一句话："经学的基础是小学。"这三句话是："国学的主流是儒学，儒学的核心是经学，经学的基础是小学。"这三句话可以代表一种主张，或能揭示一种现象。儒家研究什么呢？儒家的经典是《十三经》，外加《大戴礼记》《荀子》，《春秋外传》（即《国语》）也可以加上，儒家的元典是这些。

经学在汉代已经成为主流意识形态，是判断是非好坏的标准。大部分经学方面的著作是"述"，而不是"著"，元典都是经书。在宋代产生了一次革命，产生了理学，我们也可以把它称为"新经学"。宋明理学继承下来，到了民国，产生新儒家。新儒家继承的是宋明理学。在学科分类上，它是哲学学科中国哲学史专业儒家哲学方向。旧经学继续延续，到清代实现了勃兴，有所谓"清人十三经注疏"。到近代出现章黄学派，讲究训诂考证，不主张阐释义理，更不太主张与政治相结合，愿意多读书、从事典籍整理注释。这样就形成了两派，研究目标、价值尺度严重不同。而这种不同在汉代就开始了。有些人不愿意去阐释义理，注重训诂考证，这些人在现代相当一批都落到中文系去了，具体来说就是训诂学、古汉语，还有少量先秦两汉文学。但是先秦两汉文学是不纯的，他们既需要考证，也需要发挥。在哲学、训诂学两者之间的还有一支力量是中国思想史，代表人物是侯外庐，落到历史系，专门史专业，思想史方向。当然也有进入上古史方向的。

近百年来，原来念经学的人跑到了文、史、哲各系，发展成了不同的专业方向，用自己的方法著书立说，去培养人才，为国家文化的繁荣做贡献，并且都发展得很好。但是，一个客观情况就是他们说不到一块去。比如“尼山世界文明论坛”，参加的人主要是搞哲学的，像章黄学派刘晓东先生是不报名参加的，认为与自己无关。这种分立延续到今天，已经比过去严重多了。过去搞旧经学的人是不用“儒学”这个名称的，用“儒学”这个名称的往往是搞中哲史的人。至于尊崇的对象，也不一样。搞儒学的人尊孔，而搞经学的人尊周公。我们很难想象《书经》中有多少孔子的思想，搞儒学的人也不念《五经》，他们主要念《四书》。这样一来，念的书也不太一样，讨论问题就差异甚大。尼山学堂开始说的是“国学班”，后来称为“古典班”，意思其实是一样的。从我们的上课框架和请的老师及我们使用的教材来看，我们是不主张这样一种分歧的，我们既要开《四书》，读朱子的《四书章句集注》；也要开宋明理学的课，开《宋元学案》《明儒学案》，也开音韵学、文字学、训诂学，按照古典学术的路子培养大家。

大家都知道，一个人的出身、经历，生长的环境、地域，个人的性格，都有较大的差异，将来的发展绝对不可能一样。不一样是常态，一样是非常态。植根在中国的传统之上，这是基础，谈的是传统的话题，谓之国学。我们不能复制顾炎武，也不能复制陈寅恪，培养的只能是今天的国学家。认识问题的模式和方法，从古到今，已经发生了多次颠覆性的变化，但是每个国家和民族，源头性的经典没有被颠覆过，而且越来越宝贵。新学问在不断产生，这个“根”一直被小心翼翼地保护着。这部分学问的难度较大，往往令他人感到敬畏。从事学术研究还有非一般性质的标准，就是挑战人类的智慧、证明你的能力，甚至反映一代人的智慧。搞学问和一般性的欣赏还有相当大的差异，有相当的功利性，对于将来所能达到的高度，所取得的果，人们是非常向往的。这是人类原始性的探索心理支配着你。当你阅读了司马迁的《史记》之后，当你学习了顾炎武的《日知录》之后，产生了敬畏感并情愿以之为效仿的榜样，景行行之。

尼山学堂是让大家先了解传统学问的高端、难点和硬疙瘩，了解学习这些学问的方法和套路，认识这方面的高端人物，用现在的方法向古人看齐，并且还要超越。大家要有这样一种意识，大约像猎人。当你有了一定知识之后，到了深山老林，你的全部的精力在于发现猎物，并把它杀伤、杀死。一个学者在追求什么呢？在于谋求适合自己的选题，适合自己的选项。过去我给同学们讲课时打比方，比如芝麻开门，进去之后都想多拿，拿大了拿不动，拿小了就亏了，但每个人只能拿一次。如果拿到了适合的东西，就值了，而不是要拿第一多。这是一个战略问题。就像一支游击队选择攻克柏林，肯定不行，绝对全军覆没，但如果选择了适合的仗，肯定一打一胜。所以每个人，要想让自己发的光尽量亮一些，只能是研究自己，而不是研究别人。

尼山学堂希望培养各式各样的人才。比如当一名小学老师，也和别的小学老师教得不一样。大家知道一个年级分好多班，尼山学堂毕业生去当老师，他领最差的一个班，一年之后可以让它成为第一名。和别人不一样，有自己的指导思想。你能用你的能力、劳动和方法让别人进步，就已经足够了。人生的时间不太长，比起历史，就是一会儿。怎么样来生活，每个人只能自己选择。人的命运相当一部分取决于社会。社会像个大转轮一样，你粘在上边，不能掉下来。社会运动也是决定人生的一小部分。至于取决于你自己的那一部分，王学典教授非常强调“自我奋斗”。这句话道出了人生中比较重要的一部分，就是你自己说了算的那一部分。

关于推荐研究生的问题。尼山学堂一半的同学可获得推荐资格。至于推荐的办法呢？我们费了很多心思，开了几次会。假如真正的人才没有被遴选上来，就证明考试办法的缺陷很大。我们这个实验班也需要尝试。没有推荐上的同学需要考研，我对这个事情很关心。因为我们中文系 81 级碰上了第一次开始推荐上研究生。中文系 81 级一共 100 个毕业生，推荐 4 个。下通知之前谁都不知道有推荐这回事，突然说要推荐。中文系就把所有同学的成绩算出来张贴在文史楼的一楼。我一看，是第五名，一共推荐四个，我就是没推荐上的第一个。怎么办？考吧。我很危险，当时差一点点就没有考上。所以我对没有推荐上的同学非常关心。我们回头看，推荐上和没有推荐上的同学的日后发展没有明显的差异。如果你的志向不在此，要就业，毫无问题。要出国进修，也毫无问题。还是那句话，百花齐放。

我们的论文报告会制度，在同学们以后的发展中会发挥非常重要的作用。论文报告会制度的榜样是国际论文报告会，每位同学要先提交论文，然后在会上报告。六位评委对文章进行点评，其中至少有一位评委作重点点评，然后分头打分，互不商量。两次论文报告会成绩占推免排名成绩的10%。我看这个比例还不够高，有增加比例的必要。至于发表的论文呢，占5%，还包括非学术性文章。德育方面占5%。这个比例，如果要调整，还需要集体商议。

尼山学堂成功不成功，唯一具有发言权的就是学生。我们有四十余位导师，但老师之间不会互相听课。老师一个个表演之后就走下了讲台。你们同学则是永远的观众，可以在老师之间作比较，可以品头论足。当年我们在宿舍关灯之后开始模仿一些老师的腔调、读音错误，很少有表扬老师的时候。我觉得，进步就是在批判中产生的。论文报告会前期的论文写作，是导师对同学的一对一指导。经过上台报告之后，当你去参加就业面试、考研面试、保研面试的时候，就再也不害怕发言了。所以这个训练非常重要。

第一届同学现在承受着写大学毕业论文的压力。大学论文到现在为止，大都是草草了事。老师不认真指导，不给看！学生也不好好写。这个论文报告会制度是演练。等到你将来就业后，步入了社会，不要忘记你自己是识字的人，对你观察到的一切都有表达看法的必要。你要学会思考。求学期间是什么情况，关键是在尼山学堂你接受了一种什么样的教育，留给了你怎样一种精神。不只是通过写文章、写著作来表达，通过做事来表达，同样需要创新性。这样一种精神非常重要。基于这样的考虑，我们一共要写三篇正儿八经的论文，其中两篇学年论文，一篇毕业论文。

我的老师王绍曾先生，他是无锡国专毕业的。这个学校叫无锡国学专修学校，之前是无锡国学馆。校长是唐文治，他是一个古文家，大约是桐城派，是一位官员，上海交通大学是他创办的，是一位文化名人。王先生无锡国专三年大专，毕业的时候年龄还很小，写的论文是《目录学分类论》，指导教师钱基博。这篇《分类论》六万多字，全部用文言文写成。钱基博先生给打了100分，并且从这个时候开始，无锡国专出版学生丛刊，第一种就是王绍曾先生的。钱基博先生是上海光华大学文学院院长，兼任无锡国专的教务主任。他在光华大学把王先生的论文拿给那里的老师看，作为榜样。我们今天的水平应该不低于那个时代的水平。王先生后来成为版本目录学有名的专家，他的根基就在那里，只有三年。而在座的各位的根基也是三年。我觉得，我们的毕业论文要有一个标准——必须是原创性的，必须是自己写，必须是尽最大努力的，能够反映你在大学阶段的基本水平。所以在这件事上，我要求大家尽力而为，不主张草草了事。因为每位同学写大学毕业论文此生就这一次。选题最好早早定下，和指导老师商量商量，让老师参谋参谋，不要拖了再拖。事情能今天做，不要明天做。

还有德育的问题。前些时间请大家搞了一个《尼山学堂礼仪》，尽管有些同学并没有参与，但他知道，也可能看了。我对这个事情的过程很重视，你经过这个事情的过程，你就会有认识。之前我在北京逛书店，买了一本书，费孝通的《乡土中国》，建国以前写的，其中有句话我是非常认同的，“人服礼是主动的”，礼仪应该是自愿发自内心的。比如说你给老师鞠了一个躬，假如你心里对这个老师不敬的话，这种礼仪我们宁愿不要。我们不是表演古代的礼仪。上《仪礼》课可以做研究，做演示。我们是做今天的礼仪，要和今天的社会非常和谐，每个人看完后没有异议。好多人有这样的特点，别人和他们打完交道后感觉很舒适，很文雅，不做作。所以“适度”很重要。我们的主要目的不是学礼仪，而是培养大家怎么样使自己更受社会欢迎，因为你毕竟是学习中国古典学问的，你的修养，绝不仅仅限于认字上，还要把古典学问内化，然后再表现出来，外化，做到表里一致。这也就涉及到班风，将来尼山学堂的光荣传统如何构建，希望大家在这方面能够有所要求，不能只有学习好。大家知道燕京大学有四个男生宿舍：“德斋”“才斋”“均斋”“备斋”，民国年间的，这些宿舍我都去看过。我们现在也是要求大家这样，德才均备，均衡发展。

最后是论文选题和写作的几个问题。

首先，写论文不是写文学作品。大家知道文体有记叙文、说明文、议论文。科研论文大概是说明文和议论文这两种形式。说明文也是科研论文，大家千万不要误解。说明文可能是客观描述，也可能是重大学术成果。有一些课题是描述性的，而这种描述有科学上的套路，所谓格式，你需要按照这套格式来。同学们需要掌握的是议论文。写论文的时候要注意由近及远，由易及难。不要好高骛远。从事实出发来做一些思考，不能是学而不思，也不能是思而不学。假如你是哲学家，也是先有“形而下”，后有“形而上”。

我们要写论文，我觉得第一点是要知道这是篇议论文，而议论文是要解决问题的。如果说没有问题，没有问题你要制造问题。我们学过《子虚上林赋》，要设为问答。论文起码是一个问答题。大致是这样的，第一是“是什么”，第二是“为什么”，第三是“好不好”。在“是什么”上意见大体是一致的，“为什么”上就出现了分歧，在“好不好”的问题上的分歧就可能很大。“为什么”逐渐到了形而上，脱离了具体问题。譬如你想写古代文学的，大概有这么几种模式。第一叫专人，我写一个人。第二是写专书，我啃一本书。第三是专题研究，我谈一个问题。比如月亮为什么有圆有缺，这叫专题研究。这三个问题中专题问题是最难的，因为专题问题涉及的知识面大，涉及到很多人和很多书。对于初学者来说，适合专人和专书。另外一个注意的问题，“取法乎上得乎中，取法乎中得乎下”。选专人或专书的时候，不能过于边缘化，不能过于偏、过于怪。比如我的问题放在《史记》上，就算我没说出什么所以然，但我把《史记》读了一遍。因为《史记》是史书中的第一流，我学的目标是“上”，将来我还有可能得个“中”。假如你研究的东西在历史上的评价很低，没什么用，那你研究的价值就不大。为什么有些老先生搞那些没有人搞的呢？因为他们是老猎人，别人不要的东西他要，因为他看出了其特殊价值。你是刚学会打猎，要利用前人已有的经验。你说《红楼梦》研究的人太多，什么都没得说了，那就研究《聊斋》。《论语》太多了，那就研究《孟子》。《孟子》不行就研究《荀子》。《孟子》不能研究，可以研究《孟子》赵岐的注。《孟子》的赵岐注不行，研究焦循《孟子正义》。拿唐宋文学来讲，我要研究婉约派，豪放派，牵扯很多人，说不清，所以不如选择一位作家或一部书。选择一个作家和一部书有不同吗？选择朱子，朱子的书很多，选择朱子这个人就太大，选他一本书就行，朱子的《楚辞集注》。其实朱子的书还有很多。搞选题的时候要重视。有人研究李清照或者《李清照集》，二者就差不多，专人和专书有重叠性。搞文学的话也不要找太不靠谱的作家，比如苏门四学士，这叫靠谱，因为他“上串”。比如研究的作家属于江西诗派，通过了解他能够了解江西诗派，或者可以通过研究一个人发现其他诗人，这也很重要，很容易旁通，久而久之成片了。这样看来，一入手的问题就较为重要。就像开矿一样，挖了一个矿井，地下可能有煤，挖着挖着还有其他东西，这样是最好不过了，就是要它有后续发展的可能性，要让它有长期效应。最好能通过这个研究形成一种演习性质的探索，为自己研究更高深的东西铺路。

在你决定题目之后，我建议不要首先看目前的研究成果。比如研究苏轼的《书传》，就拿这个书来看，从第一个有字的地方开始，直到这个书最后结束。看了一遍又一遍，因为我们专门开过《尚书》导读课，对《书经》不生，熟悉其中一些篇章，并且了解其成书过程，基本背景知识具备了。看完后可以和其他权威著作对照一下，比如孔颖达的《尚书正义》，找重点篇章。对照的时候要发现他们之间的差异，基本上形成关于苏轼《书传》的调查报告。这本书是哪一年写的？为什么写这本书？写作过程有多长？出版了没有？什么时候出版？如果他写这本书，之前有人注过，他为什么再注这本书？必然有自己的理由，关于某些问题，和前人的主张不一样。等把这些问题研究清楚之后，再来评价他说得好不好。你最后的评价并不一定很重要，但你说清前面的问题非常重要。你做了这个个案之后，再做其他的个案就会有套路。如果《四库全书提要》有评论，需要参考。前人的研究有些人错了，不是那么回事，还有的人是抄别人的，需要写明。还有些人说了，说得是那么好，正是你想说而没有说出来的，加以引用，并且加以表扬。不看原书，怎么有自己的看法呢？无论是专书、专人还是专题研究，都是这样，先自己做田野调查，像民俗学。只要你看书，你就会产生想法，所以你看书的时候要勤做札记，一拿书就拿笔，慢慢加深自己的认识。

选什么书、什么人，取决于你之前的知识储备。由于偶然的机会，你对某一部书产生了兴趣，只要不是过于边缘化，都可以成为研究课题。指导老师做什么呢？指导老师最好先听你选什么，哪个朝代啊？喜欢什么呀？北宋还是南宋啊？诗还是词啊？这样问问，他就知道你的兴趣了，就会给你一些意见，你也会感到这些题目适合自己的兴趣。一旦定了题目，第一件事就是读哪本书。第一件事没定对的话，就可能走很多弯路，你在读书之前就受到了很多干扰甚至误导，所以应该和明白人商量。一旦定下来之后，就要去认真读，有想法就可以和导师说说，他会有一些修改意见。这些意见不一定对。写出来后请老师过目。

写的时候有几种写法，我比较欣赏的是单刀直入法。现代化的生活，读者没有太多的时间。所以你需要在五六行文字之内说明几件事情。第一就是你研究的这个问题很重要，而它的研究很薄弱，或者存在什么问题。要说明自己的看法来自哪些原始资料。对于前人成果，要严格说明。你是你，我是我。好多人写东西一团浆糊，不知道哪个是前人的观点，哪个是自己的观点。这样的文章没有任何价值。借鉴别人的观点就得注明出处。不能让人看了说似曾相识，却说不出个你我来，这叫欺人自欺。清朝有人埋头著书，发现有的解释前人说过了，为避免嫌疑，老老实实说是前人说的。在这个问题上请大家注意。

单刀直入法，第一段说明为什么要写这篇文章。倘若你研究的人物只是江西诗派的一个普通人物。你可以这样写，在宋代诗坛上，江西诗派是最大的诗派，某某人是江西诗派一位有影响的人物，这样说没有撒谎，而对江西诗派进行全面的探讨对于中国文学史的研究非常重要。什么叫全面呢？这个人没有人讨论过，所以有缺陷。你要学会“让小鱼上大串”。我们以前学现代文学史，没有学到钱锺书，整天就是“鲁郭茅，巴老曹”。提到钱锺书后像一种新的东西，之前怎么没有人提到呢？请大家不要误会，好多东西恰恰是需要你去发现的，要相信你的创造力。做论文和编教材不一样，哪些是鲁迅先生说的，哪些是谢无量说过的，不必说，这是教材，是教科书。但是你的论文就不是这样了，你的论文是维护你的知识产权，是说明你的发现，连你自己的发现和别人的发现都分不开，你自己的观点和别人的观点搅在一起，只能说明你没有自信。

第一段结束后就可以从头说起。譬如研究一个作家，再用一段稍微详细谈一下他为人称道的东西，提提文气，让读者提神。或者开头写他受教于谁，或者谁称道过他、怎么评价的。或者说关于这个人，有几件事需要落实一下，第一是师承关系，第二是生平事迹，第三是作品流传问题，等等。下面就列小标题，变成了回答问题。一定要让文章有一点点文学性，要有些技巧。同时要避免开始就罗列材料，最后得结论。把你的文章设计成几个方面，每个问题都是一个问答题，问题先后之间要有逻辑性。你要学着导游那样，先到这个院子里来，这是大夫人住的。你不能让游人进去之后看了好半天，问这是谁住的啊？然后你再回答。你要让材料跟着你的思路走，读者才会跟着你的思路走。这是考据学家常犯毛病的地方，说了半天还不知道说的是什么。先要有观点，然后带出证据来。在收尾的时候还要再提提文气。王国维特别善于此道，“夫《山海经》一书，其文不雅训，其中人物世亦以子虚乌有视之。《[竹书]纪年》一书亦非可尽信者。而‘王亥’之名竟于卜辞见之”。感觉很好，最后文气提得很足。但是论文主体并不这样，主要任务是解决问题。写的文章只是自己看，还不如不写。当然也有的文章是留给后人看的。郑思肖把《心史》放在井里，几百年以后才发现。陈寅恪慨叹，“所南《心史》井中全”。陈先生担心自己的诗留不下来，抄了五六个副本，都没有传下来。倘若没有吴宓在日记中记下了这么多陈寅恪的诗，他很多诗都会失传。原则上来讲，大家现在写的东西当代人是看得懂的。顾颉刚写完文章都是自己关起门来自己读出来。不出声念还感觉写得很顺，念念就觉得不行了，这些都值得学习。不仅要把观点写好，也要把文章写好。我们开的课之中也有《昭明文选》《文心雕龙》，还有《史记》这种“无韵之《离骚》”。为什么不能学学呢？

（2015 年 1 月 9 日为尼山学堂诸生讲话。韩博韬据录音整理。经杜泽逊审订。）

劳动的力量

“劳动”是人类为获取物质成果和精神成果而从事的体力活动和脑力活动。有个词叫“多劳多得”，还有个词叫“不劳而获”。前者是说付出多少劳动，就有多少收获；后者是说，不付出劳动却要拿到果实。我们知道，在遵纪守法的情况下，不劳而获是没有可能的。你可以说有人走在野地里，忽然拣到一块大宝石。那也可能，但不是正常情况。我们生活在世界上，希望靠微乎其微的偶然撞大运，那是非饿死不可的。

回到我们的正题上来。我们仍然奉行“多劳多得”的正常规则。

我 1981 年考入山东大学中文系，四年大学，除了上课，我跑得最多的还是图书馆和书店。那时山大图书馆在文史楼西头，一层、二层，还有大阅览室。下了课去借书，先查卡片，抄下书名和书号，递给柜台里头的老师，老师进书库拿出来，再办借阅手续。借回去就抓紧看，好的段落抄下来。书店就在山大校园里头，和图书馆挨着。同样是下了课就去书店。架上的书几乎都能记着书名和模样。来了新书马上请柜台里的营业员拿来看。以最快的速度看看前言、目录，看内容一两页，记住这本书。绝大部分时候是不买的，因为兜里没有钱。营业员也极友好。你让他拿书，看了又不买，他从不表现出不高兴。后来考上了研究生，专业书籍看得更多了。市里头纬三路有家古旧书店，在中山公园北门以东路北。两层楼，二楼是没有柜台的，开架，尽是传统文史哲书籍。那时只有星期天一天休息，我几乎都要去书店。在那里可以自由取书架上的书看，一整天人家也不撵。那时候图书馆也是柜台隔开，读者进不去，不能自由浏览。济南市也只有这一家书店可以自由看书。有时候不好意思老看书不买书，也买一本便宜的小册子。不过后来胃口大了，买过《二十五史》《诸子集成》《十三经注疏》。只有买不起书的时候，才会比较买哪本书更值得，而这种比较也就是学问。古旧书店二层小楼上的书架都顶着天花板，大概几年间我全部粗粗地看完了。那时记性好，什么问题查什么书，很快就在脑子里浮现出来。现在用电脑了，可以搜索。但不要忘了，你没有关键词，如何发指令呢？你要查辛亥革命，发“辛亥革命”四个字。出来的线索千千万，根本无法获取想要的信息，要想又快又多地获取信息，第一步是老老实实静下心来看书，尤其是趁年轻，多看书，脑子里储备很多线索，这样临时需要就上网搜，很快就找到了。我们需要很多具体的知识点，越多越好。这些知识点的积累，只能靠读书。你付出多少劳动，就有多少果实。

你的创造力，恰恰建立在这个大大的金字塔底座上。所以无论什么时候，果实都和劳动紧紧挂钩。

1987 年我研究生毕业留校，在山大古籍所工作。副所长霍旭东先生给我谈话，要我做王绍曾先生的助手。从此我就跟上了王绍曾先生。王先生是 1910 年出生的，那一年是清朝宣统二年，辛亥革命前一年。我是 1963 年出生的，王先生是我的爷爷辈，可是师生关系，就只差一辈了。王先生是真正的劳动模范。

我跟王先生主要是从事国家项目《清史稿艺文志拾遗》。那时王先生已七十七岁，又动过手术，但每天早晨锻炼身体，打太极拳，或练气功。早饭后就到图书馆古籍部阅览室从事《清史稿艺文志拾遗》编纂工作。这样的生活历时七八年，大约八十五岁才大体完工。王先生那时同时进行的研究项目有《山东文献书目》《山东藏书家史略》《海源阁书目五种》《中国文化史知识丛书》《渔洋读书记》《百衲本二十四史校勘记》等，分别与其他同事或学生合作。这些项目最后都一项一项完成出版了。可以说，王先生著述丰富，基本上都是退休后完成的。王先生说："春蚕到死丝方尽。"又说："活到老，学到老，工作到老。"王先生活到九十七岁，从事学术工作大约到去世前两年。我跟王先生当助手是 1987 年开始的，整整二十年。

1994 年我应邀到北京大学参加国务院重大古籍整理项目《四库全书存目丛书》编纂工作，季羡林先生是总编，我是总编室主任、常务编委。住在北大，前后四年，到 1997 年底才完工撤回山大。

在那段时间里，我看过的古籍善本超过五千部，每一部都经过仔细鉴定，从内容、年代到版本，作出详细鉴定记录，笔记密密麻麻十几册，里头粘满了小条子。后来出版了一部大著作《四库存目标注》，上海古籍出版社，精装八册，获得全国优秀古籍图书一等奖。而主体工程项目《四库全书存目丛书》则是全套1200册，获得第一届霍英东贡献奖集体奖。在北大四年，每天只睡5小时，工作有条不紊，而又飞速运转。《存目丛书》1200册，每册容古书1600页，共计古书192万页。从整体上说每页都要审校八九遍，而我本人整体上大约审过两遍，就是384万页。经过四年的集体高强度劳动，这一巨大文化工程就圆满完成了。

从2000年国家开始筹划修《清史》，2003年我们申请负责主体工程重大项目《清人著述总目》，2004年9月1日正式开工。这个项目的任务是开个书目，回答一个问题，清朝人到底写了多少书。我们的办法，首先是从各种书目中把记载的清朝人著作摘出来，然后按作者拼音汇集起来，合并重复，再按经、史、子、集分好类，按一定顺序排列好，就可以了。说来简单，实际上劳动量大得不可思议。用了几年时间，邀请了三百多位同学和老师参加，写了130万张卡片。130万张卡片那是多大一个存在！最后编成了《清人著述总目》，记载清朝人著作22万7千种。有了一个初步答案，当然这只是初步成果，还不全，还要继续努力。

说了这么一些，就是一条，劳动是获得果实的唯一正常途径，多劳多得，少劳少得，不劳不得。劳动光荣，因为劳动成果不但个人享受，而且上可以报效国家，下可以帮助人民，远可以帮助邻邦。

（2020 年 4 月 10 日晚应山大团委邀请网上讲课，迎接“五一”劳动节。是日 31 个省市新冠肺炎新增病例 46 例，其中境外输入病例 42 例，本土新增病例 4 例。抗疫初告成功。）

学历、就业和成才

2020年毕业生近日陆续返校，办理毕业手续，收拾行李书籍，以不同的方式举行小型的毕业仪式，告别母校，黯然离去。这是史无前例的毕业，大家都知道，是疫情造成了这一切。

谁不想风调雨顺？谁不想国泰民安？可是古代哲人早已总结出社会发展的不平坦。《老子》说："祸兮，福之所倚。福兮，祸之所伏。"《尚书》说："天命靡常。"就是说，人类成长过程中，祸福相随，难以完全掌控。对待这种有时候看来不可测的剧变，我们的先民给出了积极的答案。《左传》说："居安思危，思则有备，有备无患。"我们不能想象，只有顺境，没有逆境；只有丰收，没有歉收。《孟子》说："生于忧患，死于安乐。"改革开放40余年，虽然也有过波折，但没有遇到过如此大的灾难，使得相当一部分企业完全停摆，而且蔓延全世界，人类生命受到空前威胁，国家经济负增长，民生面临巨大挑战。如果你是一个家长，家庭成员的主要工作无法去做，失去收入，或者产品卖不出去，窝在家里，你会做何感想？所以，疫情对于世界，对于国家，对于家庭，对于个人，究竟意味着什么，也许尚未完全显露出来，因为储备还在发生效益，储备越来越少，困难就会越来越大。这一巨大困难表现在同学们身上的，就是毕业后的出路问题。有的同学找到了工作，或者考研考博，继续深造，然而还有不少同学正在寻找出路，心情不安，可想而知。

面对这样的困难，我们究竟持什么态度呢？

首先要正确对待学历。山东大学毕业，211、985、双一流大学，理应挑选好一点的工作，这也无可厚非。但是，我们应当正确对待学历。清朝最有影响的学派是“乾嘉学派”，这个学派有两大支派，一个是吴派，一个是皖派。吴派的代表是苏州人惠栋，皖派的代表是皖南休宁人戴震，他们的学历如何呢？都是考不上进士的低学历者。惠栋到老也只是苏州府元和县学生，连个举人都不是。范进中举，他连范进都不如。戴震呢？学问大，被乾隆皇帝征召到翰林院修《四库全书》。在翰林院为皇上编书，无论如何也要是进士、翰林，否则皇上没面子。可是戴震只是个举人。于是皇上赏给他参加殿试的资格，成了进士，还成了翰林院庶吉士。他们在学历上都没有光荣的历史，不是照样成为学坛领袖？相反，清朝的进士队伍庞大，又有几人比得上惠栋、戴震呢？

山东大学中心校区有八尊铜像，那是历史系的八大教授，有“八马同槽”之称。其中的明史大家黄云眉先生，浙江余姚人，只念过两年私塾，受过三年小学教育，完全靠自学，成了著名大学的著名教授。所以学历不可以不重视，也不可以太重视。学历不能决定你未来的成就，也就不应成为你就业的框框。要解放思想，灵活就业。

我们看看一位大人物的工作经历。中国数学史研究的开拓者之一李俨先生，福州人，1912 年 20 岁时考入唐山路矿学堂，和后来的著名桥梁专家茅以升是同学。可是入学才一年就因家贫失学，考入陇秦豫海铁路局（后来的陇海铁路局），当了一名级别最低的工务员。到 1955 年为止，在铁路局工作长达 40 年。在当职员的艰苦条件下，他通过函授完成了学业。1915 年 23 岁时开始研究中国数学史。1917 年在《科学》杂志发表成果。1919 年在《北大月刊》连载发表《中国数学源流考略》。1933 年商务印书馆出版他的《中算史论丛》。1955 年调入中国科学院历史研究所，同年当选学部委员（也就是后来的院士）。李俨先生的生活是随着铁路施工走，经常搬家，他的数学史书籍随身携带。可以想象他的研究条件多么简陋，可是他却做出了卓越的成就。

我们碰到疫情，住在家里，资料不凑手，上网不方便，于是焦躁不安，心情郁闷，甚至与家长闹意见。我希望我们学习前辈，艰苦创业，尤其在就业这个问题上，解放思想，放下架子，放下虚荣，因地制宜。只要靠自己的双手、靠自己的聪明才智挣钱养活自己，养活家庭，孝敬父母，报效国家，就是光荣的，就是值得自豪的。只要我们有理想，有抱负，从点滴做起，积少成多，由小变大，就一定能做出大事业，闯出一条自己的成才之路。在此，让我们重温毛主席的话：“前途是光明的，道路是曲折的。”祝各位同学用自己的奋斗取得辉煌的成就！

（2020 年 6 月 16 日起草。6 月 18 日在山东大学文学院 2020 届毕业典礼上发言。刘润枫录入。经杜泽逊审订。）

尼山学堂的使命：培养国学高端人才

一、国学学科是怎么来的

为什么要建立尼山学堂？直接牵扯到一个问题：我们为什么要到尼山学堂来？这个问题的答案是“我要来”，而不是“要我来”。那么你为什么要来呢？这个问题又涉及到两个小问题。第一，什么是国学？国学是中国固有之学问。所谓固有，就是“原来有”。既然是“原来有”，那么与今日之学问一定是有一条分界线的。走过这条马路，马路那边是原来的，马路这边是新的。固有之学问一定是旧学问，是原来的主要学问，而国学就是级别最高的旧学问了。当然日本有日本的国学，中国有中国的国学。照这么说，“国学”应该称为“中国学”。但现在的“中国学”不是这个概念，而是“外国人关于中国的学问”，尤其偏向于中国当代的学问，所以它不能再叫“中国学”。所有的词语都是约定俗成的，“国学”这个词已经固化了，又因为这个词最早产生于日本，所以我们只能解释为“中国固有之学问”或“我国固有之学问”。第二，“国学”是什么时候提出的？“国学”的提出是在清末民初。中国受西方文明冲击的初期，当时张之洞提出“中学为体，西学为用”，“中学”就是中国的学问，它的对立面则是“西学”，而这个“中学”和今天的国学基本可以画等号。也就是说，两股水相撞击的情况在光绪年间就已经很严重了。我们为什么要学洋学问？洋枪在远处就能将人击毙，洋人开着轮船就可以从很远的地方前来侵略我们，所以不需要别人教，我们就会希望拥有枪炮和轮船。而枪是洋人造的，那么我们能不去学吗？枪、炮、船、火药、汽车、火车，以及物理学、光学、电学等等一系列学科、配套工程，都属于最早的西学。但当时中国人只想掌握这些科学技术，却不想改变政治、思想，不想让皇帝下台。君还是君，臣还是臣，长袍马褂也可以开最好的炮。所以张之洞提出的“中体西用”中的“用”即是工具。

但 1911 年发生了一件大事——辛亥革命，成立中华民国。中华民国倡导三民主义：民族、民权、民生。三民主义的核心就是“民”，而“民”的对立面就是“皇帝”。现在“皇帝”、官员都要通过大家选举产生、轮流担任。旧的一套学问的核心是经学，即“四书五经”。经的核心是“礼学”，所以又称“礼乐文明”。“礼”是等级之学，而最高等级就是皇帝。既然我们不想让皇帝永远当皇帝，那么“礼学”便也不能要了。故 1912 年教育部部长蔡元培宣布取消经学学科，即传统的核心学问取消了。这一举动带来了很大的连锁反应，致使以经学为核心的学问都要动摇，且至今无法恢复。原因何在？我们都知道，被推翻的“三座大山”中有“封建主义”，“主义”即是一套思想体系、价值观、规矩，这套规矩就写在《四书五经》里。既然已经推翻了三座大山，就不可能让它们重新站起来，所以这个学科不可能完全恢复。但这门学问不全都是垃圾，所以我们就应该在新形势下继续使用。以前，《四书五经》指导我们的生活。明朝李贽说，如果都以孔子的是非为是非就没有是非了。这句话很正确，而正统学派却认为李贽是“疯子”。改革开放后，在邓小平的主持下展开了“关于真理标准问题的大讨论”，讨论提出，实践是检验真理的唯一标准。在此之前也有检验真理的标准，现在提出“实践是检验真理的唯一标准”，即是说以前的标准是可以“动一动”的，符合实际的可以保留，不符合实际的应当加以调整。就好比头上拴着一根绳子，头长大了，绳子就应该松一松，这叫“解放”，并不是说不要这根绳子。所以讨论真理标准问题的用意与李贽一样，不过是说句实话，然后让人们知道实话是可以说的。

二、传承国学的重大意义

1912 年废除经学学科的决定，与资本主义制度、资产阶级政府的建立是完全统一的。如果不解除经学学科，相当于革命没有发生。经学学科解除后，以前的“诗书礼乐”在新形势下重新组合利用后就称之为“国学”，它是相对于以“文史哲政经法数理化”为代表的“洋学问”而言的。国学有两种生存方式：一是沿续原有的模式继续生存，例如史学、中医等；一是变换以后再生存。例如中国没有中国哲学史，而西方有哲学史，西方哲学讲“范畴”，就像中药铺里的中药盒一样，是有很多概念的。那么我们中国古代有没有这些东西呢？也有很多。但我们把自己的东西肢解后放在西方的抽屉里，再进行整理、叙述，形成了我们的中国哲学史，因此这是一个“重构”的过程。为什么要“肢解”自己的东西呢？因为我们原来也有自己的“抽屉”，且这些抽屉已经装得很严密了，但中国人认为这些“抽屉”不合适，因为它们无法与西方对接。这时候我们要问，为什么不能让西方向中国对接呢？因为对方有枪炮。当时的中国是落后的，而人们认为落后的根源在于文化，这就致使我们抛弃自己的文化，造成“全盘西化”的局面。人们的愿望是希望采取新形式，以快步赶上西方国家；而这能否实现，还是需要实践的检验。

当然实践证明，这样做是不行的，还是要走自己的路。但探索中允许走弯路，而且有很多情况是无法走回头路的。比如，汉字已经不可能改回繁体了，汉字简化几十年来已产生了汗牛充栋的简化字文献，如果取消简化字，日后就还要进行识读简化字的工作。1912 年废除经学后，各大学堂仿照欧美大学学科安排，设置中文系、历史系等，就是希望通过模仿欧美，实现经济上的超越，当然事实上经济并未超过欧美。而国学就产生于这个背景下，人们将国学“历史化”，使这门意识形态很浓的学问与政治脱钩，《四书五经》已经不作为今天的指导思想而存在了。而在张之洞的时期，并非明知《四书五经》不合理而执意应用之，而是因为每一套指导思想在彼时彼刻都自有其合理性。它在历史中为什么合理，这需要我们学习；我们现在的东西是否合理，也需要学习。所有人类的历史是一面镜子，它可以启发我们将来要怎么做，这非常重要。如果仅仅把历史当作扫描仪、档案馆，那么一切历史学家就都失去了存在的意义。班固写《汉书·苏武传》时，愿意在“苏武牧羊”这一部分投入大量笔墨，就是为了让读者产生强烈共鸣。饿死在首阳山的伯夷、叔齐本是无足轻重的小人物，而司马迁花了很多笔墨去记载、颂扬他们，使得历朝历代没有一个人责骂他们。这主要是通过历史寄托一种精神，而如果仅仅把历史当作扫描仪，就不存在司马迁，也不存在司马迁的见解，更无从谈到这一见解能够如何影响历代的人，民族精神也自然就不存在了。

所以从这个意义上讲，没有见识的人不可能成为历史学家，且历史学家绝对不可能是纯客观的，历史学的人文化也是不可避免的。人类的生活都是有情感和温度的，哪有没有情感判断的历史学家呢？历史学家不仅要加入自己的见解，而且要光明正大地加。他们不能捏造历史，但可以选择历史。为什么着重记叙苏武牧羊的部分，而略写前后部分呢？因为这一部分就是司马迁所要着重表达的东西，这种东西具有代表性，并非代表司马迁个人，而是必须能代表一种先进文化，一种能够把国家和民族引向正确道路的文化。所以史学家首先是政治学家，他必须有这套见解与思想，也可以说是历史选择了历史学家。这些内容在彼时彼刻是合理的，但不能说是完美的。我们要体会这些东西，这是我们国家的灵魂、中国人精神之所在。当我们说到这些东西时，我们会觉得感动、仰慕，因为这就是我们中国人的价值观。我们接受了这个标准，就有了我们的民族精神。我们读书就是为了明理，如果读了书却是非不分，读书还有何用？1912 年废除经学学科，并不是不再学习传统文化；相反，传统文化中的精华，正是指导新时期的法宝。越是在民族危亡之时，这种东西越有用。我们的国家之所以在危难时刻不亡，一定程度上靠的就是这种精神。

三、创建尼山学堂的必要性

1912 年废除经学学科造就了一个转型期，也是激发国学学科诞生的转折点。到了 20 世纪前半期，中华人民共和国成立前的中华民国阶段，国学在新形势下逐渐建设起来，就像池塘里的水被大石头激荡起来，平静后又形成新的格局。国学作为一个学科，像一座新楼一样被建起来，和辛亥革命前的“楼”不一样。20 世纪前半期是国学的建设期，产生了许多国学概论、国学大师。如清华大学国学研究院（清华研究院）、北大国学门、无锡国专等，都培养了许多国学大师。当时亚洲最大出版社——商务印书馆，也出版了很多以国学为旗帜的图书，如“国学基本丛书”“国学小丛书”等，它们的内容就是中国传统典籍的骨干。经过20世纪的研究，我们基本把这个学科的骨干建设起来了。但20世纪后半期国学式微，因为国学被认为基本属于“三座大山”中的“封建主义”。20世纪80年代即改革开放后又开始恢复，到今天一直在走上坡路。十九大报告我读了好几遍，我把它放在包里，出差在路上时就经常翻阅，并在报告上做圈点批注。十九大报告中这样说：“中国共产党从成立之日起，既是中国先进文化的积极引领者和践行者，又是中华优秀传统文化的忠实传承者和弘扬者。”这句话就说得很清楚了，也就是说我们的中国社会主义新文化，还承认中国传统文化是他的“父亲”和“爷爷”。如果不承认这层关系，就是断了文化血脉。这是一个重大原则问题。我们的很多学问都是以五四运动为界，分为新旧文化，而新文化是反对旧文化的，认为之前的东西是糟粕。所以研究中国现代文学和思想的人与研究中国古代文学和思想的人，基本没有办法坐在一起讨论问题——你在批判我，我为什么要和你坐在一起呢？我们的文化成了两套东西。鲁迅先生将写满“仁义道德”的中国历史总结为两个字“吃人”。你承不承认“五四”以后的新文化是旧文化的“儿子”“孙子”？如果不承认，那么“继承、弘扬”就是白说了，只能停留在理论层面，无法付诸实践。

现在，国学的继承弘扬面临巨大挑战，主要表现为三个问题。一是国学体系解散。比如现在虽然有中国古代哲学，但它已经不属于原来的子部了。国学体系解散后怎么办，和新体系如何对接？

二是国学基础教育薄弱。不认识繁体字，自然就没有资格读古书，因为百分之九十九的古书还是无标点繁体线装书，我们现在能够看到的都是加工过的，如果只按照这个标准去学习，是非常粗浅的，只是冰山一角。赋诗填词、书法学习等就更是断流了。三是国学研究肤浅空疏，脱离、曲解原典含义。我们在理论上承认自己是优秀传统文化的继承者、弘扬者，但不能只停留在理论上。

所以基于这个背景，就出现了培养国学高级人才的呼声。许多高校都有行动，山东大学不是创始者，也不是先进者。我们是2012年由徐显明校长直接倡导成立尼山学堂，随后分管本科教育的副校长樊丽明召集多次座谈会，每次座谈会我都参加了。会议讨论培养方案时，我们提出首先就是要读原典。能读懂古书是最起码的要求。读哪些书呢？当然是经史子集的“核心典籍”。如果只看一部历史书，那么一定是《史记》；如果再看一部，就是《汉书》，不可能一上来就读《清史稿》。其次，毕业后拿什么文凭？国学毕业证能找到工作吗？去哪里找任课老师？有的老师能够把唐代文学课讲得很精彩，但“杜甫诗导读”却讲不了。一周两次课四小时，逐篇讲诗得讲多少？如果只是在中国文学史课上，间或引用杜诗的名篇警句，是很容易讲的；但如果是一首一首地讲，临时备课的话，花十节课的时间都备不好一节课，同学上来就能把老师问倒。这就是“疾风知劲草”，找不到老师来讲课，也足以证明我们的浅薄。

这些问题讨论了很多次，最后由儒学高等研究院（前身为文史哲研究院）接下了这个任务。积极承接这个任务的是当时的王学典教授。王学典先生对我说："坚决拿下，我们不办谁来办呢？"

四、尼山学堂如何培养人才

我们的目标是非常清晰的，是培养国学高端人才，而不是培养国学的普及型人才。社会上的众多国学班都是普及型、文化教育型的。而我们是学历教育，是要按照中华人民共和国教育部标准本科生的标准来培养的。这个标准是什么？要开多少门课，选修多少门课，达到多少学分，才能毕业——这就是学历教育。而学历教育就意味着必须开够那几十门课，找够那几十位老师，才能达到培养的目标。

1. 课程设置

当这个国学班的提议在校长办公会议上通过后，就成了山东大学的法律文件，必须要办起来。那么开什么课程呢？我是儒学高等研究院分管教学的副院长，我的第一个任务就是明确要开多少课才能达到规定的学分数，而这就需要请教一些人。

我们把全国国学班的课表都拿来，但是基本不可用。我的老师刘晓东先生，拿出了黄侃的框架。台湾大学中文系教授叶国良先生，是孔德成先生的弟子。他在山东大学做访问学者时，我到他的住处问台湾大学中文系开哪些课。他告诉我台大中文系基本延续老北大中文系的课，因为它们的系主任都是魏建功先生，一位杰出的学者、音韵学家，也是《新华字典》的主编。台大的课程表拿来，就等于知道了老北大的课程表。同时，我手里还有大概五六种二十世纪二三十年代的《国学概论》，这样我就知道当年的国学包括什么。最后，我们确定将黄侃框架作为尼山学堂开课主要的依据，进而把核心典籍作为必修课这一点就确认下来了。《周易》《尚书》《毛诗》《左传》《周礼》《仪礼》《礼记》《四书》……讲《礼记》的时候可以捎带着《大戴礼记》，讲《左传》时可以捎带上《公羊传》《穀梁传》。因为经部是包括小学类的，即文字、音韵、训诂，所以选修课里还有《说文解字》。史书方面有《史记》《汉书》《资治通鉴》《史通》。《史通》是史学理论的老大，《资治通鉴》是编年史的老大，《史记》《汉书》是纪传体前两名。其次就是《荀子》《老子》《庄子》《墨子》《孙子兵法》。刚开始时有《墨子》，没有《孙子兵法》，后来因教《墨子》的老师不能教了，只好换课。必修课里还有《四库全书总目提要》，《提要》有两百卷，可谓国学的集大成者，当然我们念不了两百卷书，而是选读。还有《楚辞》《昭明文选》。选修课有“李杜诗”、“韩柳文”、《文史通义》、《宋元学案》、《明儒学案》、佛教要籍选读等等。很遗憾，《宋元学案》的老师——一位非常杰出的好老师——去世了，现在暂时没有老师讲《宋元学案》。

此外还有通论性的课，即理论课，首先便是文字学、音韵学、训诂学，这三门课都作为重点。另外，我们也必须理清中国的历史，于是又有中国经学史、中国文学简史、中国史学简史、中国哲学简史，都是在较短时间内理出线索，不像文史哲专业那样把这三门开成很大的课。我们不能通过多上课来解决问题，所以就对通论课进行简化。

第一批聘用了 49 位老师，如果儒学高等研究院没有合适的老师，我就去其他院请；其他院没有，我就去别的学校请，总之是一定要请到。比如我们请来南京师范大学王锷教授，逐句讲《周礼》导读。导师来自全国，虽然首先考虑山大，但绝不能将就。因为我们的课程体系是牢不可破的，所以如果山大找不到合适的老师，就去外面找。

课程确定、找好老师，接下来就是招生了。为什么我们确定是在山大在校生大一下学期转专业时期招生，而不从高考时招生呢？武汉大学在高考时招生，结果发现有一半学生进来后要转专业——适应不了。为什么招了一些适应不了的学生呢？因为考试题不一样。你们这一届是特例，网上考试，但惯例是在“二十四史”中复印一篇，请你标点，翻译一段，解释重点字词，最后写一段读后感。如果不认识繁体字，就彻底完了。因为《二十四史》太大了，你肯定复习不到。我出完题后是不会交到任何单位的，就放在自己家里，等到考试当天拿出来发给大家。谁的标点错误最少，谁就是头号。谁能读懂古书，谁就来尼山学堂，读不懂古书就不要来。这不仅仅是喜不喜欢的问题，而是来了之后跟不上课。这个分数百分之百尊重事实，无任何领导干涉。

开得好课程，请得好老师，招得好学生，我把它概括为“三好”，这个班就算立住了。

2. 培养模式

接下来就是培养。首先当然是好好开课。我们的教材很多都是中华书局的，繁体竖版，因为我们不能再让学生读简体版了。我们也要求不能多讲概论，必须领着学生尽可能多地读原文，多读古人注释而非今人注释。还有我们独特的论文报告会制度，大二、大三各有一次。要求学生先报题目，如果题目太大做不了，我会帮你做出调整。确定题目后，我会给你找我认为最好的老师进行单独指导，而这一招是绝对厉害的。我会亲自联系这位老师，请他指导我这位学生。然后学生就可以前往拜访老师，老师会给你提出朝什么方向努力、读什么书等等。这是一条非常好的路，而仅靠自己是一定“趟不过”的。所谓的研究报告，就是你发现了什么，解决什么问题，前人的成果是什么，你有什么进步。如果能把这些内容讲得一清二楚、有理有据，你就成功了。当然还有写作规范问题，前人成果不能隐瞒，分不清你我的话就不要搞科研了，有意模糊界限就是学风问题。写文章的技巧也是有的，但核心还是有所发现，有所发明，有所创造，写作的“方式”只能是把好东西表达得更好。当我们完成论文、确定好时间后，就召开论文报告会，邀请八位教授评分。每位学生准备十几分钟的报告 PPT，要求在这十几分钟内把最精彩的发现完整地表述出来。报告会对学生的训练非常有效，比上很多门课还重要，所以你要高度重视学年论文的撰写，这是让你懂得“什么是学问”的第一个台阶。

再就是学术实践。我们参加了一些其他学校、机构邀请我们参与的工作。有些是古代的，有些是近代的。比如有一次，中华书局突然请我们审阅郑天挺西南联大时期的日记。郑天挺是原北大教授，后来成为南开大学教授，是著名历史学家，擅长明清史。郑天挺日记的手稿复印版先前找了某高校国学班录入，但不免错误。当时尼山学堂应届毕业生在离校前二十天全部参与审校郑天挺日记，审校完后交给中华书局时，基本达到出版标准了。出版后，中华书局又邀请我们做其中的人名索引，我们的学生把所有条目都切分出来。后来，中华书局给每个人都赠送了一部郑天挺日记，还给了一点报酬。但这些都不重要，重要的是我们在这个过程中训练了队伍。另外，我们还看到了民国时期著名学者日记是怎么写的，记录什么事情，如何行文、表述。这类实践活动还有很多。

再就是考察。所谓考察，就是像参观一样，会看的看门道，不会看的看热闹。凡是要看门道的，去之前一定要做功课。比如我们要去泰山参观，那么去泰山之前一定要找一本可靠的书看个究竟，然后按图索骥。每个人心目中要看的东西可能不一样，如果不提前做功课，有些不在路边的重要景点，可能就错过去了。有的同学进了博物馆就像进了自己家一样，每件文物叫什么名字、是什么时代的、有什么用，他都一清二楚。尼山学堂有好几个这种“博物学家”。不必惊讶，因为每个人的成长环境是不一样的，但我们不是说要复制他们，而是要“百花齐放”。我们各有长处，如果没有长处就要发展长处。学术实践至关重要，“读万卷书，行万里路”，不能只闷头读书。

3. 升学情况

至于升学，推荐研究生比例为50%，其他同学可以考研，一年考不上可以再考。不在于考几年，而是在于这方面是不是真有见识。关于将来的出路，更多学生是要进行学术深造，当然其他出路也有。比如有一部分同学直接工作，或读完研究生后不再读博，去中学教书。现在中学急缺国学老师，语文或历史老师都无法胜任这个任务，因为国学老师必须对经史子集都有一定涉猎。这就像历史地理这种学问在地理课上很难解决，因为地理课上既要有历史地理，还要有自然地理、经济地理。地理系更希望招收理科生，而历史地理就是要来尼山学堂学。如果在中学教书，你会成为最优秀的中学老师；如果当编辑，也将是最优秀的编辑；你也可以成为最优秀的公务员，因为处理公务时心里有历史、道德、智慧，能创造性完成工作，并且有前瞻性，善于总结经验，而非平面化地工作，自然是最优秀的。

我们推荐研究生的排名标准是课业80%、报告会10%、发表5%、德育5%。德育中的2%是修身课，重视的是其中的过程，2%是义工，即打扫自己的教室，有专人负责打分；剩下1%由辅导员打分，只要不犯大错误，比如学风问题、毁坏公物、诬告他人等，这一分是可以保住的。有些人虽然实事求是地告状，但是却有“不可告人”的目的。同学们，不是不让你们说实话，而是要“善意地”说实话，不能做坑害别人的事。我们也鼓励大家参加各种活动，比如帮别人整理稿子，这都是国家一级项目。但这些内容与保研无关，因为我们不能事事做交换，我们要培养的不是事事功利的人才。学生要以学习为主，尼山学堂的课程含金量很高，好好消化这些内容才是你们最需要做的。也就是说，如果你能成为国学高级人才，那就是你最大的爱国、最大的德育。这不仅仅是关系到你个人的事。十九大报告中说得很清楚，中国共产党是中国优秀传统文化的传承者、弘扬者，那么要怎样传承呢，难道是空喊口号吗？谁去把古书准确地注释下来给人看呢？谁去编纂字典呢？谁去编辑百度百科？上面有错怎么办？你能发现吗？我们要做编字典、编历史地图集的人，而不仅仅是查字典、查历史地图集的人。这不是其他学院能培养出来的。所以说什么是最大的政治？就是好好学习，把优秀传统文化通过你继承下来。没有比这个再高尚的事情了。打扫卫生也高尚，但终是有区别、有轻重的。所以我们鼓励业余活动，但是不搞交换。尼山学堂自 2012 年成立就不搞加分，因为加分有颠覆性，比如一个本来排名第二的学生，经过加分后排到了第十五，这很令人气愤。不要误解为不让学生德智体美劳全面发展，恰恰相反，这是要真正培养美好心灵。

五、尼山学堂人才培养目标

尼山学堂鼓励百花齐放，历史、教育、人类学、出土文献，甚至艺术设计等等都有。我们希望尼山学堂是一个大花盆，我们有很好的土壤、水分、阳光，但我们绝对不希望只开一种花，而是开各种各样艳丽的花，这是符合人性的。人性是不一样的，而这一点是绝对不能改变的。教育是让人尽量收敛恶、发挥善，而不能除掉恶。如果一种制度是调动你的恶，那这种制度是非常糟糕的。如果你有不健康的心理，但是你一生都没说出来，也没有做任何对不起他人的事，那么你就是一个完人。没有任何一种法律是禁止人思想的。教育就是这样，如果你想达到目的，就要使用一种友善的方法。孩子要吃糖，吃不到就要躺在地上哭闹，如果直接打他，不能称之为教育学；如果采取一种友善的方法让孩子知道不能吃糖，这就是教育学，即“寻求更好的方法”。

疫情期间，天南海北的同学们自觉地在网上开过一些宣讲会、分享会，自发地介绍尼山学堂的情况。有些同学对尼山学堂的“好”做了表述，我概括为“自由的环境、人文的精神、无限的可能”，我称之为“尼山学堂风格三句”。“无限的可能”指各种各样发展的可能性，但大前提是你要在这里学习国学，你不能在这里学化学或其他学科。所以希望大家在这个方面要约束自己，即是说可以有别的爱好，但不能太放纵自己，正所谓“君子有所不为”。人的精力就像一碗水，你把精力分散了，就没有办法达到最高效果了。就像经济投入，如果不能很好地把成本利用起来，那么最后的经济效益肯定是要打折扣的。这是规律，也是科学。

将来尼山学堂能出多少人才呢？这是校领导要问的。国学人才的成长有周期，尼山学堂的第一届学生尚未博士毕业，所以我们说不出来。但是尼山学堂的学生在本科毕业时早已超过了研究生水平，这还是通过一般努力即可达到的，而付出特殊努力的学生已经能够超过博士水平。这是许嘉璐先生在看了我们学生的学年论文后作出的判断，且不是当着我的面说的。假定尼山学堂每一届能够出现两个像季羡林一样具有跨学科影响的杰出人才，那么我们将是全中国培养人才最成功的地方。小小的一个班，九届学生，能出大约十五名杰出学者，那就很不得了了，尼山学堂就能够成为一面大旗。尼山学堂将要出现一批高层次学术人才，这是无可置疑的。杰出学者后面还要有一些著名教授，这些著名教授大概是在本学科比较有名。如果学校今天勒令本堂解散，本堂的成果也已无法改变，因为我们已经成功了，就静等其开花结果了。除优秀学者外，我们还会培养出一批优秀的、各层次的教师。做一位中学老师也非常难，同学们自上学以来，已经经历了数十位甚至上百位老师，但是自己心目中的好老师有几位呢？恐怕是少数吧。每位老师都希望成为一位好老师，但有些人做不到，原因是其教育背景有问题，当然也不排除“脑子笨”的情况。教育不可能让三等智商的人变成一等智商，那是生理学问题。教育是让三等智商的人达到三等智商水平下的极致。我们考来山大、尼山，智商已经不需要鉴定了，问题就是我们“吃什么饭”。虽然都在尼山学堂求学，但大家摄入营养时还是有区别的，因为我们的兴趣点不同。但不论是当公务员、记者，还是编辑，都会成为本行业的优秀人才，这才是所谓高端人才的含义，并不是说所有人都做同样的工作。希望我们的尼山学堂能够在比较好的轨道上，在不断改良的情况下，一直往前走。

六、尼山学堂的章程精神

尼山学堂是按章程办事的班，当我们遇到问题，要制定章程，章程的好处是对事不对人。而制定章程一定是走民主之路，也就是章程要经过尼山学堂学生审议通过，审议通过后报儒学高等研究院批准，上报本科生院备案，形成法律文书，任何人不得逾越这个章程。所以基本没有尼山学堂的学生家长找我，因为没有用，我没有办法给你加半分。推免算分都是学生自己算，算完之后公示。有错误及时改正，一定是依法依规办事。如果是法规不行，那么你就要提出修改章程的建议，先要通过你修改章程的建议，再来修改条款。尼山学堂的章程上是有补充条款的，补充条款也得大家通过才能生效。“绝对公正”可能做不到，但基本可以做到照章办事。暗箱操作、搞阴谋诡计可以说是绝不存在的，也绝对不可能被容忍，因为这些章程都摆在桌面上，没有操作的空间。好学生与老师过往甚密很正常，因为我们爱好什么很大程度上是受老师影响，哪里有生而知之者呢？当然同学们需要注意一些问题，比如老师作风问题、学生缺乏警惕性等。如果出现这些问题，同学们还是应该“敬而远之”的，不要让自己陷入被动的局面。毕竟人无完人，我们无法保证每个老师都是合格的、每个学生都是无可挑剔的。因为大家都在进修的过程中，都在不断完善自己，“活到老，学到老”，这是我们的态度。

关于尼山学堂，今天算是给大家做了一个交代。你来尼山学堂和国家有关吗？关系非常大。因为文史哲各院没有办法承担这个特殊任务，所以尼山学堂必须存在，否则尼山学堂就可以解散了。但其实尼山学生将来还是要归到各院，大部分到中文、历史、哲学，但不一定都在文史哲各系，教育学、人类学等等都有。可以这么讲：尼山学堂有重要使命，而这个重要使命是基于我们的自觉性，没有人逼迫我们。而且我们在这个环境下正常去做，就可以完成这个使命，没有任何神性。我想，在我们之间是不是可以达成这个成就使命的共识呢？如果可以，那么就让我们为理想奋斗。

（2020年9月9日为尼山学堂第九期新生的讲话。尼山学堂曹湲媛据录音整理。经杜泽逊审订。）

与大学生谈治学

同学们好！

先讲一些题外的话。各位要推免研究生，推免生面试的考官怎样来对待你们，可能是大家关心的问题。你们上届有个学生叫于快，他跟我说了一句话：如果没有论文报告会，他就不可能去南京大学。于快在南京大学参加完考试之后，南京大学一位教授给我发了微信，说："你们那里的学生于快，第一名。"他怎么得的第一名呢？我们面试学生，尤其面试推免生，年年都有。怎么样才能得高分呢？我们可以发现好学生有很多。什么叫好学生呢？问什么都知道，口齿伶俐，表达非常好。但是还有一类学生，他们有科研经历。就是曾经从事过某一问题的研究，或参加过科研项目，或者做过田野调查，比如方言调查、民俗调查、社会调查，这些都叫科研活动。有科研经历，当然就会有科研方面的体会。如果要问到你有没有科研经历，你说有。他就会问："有什么样的经历？""基于论文报告会的要求，我写过一篇文章。""你写的是什么文章，你的文章有什么发现吗？”“我有发现。”“什么样的发现？怎样发现的？如何解决的？”你如果是个有科研经历的好学生的话，最后的分数可能要翻番。一流的学校，一流的专业，一流的老师，我们要追求的不是双一流，而是三一流。事实上，同学们在选择推免去向的时候，就是照着这三个标准来的，最好是三者俱全。当然，北京大学、复旦大学以及南京大学、北师大，至少对文科来说，这叫一流大学。一流专业，这个专业应该是A。一流的老师，这个老师应该是名师。什么叫名师？他的名字必须能走出校门，你不用刻意地了解这个老师，他的名字会灌到你的耳朵里去。至于大师，要有跨学科的影响，跨什么学科？跨一级学科，哲学、中文和历史就是一级学科。有了跨一级学科的影响就是大师。

我们在座的各位，在推免的时候，希望是一流大学、一流专业和一流名师。如果能做到这三点，就能称心如意。但如果想达到这一步的话，你必须要有科研经历。如果你没有科研经历，就绝对不可能。即使你上了研究生，将来也是大被动。入学之后跟不上，立即感受到与其他同学差距很大，陷入焦躁之中，而这种日子是很难过的。怎么样来克服这个问题呢？提前做。提前做有没有困难呢？一点困难也没有。关键在于做，不存在做不到的问题。

那么为什么不想做呢？两个原因。第一点就是懒，嫌麻烦，怕累坏了。经常要可怜他自己说：“我太辛苦了，我得休息休息，我得吃点好的，我得去玩一玩。”懒惰是很严重的问题。第二点就是不会做，又不想做，叫畏难。第一是懒惰，第二是畏难。我想这两点都是可以克服的，而且必须要克服。为什么？因为我们有理想。如果你没有理想，可以过很安稳的日子。理想是个好听的词，而另外一个词叫野心。在座的各位男生很少。大家知道有一句话叫“女子无才便是德”，或者可以说一个聪明而没有野心的女性，可能会过上好生活。但是你要让她没有理想，这很困难。为什么呢？因为我们生活在今天，而不是昨天和前天，不再是那个年代了。如果你没有野心，很快面临第二个苦恼，就是你成家以后会有子女。中国的女性对于子女的教育，其上心程度高于自己，整天去讨论上什么辅导班。你们小的时候，你们的父母就是这么办的，恨不得报一百个班，人世间所有的长项都掌握在你身上。所以你是绝对没有退路的，你必须要有理想有野心，且要为理想和野心去奋斗。而奋斗的最佳时期在青年，所以你绝对不能不干。

今天给大家谈的是什么呢，就是怎么干。“为什么要干”这个问题，我想，就不要再多说了。今天谈的题目是“与大学生谈治学”。所谓治学就是搞学术，本来在大学里没有这一课，但现在要有。无论你是基地班还是普通班，都要有这个课——怎样治学。我们听到的更多的是怎样学习、怎样读书，说白了就是怎样接受，没有听到太多怎么创造。而学术活动它的唯一目的是创造。

一、读书与治学相辅而行

我的标题是一种观点。但“与大学生谈治学”就不是观点，而是问题或导向。第一个问题是“读书与治学相辅而行”，就已经是结论、观点了。观点是标题，将来写文章也要注意，到底是主题性标题还是象征性标题。读书与治学相辅而行，我想重温两段《论语》里的话，都是大家耳熟能详的。第一段来自《论语·为政》，这句话叫：“学而不思则罔，思而不学则怠。”它的含义，大家应该都明白。罔，一般解释为“迷惘”。怠，有的解释成“懈怠”，有的解释成“危怠”，其实懈怠也就危了。从《论语》里面其他的言论来看，应该是倦怠，就是苦思冥想而无结果，心神疲惫。怎么办呢？转过来读书。这就是一个问题，叫存在决定意识。读书不就有了内容吗？有了内容就能引发你的思考。你在那里空想，当然是没有“料”。这和没有豆就泡不出豆芽来是一个道理。

所以要学而思。而“学”，应该算是过去我们学英语的时候很流行的“follow me”，跟我学。思就不一样了。思就是用自己的脑子来对于学习的对象进行领会，这是第一条。领会就是“你到底是啥意思呀”。第二，要进行甄别。你说的对吗？

我们重温的第二段话在《论语·述而》，大家可能更熟悉了：“三人行，必有我师焉。择其善者而从之，其不善者而改之。”怎么样知道善与不善呢？要思。首先要领会它的真正含义。我们把初步入门叫“训诂学”。人类先有了语言，进入了文明。语言的主要表现方式是音。假如“上”和“下”两个字没有的话，那么“上”这个音承载着“上”这个意思，“下”这个音承载着“下”这个意思，“爸爸”这个音承载着“父亲”这个意思，“妈妈”这个音承载着“母亲”这个意思。也就是说，语义的载体是语音，而这个语音是物理存在，是物质。声音我看不见，你看不见，但它是物质，是客观存在。又过了一段时间，人们把语言用符号记载下来，于是产生了文字。各国的文字不一样。有的文字是记音的，而中国的文字更为精巧，既表音又表义。训诂的“诂”，它的表义成分在“言”字边，它的表音成分在“古”字边。有人问：“老师，这个字的表义我看不出来。”看不出来就再去查。有一本书专门解决这个问题，叫《说文解字》。这种情况叫形声字。它所谓“形符”就是义符。表音的这个部分叫声符。形声字是汉字当中最典范的。有人说：“杜老师，不对，象形字才最典范。”象形字也表音，这个音是当年约定俗成的，比如“日”这个象形字，大家在很小就知道这个字念“ri51”，这是当年的约定。约定以后，它的音就在这里了。看上去是表义文字，实际上它有音的约定。这样语音和语义的载体就变成了有形的文字。因此我们现在要了解古代的语言，首先要了解文字。而文字有三要素：第一，怎么写的？有没有结构的规律呢？你看这两个字之间有规律，一个表音一个表义，这叫形声字。字形的学问叫“文字学”。第二，念什么音？没有古代的录音，不知道。不要紧，我们依然有研究的空间。某两个字的声符是一致的，它们的音不就接近了吗？当然也有矛盾的情况。比方“甬”和“勇”之间有什么共同的东西？共同的东西是“甬”。“通”字念什么？“桶”字念什么？有规律吗？从“甬”字得声的四个字，甬、勇念“yong214”，通、桶念“tong”，分成两岔。既然这一组有共同的声符，而它后来有规律地分成了两岔，那证明了什么呢？语音有变化，而变化是有规律的。我们现在面临的是一条高速公路分成了两岔，但并不知道那个根在哪里。顺着这个两岔追到根，就找到了古音的根了。这有个好处，我们知道当年它们的音是接近的，而音接近是义接近的根本条件。

第三，意思是什么？文字具有形（怎么写）、音（如何念）、义（什么意思）三要素。都具有约定俗成性，大家要约定并共同遵守。如果对男性的家长叫“妈妈”的话，你觉得很荒唐，对不对？可如果当年约定了就叫“妈妈”，又有何不可呢？满族人不是就叫“阿玛”吗？约定了“儿子”指老子，“老子”是指儿子，这也一样。但一定要约定。既然已经约定俗成，掌握了根本，明白它们的音承载义。不论当年实际念什么，我都知道接近。知道两个字的字音接近有重要意义。比如念《诗经》，不押韵了，我现在可以知道当年是押韵的，至于怎么个押法（音值）可能我不知道。

两个字意思可能相通，而相通的客观理由之一是音近。现在音已经不近了，没法通。我可以告诉你当年它是近的，它具有相通的条件。有通的条件就能通吗？不一定。再找旁证。比如我找出几句话，都使用了这组字，它们的意思是一致的。语音的证据存在了，物理条件有了；语义的条件我从古书里找到了证据。我拿的古书都是先秦的古书。那么这两个字相通就没有障碍了。你如果还是不信，可以继续考虑。我说的可信的成分已经达到七成，而你连一成都达不到，当然是我得上风。

从文字的形、音、义衍生出三门学问，一门叫文字学，认字的学问；一门叫音韵学，研究音类的学问；一门叫训诂学，搞清意思的学问。

中国的单音字很多，单音字可能是词，也可能是词素。比如徘徊，徘和徊属于词素，而吃、穿、住、行每个字都是一个词，就属于单音词。有的是双音词。词与词之间怎么样排成语链、排成句和词组，就是语法。怎样把话说得更好叫修辞，运用夸张、比喻这类手法。这些属于基本学问。

总之，你得先读懂它。读懂的办法首先是弄懂字、词的含义。如果你没有读懂它，就去谈它的思想内容，是反科学的。就像法官没有搞清楚来龙去脉就给人家定罪。你说这是一把杀人的刀，刀上的血迹是死者的，而刀把上有你的指纹，于是你就是杀人犯。这样断案也太容易了。这之间可能还有其他细节，比方说这个指纹会不会是别人把他打昏以后，把你的手指头按在上面？如果是这样的话，不就冤死了吗？栽赃是很容易的。而刀上的血迹是死者的血迹，也完全可以后加。所以搞清楚它的真正含义，需要明白文字学、音韵学、训诂学。搞清楚含义之后，再来“思”。学然后思。至于你思出了什么，与你的学问大小、智慧、性格以及民族、性别均有关系。思想上是要百花齐放的，绝对不能走一条道。

你读的是美学的作品，比如唐诗宋词，你从里面获取了什么样的美感，每个人也不尽相同。这就牵扯到共同美和审美的个性问题。它是由很多客观因素造成的，很难进行统一。有的书，你欣赏我不欣赏，就像你喜欢吃这道菜，我不喜欢一样。都应该受到尊重。不是说你一定要学会这个东西，我不想学就可以不学。人生是有限的，我需要什么都学吗？个性、兴趣、味道都是很珍贵的财富，没必要统一。“思”会出现不同的结果。而我们面临的文件或对象可能是一个。面对这类问题，我们应该尊重客观事实。而这个客观事实除了对象之外，另一个就是你自己。

我们还得先回到原典这个基础。在这个问题上统一之后，如果再有分歧的话，就是学术问题了。所以“学而思”，这个“学”是极其不容易的。“学”是要学会、学懂、学明，然后去“思”。而这个“思”又不见得是一种结果，可能是多种结果。有的结果接近，我们谓之一派，一派可不等于“一”。有的距离稍远，我们叫它两派或三派。美学、哲学、文学上都有流派。道不同不相为谋，观点不同也不必互相伤害，而是可以共存的。诸子百家不就是共存的吗？百家争鸣不是学术繁荣的时代吗？只有一个腔调，是学术的悲哀。

既然有分歧，理解不同，就有“择其善者而从之，其不善者而改之”的问题。这里所说的“择其善者而从之”，从道义和法律上讲，它是有共同性的。因为所有的法律和伦理都带有约定性，这件事情你认为不应该做，我也认为不该做，但是不犯法。这个犯什么呢？犯伦理道德。伦理道德靠什么东西来约束？靠舆论。人们都说你不好，会给你造成巨大的压力。你如果还是没有压力的话，就没有廉耻感了。我们基本上认为这种人是非人类，不适合在人群里待了。对于善与不善的认识，也允许有一定的个性。而在约定之外的思考，就形成了学术问题。无论是审美的，还是伦理的、道德的、政治的，都在约定俗成的标准之外。而这个学术问题可能导致约定的东西有所改良，推动人类文明的发展。所以这个问题算是你的贡献。

可见读书和治学是相辅而行的。既要学又要思，两相结合，你的读书生活就比较完美了。而你的进步也会比较大。这是我们谈的第一个问题。

二、大学阶段要不要从事学术研究

这个标题属于问题标题，不是论点标题或观点标题。变成问题标题是修辞学上的需要。说书的人就好这样，说书人说："他抡起大刀咔嚓一下砍过去，你猜怎么着了？"这就是要引起你注意。他说"咔嚓一刀砍下去把头砍掉了"，就没有修辞效果了。

大学阶段要不要从事学术研究？回答当然是要。不光是大学，中学也需要。只要你学习，就会有思考；只要有思考，就可能有分歧；只要有分歧，这就进入了学术层面，有了学术成分。有人说："大学生要打基础，不要急于写东西。"这是一面，它的另一面是什么呢？就是要勤于思考，力争有自己的见解，甚至于有所发现、发明、创造。知新楼A座8楼有“冯陆高萧黄”五岳主题展。“冯陆高萧黄”五岳这一称呼大约来自20世纪50年代后期、60年代前期，至少是在1964年之前。1964年黄孝纾先生悬梁自尽，由于很特殊的原因，不好再叫“冯陆高萧黄”，就剩下“冯陆高萧”了。“冯陆高萧黄”是山东大学古典文学的领军人物，这五个人聚集在一起，可以成为全国一流的古典文学队伍，也就构成了文史见长的基础。陆侃如先生在北京大学上大学的时候，编著了两本书，一本叫《宋玉》，一本叫《屈原》。谁说大学生不能从事学术研究？大学生不光可以写文章，还可以写书。

第二位是咱们山东老乡，叫张政烺。“烺”，念“lang214”。火字边，加个良。“烺”是形声字。还有同样的情况，例如“朗”。这两个字有没有关系呢？有非常大的关系。“朗”，月亮照着，明亮。“烺”，有火照着，不也就明朗了吗？这两个字叫同源字。王力先生，北京大学教授，《古代汉语》的主编，他编了一本书叫《同源字典》，专门解决同源字的问题，把字分成一组一组的。这两个字作为同源字，大家可能认可，如果认可的话，它们之间的纽带、桥梁、共有的东西是什么呢？是那个“良”。刚才不是说“良”是标志它的读音的吗？读音的那一部分叫声符，它也表义。宋朝人已经揭示了这个问题，提出了“右文说”。正是这个音的纽带，把它们联系在了一起。它们意思接近，有共同的声符，这叫同源字。西方有所谓的语源学。如果中国的学术研究受到语源学启发，比较有空间的是同源字的研究。同源字的研究可以被归结到训诂学领域，因为追根到底它是研究字与字之间的语义关系问题，因此它应该是训诂学的分支。

张政烺先生是山东荣成人。荣成原来属于烟台地区，现在属于威海地区，在中国的胶东半岛。胶东半岛、辽东半岛都很靠东。它在胶东半岛的东部。荣成有很悠久的文化历史。张政烺先生北京大学毕业，长期工作于中国社会科学院，主要的领域是古文字学、中国上古史、文化史，是一位文史兼通的超级大师。你说："老师我没听说过这个人。"是你孤陋寡闻，不是他的名气不够大。当然还有另外一个原因，他的学问不是公众性学问，不像胡适、鲁迅。因此进入专业层面之后才会对他有所关注，而且专业程度越深，你对他的仰慕程度越高。

张政烺先生在北京大学读书的时候，本科，你不能再说大学生不能搞科研。北京大学校长胡适在课堂上问："《封神演义》的作者是谁？"没有人可以回答。胡适问这个问题因为他自己也不知道，大家知道胡适的《小说考证》是非常有名的。张政烺不在课堂上，但他听别人说了，于是就给胡适写了一封信，他说《封神演义》的作者叫陆长庚，他在信中做了考证，并拿出了理由。这种东西属于科研论文，他的论点是什么？《封神演义》的作者是陆长庚。他的论据不给大家说了。而他把证据和结论之间搭起桥来的过程叫论证。因此这是一篇非常典型的论文。论文不一定像我们经常见到的那样，标题、开头、展开、结尾，也可以是信。

大家知道书信只是一种文体，书信里谈什么没有人做要求。大家比较熟悉的书信可能有《与山巨源绝交书》《与朱元思书》，它们的内容差距非常大。《与朱元思书》重在描景，而《与山巨源绝交书》有一点点说理，是不一样的。至于有些人在书信当中谈学问，就是这种。胡适当然就给张政烺回了信，这个回信也是学术性的回应。胡适说："经过你的考证，《封神演义》的作者是陆长庚，大体是可以落实了。"这是一种肯定。校长和这个大学生说："你若不反对，我想把你的原信送给《独立评论》发表。"由于张政烺的名字和胡适绑在了一起，他就得到巨大提升，从一个无名小卒、大学生，提升为学术界的名流，走出校门是绝无问题了，跨不跨学科就不知道了。因为这个问题属于中国古典文学、中国小说史的问题。

那么大学时期到底能不能搞科研呢？为什么张政烺可以回答，而那个课堂上没有一个人可以回答？为什么胡适也没解决那个问题呢？难道这些不可以启发我们吗？只要证据抓在你的手上，不论你是何等人物，你都可以解决问题。

第三位是黄永年先生，他是陕西师范大学的教授。可能大家不太熟悉。山东大学校园有一景叫"八马同槽"。"八马同槽"里有一个人物叫童书业，他是顾颉刚的高徒，古史辨派的健将。顾颉刚是研究上古史的名家，开辟了一个叫古史辨派的古史学派，标志是他们出了前后七本《古史辨》讨论上古史问题。其中特别引人注目的就是黄帝、尧、舜、大禹可能不存在这种问题。古史辨派认为神话人物可能不存在。大家知道，我们普及历史知识的时候，“自从盘古开天地，三皇五帝到如今”。中国的源头是相当清晰的，炎黄都是我们的祖宗，所以古史辨派提出的问题就相当有震撼力。当然，这些结论不是他们首先提出的，但他们把这个东西集中起来，在一个特殊的年代，就是辛亥革命以后的这个年代推出，带来的震撼力非常之大。我们今天仍然要面对古史辨派提出的所有问题，这些结论不一定都对，但是他的思路和启发巨大。

顾颉刚先生是古史辨派的代表人物，而童书业先生是古史辨派的健将。黄永年先生是童书业的大女婿、顾颉刚的学生。黄永年先生现在已经故去了。在复旦大学读书时，黄永年先生在一些报纸的副刊（那时候报纸有副刊，报纸设副刊实际上是专栏，以前《光明日报》专门有“文学遗产”，这种专栏实际上就跟过去的副刊有点像）发表过文章。副刊要专门找主笔，主笔可以向他的朋友甚至学生约稿。黄永年先生在一些报纸的副刊和顾颉刚主编的某些刊物上，比如《文史杂志》，发表了一些短文，过去也叫随笔。顾炎武《日知录》的每一篇都算随笔。所以《日知录》这本书如果定性的话，它属于笔记体或者随笔体。当然我们也可以叫它学术专著，因为它是经史子集都要考证，以考据学见长的。童书业先生把黄永年本科时发表在副刊上以及杂志上的零碎的文章，亲笔用毛笔编了一个目录，这说明当时已经在学术界很有名的童书业先生，对黄永年先生在本科阶段发表的零零碎碎的这些随笔短文，是非常重视的。而童书业的目录的手稿还在。

在黄永年先生去世若干年后，我们国家文史类最高出版社——中华书局，把这些散碎的文章结成一本书出版了。这本书的名字叫《茭蒲青果集》，这个名字很拗口。实际上是两个巷子的名字。黄永年先生家住江苏省常州，他家的前门是青果巷，后门是茭蒲巷。里面的文章大概有40多篇。所以有不少名家在大学就开始从事科学研究，从事科研论文的写作。黄先生这些文章涉及先秦到唐代的历史、地理、文学、古器物，也涉及到古书的版本，讨论的问题很广泛。

这是第二个问题，大学阶段要不要从事学术研究。举了陆侃如、张政烺、黄永年三位先生，大家应该知道这不算什么问题，也不存在任何制度上的障碍。

三、论文选题

这也许是大家最关心的问题。我为什么不来申请项目呢？因为我不知道做什么，我不会选题。老师在这方面也可能告诉你，现在尚无能力选题，这就进一步增加了你不申报的理由。对于老师的这种主张，我们仍然本着百家争鸣的态度。如果有的老师主张大学生不能搞学术写作，我们尊重他的观点。但是我的观点是能写作，并且我主张要教会大学生写作学术论文。

论文的选题，从大的方面来说，分为三类：第一，专人研究，研究一个人物。第二，专书研究，研究一本书。第三，专题研究，对一个问题进行专题调研。

专人研究。比如萧涤非先生的《杜甫研究》，这是一部名著。研究一个人，一个作家，一个语言学家，这类文章应该很常见。还有写评传。比如《中国语言学家评传》，这都属于专人研究。专人研究也包括专人的年谱。袁世硕先生的《孔尚任年谱》，一年一年地编年谱；还有复旦大学教授章培恒先生的《洪昇年谱》。因为孔尚任和洪昇是清代戏曲作家中的两颗明星，这些都算比较有名的年谱了。上述都属于专人研究。

专书研究。《红楼梦》研究、《聊斋志异》研究，都属于专书研究。有些书的作者不清楚，比如《山海经》，没法研究它的作者，那就只能进行专书研究了。《诗经》也是这样。当然，有人说《诗经》的编者是孔子。现在看来，总的结论就是在孔子的时代，可能《诗经》已经出现了，孔子做了一些整理的工作。但是我觉得孔子的最大贡献还不是整理，最大贡献是对《诗经》进行解说。孔子跟学生讲《诗经》，这就是他的教材，他不解说如何讲呢？你说当时孔子看《诗经》，就像看白话文一样，不用注释。不是这样，还是需要注释的。因为诗歌的注释不仅仅是解决训诂问题，还要解决诗歌创作的背景问题。什么时候写的？什么情况下写的？而这个问题是解开诗歌之谜的钥匙。所以我们说注释究竟要解决什么问题，看需要。不是说杜甫的诗是诗史吗？杜陵诗史。诗史就要跟历史相联系，跟历史相联系就要搞清楚年代和地点。杜甫的每一首诗都要搞清楚是什么时候写的，什么背景下写的，否则和史就挂不上钩了。所以至少从宋朝的时候，人们就开始对杜诗进行编年，逐首诗考察它的年份。例如《千家注杜工部诗》，像这些作品，它前面都有年谱，这个年谱主要是作品的编年。这类研究我们可以说是杜甫研究，专人。也可以说是杜诗研究，就是专书了。

专题研究。有些文章可能我们知道。鲁迅有篇文章《魏晋风度及文章与药及酒之关系》。这属于专题研究。闻一多有一篇文章叫《说鱼》。“鱼戏莲叶间”，鱼到底有什么样民俗学的含义？这属于专题研究。再比如周来祥先生，著名美学家。周来祥和李泽厚是一辈的，并且是齐名的，他们比朱光潜先生和宗白华先生晚一辈，大概是这样的关系。这是一篇文章，后来成了他一本书的名字：《论美是和谐》，这叫专题研究。我记得谭好哲老师有一篇文章叫《论丑》（大学毕业论文），因为京剧里有丑角，而丑角具有审美意义，于是就有美学价值。因此美与丑两面就统一起来了。这属于专题研究。关于论文的选题的三种类型，大概不用多解释了，很容易明白。

还有一些属于特殊类型。作者想著书立说，并且借以名垂青史，这本书会一直流传下去。文人著书主要的目标就是让它不朽，让它一直有用，一直有人看。这类著作的体式，比较常见的还有日记。在座的各位读过什么日记？《胡适日记》《顾颉刚日记》，都很大。李慈铭的《越缦堂日记》，是清代人写的日记，已经出版。

他是绍兴人，鲁迅先生也是这个地方的。《越缦堂日记》非常大，如果放在这个桌上有这么高一摞。民国年间出现大日记，有我提到的诸如《胡适日记》《顾颉刚日记》，还有一些很大的日记，大家以后慢慢地就会接触到。这些日记可以说是永垂不朽，只要有人类的文明在，它们就是不朽的。

还有一种形式——书札，就是我们说的书信。书信集也有一些价值非常大的。过去的书信是怎么编辑起来的呢？主要是由收信人来编，收到的主要是人家写给他的信。因为他写给别人的信，大都散落。那时没有复印机，没有存副，这就麻烦了。蔡元培的重要信件，他都会找他的秘书抄一份副本，这叫录副。蔡元培的一些重要书信都收到《蔡元培全集》里去了。如果这两个人关系非常的密切，他的信在那一家很多，这就有了可以收集一批的机会。中华书局曾经出版了一本书叫《王国维全集·书信》（1984年）。其他部分没有出，就出了这么一本。那一本书我买了以后全部看了一遍，绝大部分是写给罗振玉的。罗振玉是王国维古文字学方面的导师，同时他们也有亲戚关系。也就是说书信，像《王国维全集》的书信这一册，学术价值非常大。大量的学术信息和观点都在这里。当然王国维写的信远不止这些。这些有幸在罗振玉家里被保存下来，没有被销毁，也没有当废纸卖掉。

当然，你说："老师，现在不写信了，大家都用微信。哪里还有书信？"这种纸本的信现在成了文物，思想以微信的形式交流，它依然是文献，上面的文字是一样的。微信不也能存吗？但看是否重要。而这个是否重要，是由经手人来决定。我家里存着别人写给我的信，装满了一个大手提箱，而这个手提箱是多么大呢？放不进我们出租车的后备箱里。另外还有一小箱。我曾经在搬家的时候想淘汰一部分，但是我发现一封也不能淘汰，没有很闲的信，都是学术界的这种重要信件，有很多我的前辈的来信，所以这些信我一直留着。我还不断给别人写信，一年在200封以上，那么10年间就有2000封信。我这些信都在朋友家里，四面八方，也不知道还能不能存于人间。而他们寄给我的信我都存起来，将来我要把这些师友的信放在一起出版。这些信将是我替他人保存的资料，但这个写信的群体加起来就不是为他人保存资料了，而是这数十年来的学术史的见证，非常重要。因为我参与了这二三十年来古籍整理的重大活动，非常之多，在这里头都有记录。后来就出现了电子邮箱、短信、微信等等。怎么对待这些信件呢？如果我认为非常重要，我会另存这个电子邮件、这封信。我开辟了一个“重要信件”栏目，把它移动到那里去，其他的信就由它去了，自生自灭吧。这个短信如果我认为应该存，我就会把这封信稍微编辑一下，比方说加上称呼，加上年月日，但是内容不能改，措辞不能动，然后把它复制到我的邮箱里，再移动到“重要信件”中。微信也是这样处理，复制粘贴。这样，我的“重要信件”就等于是朋友来信的选粹。这当中包含我的回信，如果我认为我的回信没有价值，就不保存进去。比如我的回信是两个字“很好”，就不保存了。到了年底，我会委托学生将这些信按照时间的先后编成一个文件。当然也写上总名字：《清济堂往来信札》，清济堂是我的堂号之一，我有多个堂号。晚清以来文人陋习，好起别名，我也一样，不过起得不够多。往来，当然是有来有去。信札就是书信。整理好的文件夹会在信札后面加上“2020年”，那么这个文件夹就是这一年的了。将12个月作为单位，比方说一月，就将“一月”标成黑体字，下面就开始按照写信的先后排列这些信件。每封信加一个题目，而这个题目是固定的，就是《王萌致杜泽逊》《杜泽逊致王萌》。不论你是什么身份。下面就是这封信。再下面又是一个标题，又是一封信。从2020年1月1日到2020年的最后一天编成了一个文件夹。而这一年的信是谁编，署个名。它的作者是我和我的朋友；但是编者是署学生的名字，某某人整理。不写纸本的信之后，我的往来书信就变成了这种东西。2019年的是编完了，2020年的即将找同学编，由于数量有的时候偏大，就会按季度找四个人编。这样，编者就是四个人了。编的目的只有一个，就是要出版，保存学术资料。我们现在海量的资料谁去保存呢？没有人去保存。信息爆炸，人们的阅读时间非常有限，如果不加以选择的话，这当中宝贵的史料就淹没在汪洋大海里了。所以我们要有对历史做一点点贡献的责任。这一年作为一个学生值得保存的信只有5封，你就存5封；你认为有10封可以保留，就存10封；这一年没有可保存的你就不保存。但随着你的年龄、阅历的增加，同学们的地位的提高，以及你与学术界人士的交往越来越密切，比方和老师之间有交往，你可保存的信件就会多起来。有一些学生给我写的信，我认为非常有价值，我就保存起来了。当然他自己是不知道的。当然也有的学生来了信，我会明确告诉他，你的这封信收入这本书，但是格式我给你稍微变了变。你的称呼等方面不到位，我怕将来人家说我们教导无方，所以就给你美化了一下，但是内容绝对不能变，以这样的方式保存到我的书中。书札和前面的日记是在我们视野范围外的著作方式，而操作起来是非常容易的。当然如果想让老师保存你的信，必须像张政烺给胡适写信那样，有独到的见解，或者说有特殊的发现。你到新疆支教，发现了什么，究竟哪些东西是有社会、民族、宗教和历史的价值的，你自己必须有判断力。如果没有的话，你就会杂乱无章地介绍是否吃到了手抓羊肉。另外，如果你觉得它可能会被保存的话，在文笔各方面都可能会格外讲究，它就不一样了。像《与朱元思书》这样的信显然是刻意写出来的，哪有不经意间就可以写出美文的呢？人类对美的创造是无意识的，这个谁信呢？

四、论著的类型

论文和著作叫论著。它的类型——这个所谓的类型，我觉得也许措辞不对，也许可以说是方法——第一个是考据，第二个是义理，第三个是词章，都是中国人自己设定的。

张政烺先生那封信叫考据。《封神演义》的作者这个问题，没有什么理论问题可谈，就是考据。我们都学习过一些基本原理，比方说内容决定形式。《封神演义》的作者问题，决定了他会用考据的形式加以解决，而《论美是和谐》，指的是理论问题，它属于义理。王国维曾经写过，算是一篇大文章，名叫《太史公行年考》，实际上就是司马迁年谱，这个属于考据。比方说司马迁一生以及他的家世，他字什么、号什么、哪里人、父亲叫什么、怎么出来当官的、怎样修《史记》此类问题。但是难就难在它的所有重要事项都必须安排在某一年，这样才叫行年考。行为的编年，行年。考，这个题目已经决定了，它是考据学。如果你感兴趣的话，这篇文章很容易就在网上搜索出来了。开头是“司马迁字子长”，前面一段叙述之后就是一年一年，从他一岁开始。这属于考据学。当然，《孔尚任年谱》《洪昇年谱》也是考据学。

义理，刚才给大家举的《论美是和谐》，这就是义理。

词章之学。在今天它被归到中国古典文学，因为它偏重于创作、创作的方法和作品的审美。山东大学词章之学的杰出代表是黄孝纾，在20世纪40—60年代，黄先生在古诗词骈文的创作方面，尤其是骈文的创作，很可能是全国第一把手。钱基博先生是钱锺书的父亲，是上海光华大学文学院院长、无锡国专（国学专修学校）教务长，著名的国学大师。他写了一本书，叫《现代中国文学史》，当然他也有《中国古代文学史》。他说的现代就是当代，就是现在，大概是20世纪40年代。《现代中国文学史》当然也要分“体”来讲，其中讲到骈文，像《恨赋》《别赋》《哀江南赋》，都属于骈文。后来到唐宋时期进一步的规范化，格式化，就是四六文。他在讲到骈文的时候介绍了三大家：李详、孙德谦、黄孝纾。李详和孙德谦大概年龄比钱基博略大，唯有黄孝纾是个青年，只有30多岁，而钱基博当时50多岁了。黄孝纾曾经担任山东大学中文系主任，是“冯陆高萧黄”中的“黄”，1964年悬梁自尽。在《现代中国文学史》当中，全文引用了他震动大江南北的代表作：《哀时命赋》。这篇赋的用韵全部和庾信《哀江南赋》一样，这增加了难度。他的韵和《哀江南赋》的韵是一样的，他要写的内容和庾信完全不同，而表达的情感又是接近的。无论是中国的还是外国的，我们对一个作品进行评价的时候，不能忽视一个问题，就是创作的难度。你知道《洛神赋》的创作难度吗？我觉得比《登楼赋》高。写一首仿照乐府诗的诗，可能在酒席就能完成。而《洛神赋》要呕心沥血，花很长时间才能写成。像左思写《三都赋》就得十年的时间，所以不能不考虑创作的难度。就像我们搞建筑的，紫禁城的建设，和我们盖一个小楼是一样的吗？无论在设计还是建设上，毫无疑问都不在一个层面上。《红楼梦》就是一座大厦，特点就在这里。有一次我听中央电视台访问陈忠实的时候问：“陈老，你现在还有什么写作计划吗？”他说：“我没有。”“为什么呀？”“我写不动了。”这话太真实了。创作一部作品，需要丰富的素材，需要深刻精巧的构思，还要进行写作，所以《白鹿原》是拿生命写出来的。创作的难度应该是考虑的元素之一。这就像跳水运动员一样，需要参考你的难度系数，外加完成程度，才能够给你打分。黄孝纾先生在当时被作为三大家之一，而另外两家都是老辈，也就是在黄的这一辈当中，黄是毫无置疑的第一名。我们山东大学中文系拿出“冯陆高萧黄”这五面旗帜来，不是偶然的，得能服人。黄孝纾先生能画画。黄孝纾先生写的字，任何一张纸现在都不是我辈能买得起的，这是一般的先生吗？黄孝纾先生的学问属于词章之学，如果说他的特长是中国古典文学的话，是不足以覆盖的，因为他是一个创作的能手，著名的词人。

萧涤非先生招的第一届博士是李从军和林继中这两位，他们两个不是同时答辩的，李从军提前一年毕业。李从军毕业答辩的时候，真所谓新生事物啊。作为学生，我正好去旁听了。他的答辩委员会主席是南京大学教授程千帆，答辩委员有苏州大学教授钱仲联，他是研究古代和近代文学的名家；有复旦大学教授王运熙，王先生好像因为身体问题没到；还有陈贻焮、廖仲安，还有山东大学中文系主任董治安先生。这支队伍不得了。

你从这个队伍当中能够看到，萧涤非先生地位非常高。他是中国唐代文学研究会会长。这位先生也非常的清高。什么叫清高？招了一届博士，然后就不招了。这简直是一个巨大损失。人家程千帆先生招了一批又一批。清高这个词儿啊，也许是中性词。钱仲联先生研究古代和近代文学，可以说是第一把手。他写过一篇文章，叫《近百年词坛点将录》，点什么将呢？近百年词坛词人点一百单八将，里面当然有黄孝纾，还有黄孝纾的兄弟黄孝绰。他对黄孝纾的评价非常高。著名词人，也就是说不仅仅是著名的骈文作家。当然，黄先生也是著名诗人，他的诗也很多。

这类人物往往又是选家。在李从军毕业答辩的时候，大家都已经问完了问题之后，他的老师萧先生又追问了一个问题：唐人选唐诗，选不选杜甫，杜甫是否知道？李就憋住了。萧先生得给他个台阶下："你会背两句诗吗？"他还是没背上来。萧先生不得不背了上句，李从军马上跟了下句。这两句诗我是记不住了，但这两句是证明杜甫对于当代人对他的评价十分关心。因此知道。萧先生提这个问题：唐人选唐诗选不选杜甫，杜甫是否知道的时候，李从军当即就回答"知道"，但是萧先生问："何以见得？"这就进入考据的范围了。也就是说，文学评论的手段之一是"选"。这些以词章见长的先生，他们的重要手段之一是"选"。萧涤非先生有一部书叫《杜甫诗选注》，而这部书是不朽的。钱钟书也有《宋诗选注》，也是不朽的。靠"选"不朽，萧统就是一个，他的作品叫《昭明文选》，这种人叫选家。选家中还有一些极其独特的，比如《唐诗三百首》《古文观止》，他们的选者没有什么地位，但这些作品为什么能够不朽呢？他们沾了历史的光。《古文观止》和另外一部古文选如果相比较的话，只有一篇不一样。那为什么这个名落到《古文观止》身上呢？也许它的书名起得好吧。选者根本就不是什么大人物，是一代又一代人的智慧把"古文精选"这一任务在《古文观止》这里得到了凝练和固化。但是像钱锺书的《宋诗选注》和萧涤非的《杜甫诗选注》就不是这种情况，作品非常独到。萧先生的《杜甫诗选注》的注释非常精彩，独到的见解非常之多，这叫选家。那么我们的黄孝纾先生是怎么选的呢？这个在知新楼8楼的展览当中，有一些照片，希望你有时间去浏览一下，看上两眼，知道黄孝纾先生选了什么：《周秦金石文选》。金就是刻在青铜器上的。其中字最多就是毛公鼎，490多字，是一篇文章。石，就是刻在石头上的。《两汉金石文选》《周礼选》《晋书选》。“二十四史”当中，文采第一属司马迁，第二属《晋书》。《玉台新咏选》。《欧阳永叔文》，欧阳永叔就是欧阳修。《黄山谷诗》《钱谦益文》。从上古到清代，当然他可以到近代，是贯通古今的大先生，这叫选家。听说过这家那家，可能没听说过选家。就是说搞词章的先生用这样的手段来表达自己的能耐。

他自己的创作，我自己手里也有一些。《匑厂文稿》，“匑”念“qiong35”，也念“gong55”，恭敬之意。匑匑，恭敬之貌。“厂”念“an55”，象形字，就好像在山的这个边上搭了一个棚。《匑厂词乙稿》，有没有甲稿？我不知道，我没见。《崂山集》，在青岛。其中游记很多，这些游记大都是骈文，非常好。这些作品大多配着黄先生的画，他的山水画画得棒极了。

《碧虑簃词话》。我们文学院图书室有一个阅览室叫碧虑簃，而碧虑簃三个字就是黄先生亲笔。碧虑，我一开始不知什么意思，我也请教过，我也查过字典，但都查不到。后来才知道南朝的萧纲用过这个词，它是个屏风的名字。可能是用玉装饰的或者用玉料做的，叫碧虑屏风，人家赠给他的，他写了《谢赉碧虑棋子屏风启》，你现在上网查就能查到了。以前哪有网啊。当我知道黄先生有这个堂号的时候，我实在没有办法解决来源问题，我只好请教老师。我认为在文学院唯一可能有答案的人，叫鲍时祥，因为他学词章之学。鲍老师又名鲍思陶，是安徽桐城人。他留下了一部诗集，在其身后出版的：《得一斋诗钞》，齐鲁书社出版，都是格律诗。里面也有《竹枝词》，也有少量的词。鲍思陶老师是山东大学中文系78级。

我说黄孝纾，对鲍老师来说不必解释，因为鲍老师就是搞词章的，并且也写骈文，他知道黄的厉害。而知道黄的厉害的，很少。我说："他有个堂号叫碧虑簃，我查不着来历。"鲍老师过了一段时间和我说："你是不是搞错了？《淮南子》里头有个碧虘。"我说："鲍老师，我可能没记错。"但是毕竟这个东西我是在蓬莱看到的《碧虑簃词话》手稿。后来我在山东大学图书馆又一次看到了黄先生收藏过的手抄的古书，价值很高。而在这个边缘部分又一次出现了他的堂号：铁岭黄氏碧虑簃。因为他是汉军八旗，从东北来的，所以叫铁岭黄氏。我又见到它了，我说我没记错。

又过了一两个月，他告诉我找到了出处，只有南朝的萧纲用过这个词。也就是说黄孝纾先生作为词章之学的专家，他到底追求什么呢？其中有一个就是用生僻的典故。董治安先生的学年论文、大学毕业论文都是黄先生指导的。董先生说，有一次黄先生跟他说："我近来填了两首词，用了两个典故，你们绝对找不到。"就知道他的观念了。而这个观念在很长时间是被我们批评的。但是我们还是要本着百花齐放的思想，尊重这一路的人。

什么叫词章之学，你就明白了吧？就是说能写、能评论、能鉴赏，他可以写书来告诉你该怎么写诗，法式是什么。就是既能写也能论，也能选，也能赏析。这类先生属于词章之学。核心问题就是怎样写出好诗、好文。既有实践又有理论，这叫词章之学。词章之学流传到今天，应该属于中国古典文学。可惜我们的中国古典文学虽然属于词章之学，在能写这个问题上不行了。由于不能写就没有创作的经验，就不知道创作的难度有多大。于是在鉴赏方面也就自然跟不上趟了。

研究中国古典文学，要稍稍关注词章之学，尽可能让它完整化。我想这个问题也许是可以讨论的话题。近数十年来词章之学的兴衰，以及所带来的问题，这都是我们要研究的话题。这是考据、义理、词章。其中比较难理解的就是词章了吧？在《玉台新咏选》当中，黄先生对入选的作家都有一段评论，而他的这一段评论很像是钟嵘的《诗品》，非常精彩。

河北师大有个老师叫张蕾，她写了《玉台新咏研究》。她把黄先生《玉台新咏选》当中的作家论全部摘出来，作为附录。我很惭愧，我是从她的书里头认识到我们的黄先生的，那是精彩之极。

因为《玉台新咏》的时间是在梁，我们要研究汉魏晋甚至南北朝这一阶段的诗歌的发展，毫无疑问，好好领会黄孝纾的《玉台新咏选》可以得到六七成的答案，他是高手。可是我们用过没有呢？我们不可能用。而这个书并不难得，理所当然的我们应该用。

五、写作中的注意事项

我们现在的青年人写论文，可以模仿前人，就像学走路、学说话一样，老老实实去模仿。一个人物的生平，一部语言学或文学的著作，一个语言学或文学的问题，可以从三个方面来考虑，也就是专人、专书、专题。我们选题作文固然是为了创新，有所发现，有所发明，有所创造。但还有一个目的，就是通过写作提高自己，提高知识水平。我本来不知道黄孝纾《玉台新咏选》，通过写论文知道了，这叫提高自己的知识水平。第二是提高自己的学术能力。我有讨论学问的能力，能力也许不够大，但是我有。第三是提高思辨能力。什么叫思辨能力呢？分辨好与不好，这太简单了。分辨高与不高，是8.5分，还是8分，你有没有分辨的能力？当你肯定它的时候，它值不值得这个分数？作品是有技巧上的创新呢，还是思想的创新？杜诗和李白的诗，它们之间的区别是什么呢？杜诗忧国忧民，它在文以载道这方面有巨大的贡献，很容易引起我们的共鸣。所以杜诗在感召力上高于李白，这是无法否认的。在审美价值上，他们是各有千秋的。这叫作思辨能力。第四是提高文字的写作能力，就是在表达自己要表达的内容的同时，如果我们的文字更精炼、准确，甚至读起来有美感，不是更好吗？

《文心雕龙》有一个理论，就是东西着实了，不容易写得美。只有悬空一点的容易美，也就是写意象容易美，描实物不容易美。不知在座的各位，有没有人对《文心雕龙》感兴趣。记住这两句话，你可以受用终生："意翻空而易奇，言征实而难巧。"这是在创作当中的规律。

王国维的考证文章就很有文采。我读过他的几篇文章，我是真的喜欢，并且有意无意地在学习。学术文章写得有一定的文采是完全可以做得到的。当然我们不必过分地去追求。李从军的博士论文水平很高，叫《唐代文学思想史》，他辞藻华美，可能有点过。所以程千帆作为主席，问了好几个问题，其中有一个问题："绚烂之极归于平淡，你是怎么理解的？"这个问题就不好回答了。这是批评，话里有话。我们无论如何不要让形式对内容有任何的损害，不要在讨论问题的文章中去追求更华丽的辞藻。如果你的辞藻被人家欣赏了，从而削弱了你的内容的表达，你就走上了反面，事与愿违。所以适度是非常重要的，尤其是我们在写大学毕业论文的时候。我们在最后可能要感谢指导老师。你有没有想过论文最后的那篇后序，在写作的时候有自己参照的榜样。这种后序，比如李清照写的《金石录后序》，更大的比如司马迁写《太史公自序》，是《史记》的后记，他到底应该写什么呢？这些后序最关键的内容是介绍他自己。《太史公自序》的核心内容是介绍司马迁的父亲和司马迁本人、写《史记》的过程，是介绍这个人，然后才介绍这本书。你在你的后记当中应该怎么办呢？你要介绍你自己，至少要介绍自上大学以来的经历。如果你能把这一段写得很精彩的话，将来是可以收到你的文集里的。你不学会模仿前人，一味苟简，三两行就交代过去了，这是对自己不负责任。你完全可以写出一篇很好的大学毕业论文的后记，可以把老师的教导，哪一门课如何的精彩，得到过的老师的关怀、同学的关怀那些宝贵的东西写进去。同学们得学会学习，然后来模仿。通过写作来提高。

还有最后要掌握学术的规范。通过写论文，达到掌握学术规范的目的。写论文有规范，叫学术规范。学术规范的核心问题是怎么对待前人的成果。有的人写论文唯恐沾了人家的光，哪怕是一点启发，而不是引文，也要注明在谁的书里头讨论了这个问题对我有启发，这种人的美德就非常感人了。不愿意袭人之美的人，恰恰是那些有见解的人，他怕自己的见解和人家掺和起来。有高度的自信的人，才会明确区分你我。只有没有自信的人才会模糊你我的关系。用了人家的材料，这个材料是独到的，而不说它的来历，以为是自己读书所得。你的读书范围有这么大吗？材料本身是有知识产权的。对这类问题希望大家在写作的时候要有高度的自觉性，是人家的就是人家的，尊重人家的劳动和智慧是搞学问的起码道德。

同时，你要写一篇文章，你首先要查一查，哪些人写过这类文章。我们的手段很多，包括知网等等。同时要看看人家引用过什么文献，引用的文献包括原书的原始材料，比方说研究红学他都引《红楼梦》，这就属于原始材料；也包括最近若干年发表的新成果。你把它做一个目录，比方说关于这个问题，一共有五个人写过文章，这五个人他们引用了哪些文献，我全部都开个目录。按照材料形成的先后，排个顺序，对这篇论文的作者也查考一番，他们是什么身份、做什么研究的。在此基础上形成一个综述，就是关于这个问题，历史上在我之前研究的过程。在这个综述的基础上，也就是家底盘查清楚的基础上，来考虑继承、补充、订正什么，甚至于推倒重来。如果你推倒重来的话，那就是大成果，了不得了。你能补充人家的不足也很好。一个问题带出一组文献，需要顺藤摸瓜、拔草带根的办法。这一组文献不简单，它代表一个知识结构和一个学者群体，而这个知识结构和学者群体是构成一个小学科的主要成分。因此你写一篇东西得到巨大的提升，胜读十年书都是有可能的。

初学写论文，要学会请教老师。但是请教老师要在初步调查研究之后，有的放矢。不能跟老师说："我喜欢唐代，老师我写个什么题目？"你这不是榨取老师的油水吗？另外，写作要有章法，起承转合，先说什么、后说什么、再说什么。最好的办法是层层递进，让这个文章在最后达到高峰。有些结论是不能一开始就抛出来的，要隐而不发，徐徐展开，最后达到高峰。读你的文章，他在开始的时候料不到最后的结果，这样你就有写作技巧了。写作需要有技巧。

再就是文章不厌百回改，要反复修改。顾颉刚先生写好文章之后，自己一个人关在屋子里念出声。大人物都是这样，何况我们小辈啊。你等到最后一天才交给老师，那还修改什么？你是让他看，还是不让他看呢？你要提前，把修改的时间留出来。所以至少得提前一周交给老师。如果文章经过修改，你参加了论文报告会或者毕业答辩，把老师们的意见进一步吸收，就可以考虑投稿了。至于投什么杂志，可以问老师，问同学，自由投稿。那么在文章的结尾，文章要发表了，什么人帮助过你，你最好在最后一段感谢一下。我们发现我们的《文史哲》等名刊，文章的末尾感谢别人的部分几乎没有。这方面需要改进。

关于青年人写论文，我今天准备得非常匆忙。王萌老师让我讲一下，我也觉得非常有必要。不对的地方大家批评。

（2020 年 12 月 24 日为山东大学文学院本科生的专题报告。任君敏据录音整理。经杜泽逊审订。）

对研究生的四点希望

各位老师、各位同学：

下午好！

今天这个研究生新生见面会来得不容易，我国有效地控制了疫情，才有今天的正常开学，正常入学。

首先，我代表山大文学院对 2020 级入学新生表示欢迎！表示祝贺！

第二，对同学们表个态。第一点，我们要对国家负责。我们是国家的大学，受国家委托，为国家培养人才，所以要对国家负责。这当中包括对社会负责。再一点，要对家长负责。家长把孩子托付给山大文学院了，我们就要管好，教好，爱护好，如同己出。第三点，是要对同学们负责。同学们是独立法人，中华人民共和国公民，大家来到山大文学院接受培养和教育，是对山大和山大文学院的信任，是对我们全体教师和行政人员的信任。我们一定不辜负这种信任，努力把教学水平提上去，努力帮助辅导同学们学会读书，学会做人，学会做事，成为德智体美劳全面发展的栋梁之材。

第三，对同学们提几点希望。

1. 上好课，上课十分重要。继续完善本科以来形成的知识体系。

2. 努力读书。研究生要自觉走上研究之路。不会研究怎么办？看人家如何研究。萧涤非先生的名著《汉魏六朝乐府文学史》就是清华研究院的毕业论文。大学毕业可以考清华研究院，一年毕业。个人提交一个研究计划，清华录取后指定一个导师，指导你完成这篇论文，就可以毕业了。真正是研究生。大家把萧涤非先生的这本书拿来看看，如何写的，再考虑是如何写成的，需要下哪些功夫，动哪些脑子，如何找选题，如何做计划，如何找材料，如何对材料进行甄别、分析、分类、排比，得出结论。朱光潜先生的名著《悲剧心理学》，也是他在法国留学的博士毕业论文。原书用英文，后来由北大张隆溪译成中文。我买过这本书，看不懂，但是印象深刻。深刻在哪里呢？毕业论文可以成为名著，了不起，值得努力学习。研究生读书与一般消遣读书不同，必须有选择、有目的、有系统地去读书。究竟如何选择？可以通过读人家的书，看人家著书时采用了什么材料。当然，要看大人物的名著。一般博士论文，参考材料一大串，全无选择，求全责备，这样的参考文献目录有什么用呢？炫博。我们不要学习这一种。应提高参考文献目录的门槛，能进入我的参考目录，是你的荣幸。从大人物那里找到要读的书。实在有疑问可以请教老师。老师给你的意见也是参考性质的，需要你自己在阅读中去体会、去验证，不要盲从，更不要迷信。

3. 勤于写作。研究生是这样，大学生，甚至老师也是这样。笔耕不辍，是美德。开始可以写日记，把心得写在日记里，这样在文体上比较自由，不必要讲究起承转合。日记里的体会和新鲜材料、新鲜观点，天长日久也就可以成为文章，再积累就成了专著。成不了专著的文章，久而久之也结集为论文集。写东西贵在有见解，而见解必须有根据，要对材料进行消化分析，既要有新见解，又要实事求是，不能片面追求新，走偏走怪。那是没有前途的。

4. 加强交流。独学无友，则孤陋寡闻。如切如磋，如琢如磨。同学们之间要经常交流，晚饭后在校园散步，三五成群，各抒己见，是特别美好的时光。正是这种无拘无束的争论交流，梳理了思路，激发了灵感，促成了你的成果。至于和学术界的老师建立联系，加入一些学术性的微信群，都是非常好的。要学会听报告。报告不一定都合口味，但有时会受启发，关键是要听高层次人才的报告，大学者的报告，不要跟风，要有选择。不然花费时间过多也不太好。

5. 尊敬老师，团结同学。遵守纪律，尤其是防疫纪律。爱护公物，爱护环境。对老师讲课、谈话要恭恭敬敬听，不可能句句好听，但这是基本态度，基本礼貌。尊师是一种美德，一定要注意。给老师发微信、短信，要有称呼，“某某老师”，写完了要有落款，“学生某某上”。平时老师发通知，回复要礼貌，不能说“知道了”“收到”，这是领导对下级的口气。你应该说：“老师，来信收到，一定照办。学生某某。”这是基本修养的一部分。

至于同学，要互相尊重，不能自尊自大，瞧不起人。平等待人，礼貌待人，温良恭俭让，是美德，受用终生。遵纪守法，爱护公物，爱护环境，也是十分重要的，是基本修养。

总之，要做一个谦虚的、有学问的、受人尊敬的人。这是基本目标。先讲这些。谢谢！

（2020年9月17日在山东大学文学院研究生新生见面会上的讲话。）

版本学与校勘学的依存关系

——以《尚书注疏》校勘为例

孙学堂老师给我布置的任务是讲一次方法论。开方法论的课是教育部布置的，我们这个课程整体上属于方法论。从客观上说，这个方法论非常难讲，如果我们把文艺学、语言学、古代文学和现当代文学放在一起讲方法论，就没法讲了。为什么呢？我们治学的套路根本就不一样，不仅套路不一样，连价值观都不一样。什么叫价值观呢？就是我的这个成果出来以后，他认为没价值，我就跟你没法儿谈。关于这个问题，我在参加会议的时候就经历了这样一件事情。有一位老师，承担了一个科研项目，“二十世纪社会变迁与汉语称谓发展研究”，就是二十世纪社会变迁，它怎么样引起称谓的变化。比方说爸爸、妈妈、哥哥、姐姐等，这就叫称谓，也包括一些身份，比如长官、夫人、太太、小姐等，这些都是称呼。这个课题属于语言学。那么其中有一个称谓“花姑娘”，因为日本鬼子看到女孩子就说“花姑娘”，这是非常不友善的一个称呼。那么这位老师就说，在晚清的小说里面没有这个含义，而是有另外的含义，他就把这个变化捋了一下。这只是他题目当中的一个词条，这么厚一本书，就只是写称谓的问题，与二十世纪社会变迁有关的称谓的变化。这个研究对于语言学的发展来说是一个抽样调查，而这个抽样调查有如此丰富的内容。但是在台下的听众当中，有一位台湾的教授，他说："你研究这个东西有什么意义啊？"这位老师说："我们是研究语言学的，你是研究哲学的，我们无法对话，我们认为我们的研究很有意义，你的研究没有意义。"这对话就终止了。那么他们为什么会坐在一起呢？这源于从海外来了一门学问叫"诠释学"。关于这个问题，我曾经问过山东大学哲学院的院长刘杰教授。有一次在文史楼上课，我是给文学院上文献学课，他给哲学院不知道上什么课，下课的时候在走廊上就碰到了。因为那个时候"诠释学"从德国刚进来，比较热门，而我们比较熟悉，我就问他这个问题。我说："什么叫诠释学？"他说："诠释学不诠释，不是你想象的注释，这不是一码事儿。在哲学上的诠释学主要是探讨诠释学的原则，也就是你追求的本字、本义，或者历史的原始面貌可不可接近，那么很大程度上来说，鉴于理解者自身因素的掺杂，它会造成多大的偏向……"我说："行了，你说的这个我已经听明白了，因为你这个答案是针对我来的。"刘杰教授特别地会对话，是因为他考虑到对方的背景。我问这个问题，我有一定的动机，而人家很快就能听明白，这是我们要学习的一点。当然他也反过来说："什么叫文献学？”对于他这个大教授来说，难道他会不知道吗？他可能想得到一些不一样的答案，我就简单地说是关于文本的学问。因为这个文本的演变，它非常的复杂，有的是表现为版本。

什么叫版本呢？按照宋朝人，像《梦溪笔谈》《石林燕语》里面的概念，版本就是雕版印刷的本子。有了“板”，产生的本子才叫“板本”，抑或“版本”。我抄了一遍是没有“板”可言的，就算我抄二十遍它也构不成“版本”。不叫版本那叫什么呢？叫写本。什么叫“写”呢？如果你学过画画的话，“写”就是照样子画，写真。什么叫“真”呢？就是你的真容嘛，写真就是越不走样越好。为什么叫敦煌写本而不叫敦煌抄本呢？你们不要以为“写”就是“抄”，这是两码事儿。所谓的敦煌写本，敦煌卷子，你看多了就会发现它的字体雷同。老一辈便把它概括为“经生体”，就是抄经的生员，他们抄的经都是这个字体。当然我也买过一些明朝人抄的经，我买了好几件，它们的字体的确是一样的。我甚至又买到一件万历十八年（1590）的抄卷，我就发现这个抄本上怎么好像有那种影子的感觉。我们写美术字体的时候，有时候会有意造成一个像投影一样的感觉，这是什么东西呢？我仔细看后就慢慢琢磨出来了。于是我猜测，在寺庙的门口有这样一个职业，就是你想抄一卷《华严经》，抄的目的是要许个愿。比如说我想要个男孩儿，或者老人有病，我想让他消灾。可我的文化水平太低了，书法尤其拿不出来，怎么办？人家用很淡的墨给你抄完了，你回去描，就像我们写毛笔字描红那样。这个叫周泰的人抄的这一卷《华严经》是万历十八年，而他写的那个字体却是标准的明代佛经字体，那楷书漂亮得很，他写不了，是描的。而那个用淡墨写出来的人是不是有这个水平呢？也同样不具备这个水平，他是用另外一样东西临摹的，甚至说铺上薄纸写都有可能。由于许愿的这个人在描的过程中偶尔有没描上的部分，就露出了原有淡墨的那个底色，我仔细地看清楚就是这么回事儿。也就是说“写”就要尽量与人家保持一致，所以叫敦煌写卷、敦煌写经。山东省图书馆也有一个部头比较大的，是康熙年间一个和尚刺血书写的。怎样刺血呢？血很快就凝固了，根本写不成。所以需要调制，调制有配方，就是说你每天需要放一部分血在砚台里面，然后调稀它，要不然的话就算你写上了，它也很快就发黑了，根本不好看，所以需要调稀它，这个工艺这里便不多谈了。关键是山东省图书馆的这个大部头写经是一位和尚经过了很长时间写出来的，如果时间很短，写出来就不好看了，所以他是每天弄一点。它在展览的时候，我也有过发现，我说：“你这个东西是描的，那个和尚写不了这么好，你这个是标准字体。”李勇慧副馆长说：“何以见得是描的？”我说：“你的纸上有痕迹。”它是像描红一样描的，不过那个痕迹没有颜色。如果你们盖过钢印的话，就会发现它是没有颜色痕迹的，它是靠着凹凸产生的视觉感受来显示文字，哪儿有什么颜色呢？没有颜色，我也能看出来。所有的雕塑都不是靠颜色，而是靠光感。她仔细一看还真是那么回事儿。为什么呢？因为确有没盖上的。她说：“那你看，我们一般是说刺血书写就完了，某时间段，某高僧刺血书写，这版本就算定了。”依其所言，尚有一层意思未表达出来。我说应该叫作“填描本”，他们后来的展览下面都写着“刺血填描本”，这便是我给他们命的名。对于这个写本，就是照样子来临摹。

我们说，雕版印刷是有版的，所以它叫版本。关于文本的学问，文本的产生及其演变就很复杂了。那如果我们做先秦两汉魏晋南北朝文学怎么办呢？很多作品，现在我们看到的版本最早的不过就是宋版。那么从《论语》的产生到我们现在看到的宋版书《论语》，中间一千年之久，经历了什么样的变化呢？到底誊抄了多少遍呢？中间有没有走样呢？我们无从知晓。那我们怎么来探讨这个文本问题呢？如果你是一个侦探的话，我出重金让你调查宋以前《论语》文本的演变，你会怎么办呢？一切蛛丝马迹都在调查之内。比方说宋以前的任何书引用的《论语》都在调查之内，这便是再直接不过的关系了。我把宋以前所有引用《论语》的书按照年代的先后排比起来，排比起来以后，我看它们内部有没有什么变化。同时我也要看看与现在完全不一样的一个版本有什么不同，我就可以给你提出一个调查报告，我的这个调查报告可能不是真实的，结论可能不真，但我只能说到这儿。根据我的材料，我会提出以下的猜测，比方说《论语》在当年多了一篇，现在少了一篇，我的根据是什么？比如汉朝人引用了这一篇，而在后来再也没有人引用过，不就多了一篇吗？或者我认为少一篇，或者我认为合并过。引《尧典》，里面有《舜典》的内容，而且多次出现，我有理由认为它是一篇，这不就是证据吗？也就是说，你拿不到一个完整的写本，照样可以调查其文本的演变。关键是你要有能力搜刮证据，你搜刮的证据越全越好。你搜刮到这个证据以后，你要有能力对这个证据进行断代。这个证据虽然出现在唐朝人的书里，但这个应该算是汉朝的，应该算是魏晋时期的。为什么呢？虽然这个证据出现在唐朝人的书里，而唐朝人的书转引的是魏晋时期的一本，那我就给它再进一步提升它这个证据的时间。这就是说要在时间上给它弄出一个先后，弄出一个先后可能就形成了我们想象中的信息链，而这个信息链一定会有大量的缺环，这个缺环是我们很想补上的，于是我们就进一步地去挖掘，甚至于去找出土文献或石刻文献，里头有没有涉及这个问题？石刻文献和书面文献有什么两样呢？除了它在石头上以外，没有任何不一样。可是，通常情况下我们对于碑上的，摩崖上的石刻文献不怎么在意，而专门搜集石刻文献的学者又有专门的学科，叫“金石学”，像赵明诚有《金石录》。何谓“金石学”？“金”就是在铜器上面，“石”就是在石刻上，像“石鼓文”便是早期的石刻文献。搞金石学的人在“金”的部分存在认字的问题，而石刻部分，汉朝的隶书不是很难辨认，但石鼓文你就得稍微费点儿力。而石刻文献的百分之九十以上都是楷书，或者个别有行书，少量的是隶书，不大存在认字的问题。既然是这样，那么不就如履平地了吗？现在文献量很大，光唐代的墓志汇集起来（墓志就是人的传）都已经超过了两《唐书》了。大量人物的传记，两《唐书》

都没有传，像新、旧《唐书》里没有王之涣的传，可是王之涣的墓志铭出来了，上边不仅他的生平很清楚，他的家属关系都有，这是很原始的。人死以后要埋葬，埋葬的时候要写墓志铭，方方的一块石头埋在墓底下，还有什么东西比这儿更原始呢？但墓志铭的每个字都可信吗？它也有吹牛的时候。清朝的时候有个人叫平步青，他就记录了一个故事，说某某人去世了，找人来给他写墓志铭。写墓志铭的这个人说他有诗一卷，另外一个朋友说他哪儿有诗啊？写墓志铭的这个人说他作为一个知识分子，连诗一卷都没有，是不是不大好看啊？但那也不能捏造啊！他又稍微动了动"春秋笔法"，写上"有诗一卷存于家"。你没看见是正常的，你想这个字字可信吗？我们不这样认为。但是名、字、号，哪一年生？哪一年死？父亲母亲和兄弟姐妹是谁？这还能有假吗？夫人是何方人氏？生有儿子几女？这还能有错吗？当过什么官儿也不能乱吹啊，说他当过知县知府，这是不能乱来的。所以说对于基本事实应该是清楚的，但是那些评价性的话，有没有的反正问题不大。他写的诗达到李杜的水平，你信就信，不信拉倒，那属于有弹性的一个东西。

这也就是说我们要探讨文本问题，如果说这个文本是很直接的，我们就拿版本来比照。那么我现在拿到一个永乐时期的版本，非常的罕见，它没有说它根据什么本刻的，也没有任何人说是根据它来的。于是它既没有父亲，也没有儿子，它在古代文本的演变中，就属于缺环了，就成了孤立的一个本子。它究竟跟别的本子有没有关系呢？难道是天上掉下来的吗？你把现有的文本前前后后加以比对，你大概很快就发现了，人家稀奇古怪的错误，你也跟人家一样。这之间的亲缘关系是显而易见的，可是不校怎么知道呢？相反的情况就是人家有大段的脱文，你却不脱，人家有大段的颠倒，你却不颠倒，那就说明你们距离很大，只有比较才有结论。不光是我们文献学，所有的科学研究都可以用这样的方法，这样的方法可能有相通的地方。但是毕竟讲方法的时候就不得不涉及内容，涉及内容的时候，假若我这里涉及的都是物理学史，你有没有兴趣呢？所以各个学科方向在讲方法论的时候是不一样的。就像偶尔可能有大人物来做学术报告，你慕名去听了，听完之后，大失所望，因为大部分内容没有兴趣。但也许有那么三言两语对你触动非常大。美国马里兰大学副校长孔宪铎，曾经支持成立临沂大学，后来当了中国科学技术大学的副校长，他是研究转基因的。我去听他的报告，因为是我们单位请来的，所以我不去不行，但是内容我是不怎么听得懂。孔宪铎说他在美国留学的时候，很少按时下班，实验室往往就只剩下他一个人。他说："上帝是有眼睛的，你这样做没有任何人看见，但事实上你会得到非常好的回报，一定会有人知道。"他们是搞实验的，我们是看书本，我们也要调查，像民俗学、民间文学、方言学等等，我们也得跑着调查，不调查哪有材料，没材料就没成果。所以他作为一个中国留学的人员，一个平民家的孩子，没有任何背景，却当上了马里兰大学的副校长，美国人认可的是他的贡献。他讲的内容我听不大懂，但这件事情对我触动很大。我们从这件事情上可以得到两点启发：第一就是要努力奋斗；第二就是有看不见的眼睛盯着你，你不要认为你的贡献没人知道。在正常情况下，你有贡献就会得到回报。对于方法论，有的时候是“他山之石，可以攻玉”。会听的人听门道，都具有借鉴意义，没有可以照搬的方法，只有受启发。因为方法论这门课程开了很多年了，也有很多老师认为毫无意义，我觉得这与讲的人和听的人都有关，怎么会没意义呢？我们研究生之所以叫“研究生”，就是因为我们要搞研究。大学生上几十门课，有一个很完整的知识结构，这一点是你在任何非课堂的地方都得不到的，靠自学是办不到的。几十个老师给你上课，这几十个老师之间的学问都不相同，可是你都听了。这就像演员一样，有名的A演员来唱两出，B演员唱两出，C演员唱两出，他们之间互不了解，而你们都了解了，你们理所当然要超过他们，就是要转益多师。顾炎武写过一篇《广师》，篇幅很短，主要表达了自己在哪方面不如谁。所以说方法只能是一种借鉴，很难照搬，受启发最重要。今天我们讲的这个方法和各位的研究领域不一定相契合，但既然是上课就不是一对一了，如果一对一的话就能真正做到因材施教了。

这个“版本学与校勘学的依存关系”，只要你读书，就有版本问题。我研究的宋版书，你们可能不了解，宋代人对于宋版书就像我们今天对待自己所见到的新书一样，因为又下去五百年，今天的东西又成古物了，这不都是一样的吗？唐朝人对于宋版书来说，那还是未来的东西，所以古今它也只不过是一个相对的概念。由于时代久远，可能鉴定起来有困难，那就更专门了，我们在这儿先不谈这个问题。《尚书注疏》的校勘主要是停留在版本这个层面上，也就是说在唐石经以前的文本暂时不校。唐石经在今天陕西的西安碑林，刻有《十三经》中的十二经，没有《孟子》，其他全都刻在石头上，只有正文，没有注释。其中的《孟子》在清康熙年间也补刻了，字体都一样，因此《十三经》是全的。虽然明嘉靖年间地震震掉了一小部分文字，但是无妨，就算是完整的。我们所讲到的这个《尚书注疏》最早的版本是唐开成石经本，后面主要是宋、元、明、清这四朝的版本，到民国以来的版本我们基本就不涉及了，因为离我们很近。属于古籍版本的时间大概卡在辛亥革命，辛亥革命以后也还有一些传统模式的延续，我们还算，大部分就不算了。

版本学和校勘学这两门小学问属于文献学的分支，从国务院的学科规划来看，中国古典文献学是中文学科里的二级学科，归属于一级学科中国语言文学。历史学科当中的中国史是一级学科，它的下面有一个二级学科叫中国历史文献学。中国历史文献学与我们中文的中国古典文献学在我看来是基本一样的，只是关注的重点有点儿不一样，都属于二级学科。在这两个二级学科中，在历史文献学和古典文献学下面都必须要讲目录学、版本学和校勘学。这是文献学的核心部分。那么如果你要研究版本学，比如像国家图书馆，宋版书有上千部，也有搞错的。他们的主要心思就是在版本学和目录学上了，因为书要编目，编目就要分类。假若我现在冷不丁地给你一本书，你从来没有听到过这本书的名字，你知道它是经部？史部？还是子部、集部呢？不知道怎么办？那就看书，看不懂就不用研究目录学了。如果书都看不懂，就无法编目了。图书馆里编目的书，有一大半以上你都是没有听到过书名的。这些书特别多，所以说你如果看不懂内容的话，那你就没法当图书管理员了。但是像国家图书馆或者山东大学图书馆这样的编目人员，应该再细分学科。比如我是文史哲的，你是政经法的，经济学的如果看不懂是正常，数理化的大概可以在一块儿，再者的话也可能有看不懂的，比如说医学的。就是编目组要有若干位老师，这个书的内容基本是要看得懂的，但不见得要深入研究。比如我打开一看这书是关于《楚辞》的注释，你注释得好不好我可以不问，我可以准确地分类就可以了。当然我要确定这个《楚辞》的注释是什么时候注释的，《楚辞》是什么时候的，我一查就查到了。《楚辞》是什么时候注释的，注本很多，那么你确定了这个注释者是明朝的，这样在分类的时候还要照顾到它的年代。大类小类，一直追溯到确定它的位置，这样你上架的时候，它是有系统的。中国图书馆分类法也是有系统的，四库分类法也是有系统的，都是很严密的一个学科体系。所以我们这里讲版本学，基本上是在版本的年代——唐宋以来。

校勘学呢？它有“对校法”，即两个版本之间直接对，你的这个版本是中华书局的，我的是上海古籍出版社的，我们要把这两个版本对校一下。《红楼梦》现在也有好多版本，都需要对一对，一对就会发现很多不一样，有了不一样你就要考虑哪个好，先别说哪个对。《红楼梦》版本之间不一样的地方，很多无所谓是非，它是不同的文本面貌。但这些不同的文本面貌是怎么来的？到底是怎么产生的？这个脉络如果你理清楚了，这就是文本问题。它不是说简单地抄错了一个字，不是对就是错，这是最简单的方法。但是有时候判不出对错，而有的时候是无所谓对错，对错的前提就不存在。所以，这里校勘的第一个方法——“对校法”就是两个版本之间校。但是如果说版本很少，或者说进入了无版本的年代，于是就出现了“他校法”。那本书引了这本书的一段，我就对这一段，这就是他校了，也就是校勘的那个对象不是我这本书的另一个版本，而是别的书，因为它引用了我这本书，这就叫“他校法”。当然你校那本书的时候，你发现它引了一段《史记》，你拿《史记》来对，这就有很大的危险性。为什么呢？你拿的是哪家的《史记》？是中华书局的。他见过中华书局的《史记》吗？他没见过。他没见过，你拿中华书局的这个《史记》来校对，对出不一样你怎么说服他呢？人家不认账，你说人家抄错了，我抄的不是这个本。请问你抄的是什么本？我抄的是东晋的本，你见过吗？我没见过，没见过就不用对了。既然东晋的本没有，我只能拿东晋以后的本来对，我们只能假定东晋以后的本子是从东晋的本子来的，无论是间接还是直接。你终归是《史记》，总不会把《史记》抄成《汉书》，如果你把《史记》抄成《汉书》，绝对没有对的可能性。如果你抄的还是《史记》的话，它终归是大部分没动，总不至于说一大半以上都走了样。有走样，可如果你要夸大这个走样，那就是伪科学，不是实事求是的。而我们现在有的研究在夸大这种变化，这就是伪科学，抓住一点点抄走样，就认为大部分古书文本都不可信，你有什么根据呢？不能如此发挥想象，我们有一分材料说一分话，就事论事，一事一议，绝对不允许在这个地方瞎想瞎推，这样只会造成历史虚无主义。你为什么不往好里推呢？

还有一种叫“本校法”。“本校法”就是一部书内部自己校。一部书当中，像先秦的诸子，《史记》《汉书》这些书中，一种表述会反复出现。你要是读《史记》的话，你会发现这种现象比比皆是，比方说在《高祖本纪》中出现了很多人物，很多事件，那是一个最热闹的时间段，几乎所有的人物都在《高祖本纪》里面出现了。那你再去看那些跟高祖打交道的人，像萧何、韩信、项羽等人的传记中，把同样的事情找出来互相对，又能发现不少问题。有些是事实的问题，比方我们要谈判，谈判的地点和时间是不可能有两个的，如果它不一样的话，问题就来了。也许你说不出是非，但你知道它有出入，就会启发你的思考。没有任何由头，单凭空想，你是没有可思考的内容的，一定是看到了很可疑的东西，你才能够去思考。找到了矛盾、抵牾之处，不同之处，才能引发你的思考，这是基本套路。所以这就叫“本校法”，是在一本书内部校的。比如说《旧唐书》里有一个《宰相世系表》，而这些宰相大部分人都有列传，列传里面也说了他哪年办什么事儿？他父亲是谁？那么在这个《世系表》中就能够对照了，这种东西很多，这都属于“本校法”。

还有一种叫“理校法”，比方说他活了一千岁，皇上也只不过是为了让他舒坦，说个万岁，是出于礼貌，他自己也清楚自己百岁都活不到。比如说某某地在黄河北八千里，你相信吗？那都有错字。当然你就要找《元和郡县图志》等书来对照，因为它是地理志，一对照你就会发现有错。人家那个书很实在，再说这个地方现在没跑，还能找到，它有多远，我量也量出来了。这是“理校法”，要寻求旁证。寻求旁证的能耐是有大小的，能耐越大越好。

在民国年间，辅仁大学的校长，也就是后来北师大校长陈垣先生是著名的校勘学家，他有一本书叫《元典章校补释例》，他把前人的校勘方法归纳成了这四种：对校法、他校法、本校法、理校法。这些方法早就有了，并且前人已经屡屡在使用了，并非陈垣先生自己发现的方法，他将这些方法总结出来了，这种总结非常精要，所以后来的人差不多都遵用他总结的这四种方法。我们这里讲的校勘主要是“对校法”，因为“对校法”涉及到不同的版本之间的校对，研究版本学的人有没有必要来依靠或借鉴校勘的成果？而研究校勘的人是不是需要懂得版本学？这两个小学科之间互相帮助，互相交融，是一种什么情况？下面这个《尚书》的例子就是想在这方面给大家一些启发。

《尚书》每个人都知道，估计大部分人都没有常去翻翻《尚书》

这本书，为什么没有呢？没有这个必要，你有什么样的原因说我要翻翻《尚书》？我可以翻翻《红楼梦》，因为那里可以给我审美方面的需求。《尚书》根本就看不懂，无法给你审美方面的需求，所以说一定是需要查这个书才去看，或者老师命令你去看，不得不看，否则的话就可以不看，不看是正常的。我也是不得已，因为我项目不做不行，在此之前我并没有把《尚书》读了一遍，这不能骗人。《尚书》里的《尧典》《舜典》据说在唐朝以前就开始这么说了，现在的《舜典》是《尧典》里面分出来的，真正的《舜典》失传了，这是一种说法。你记着有这种说法，不要去问这种说法敲定了没有，我觉得基本是这样。我们引用的时候，当然《舜典》就是《舜典》，《尧典》就是《尧典》，已经形成了这个格局了。这个版本是嘉庆二十年（1815）南昌府学刻本。

南昌府学雕刻了一套《十三经注疏》，为什么要雕刻《十三经注疏》呢？因为江西省的一把手要干这个事情，这个一把手叫阮元。阮元在嘉庆年间可以称得上是不折不扣的学坛领袖，就是总体衡量学问在他之上的人，大约不多。那个时候的官和学基本是合一的，今天官师分开了，官和老师分开了。官师的分离离现在也不过一百多年，而在这之前，基本上是官师合一的，即领导就是老师。张之洞在四川当学政，他就是四川的老大，学术问题解决不了也找张之洞，这就是学坛领袖。而阮元这个人是江西巡抚，后来又升任了两广总督，这是大官。他是江西省的大官，他要出版《十三经注疏》，谁敢不干呢？所以下面的领导都直接参加，再派自己手下的人参加。《十三经注疏》的板面有一万多块，一块木板刻两面，那也得五六千块木板，他居然不到两年就刻出来了。今天就算用电脑打字，你能不能在两年里把《十三经注疏》出版出来都是个问题。在当时是一刀一刀地刻，还要写样，还要校，你们想想容易吗？所以动员能力非常之大。那么他的这个出版质量到底怎么样呢？总体上看也比较好，所以自从阮元的刻本诞生以来一直到今天，如果老师给同学们推荐《十三经注疏》版本的话，可以说基本都推荐阮元刻本。阮元的刻本到底怎么样呢？就是《十三经注疏》的这个版本，我们现在能看到的，如果以错别字多来排队的话，它大概是前两名，也就是说错字比较多。那是前人都傻，看不出来吗？看得出来。那为什么要用它啊？它有它的好处，他说他的底本是宋版，那你见过宋版吗？你当然看不见。在那个社会又没有电子化，又没有数字化，上哪儿看去？就算知道他家有，你也没法去看。你长途跋涉，还得托关系，到了人家家里，人家拿出来给你看，你恭恭敬敬地看了一个下午就得走。不就看个表面吗？这是没有用的。我要深入看个十年，在你家吃喝能行吗？所以阮元采取一个办法“明知其误也不改”。他何尝看不出它错了，如果改了，你不是就不相信了吗？你会问：“阮元改的都对吗？会不会有改错的？”怎么跟你解释呢？能保证改的都对吗？所以不改。错也是以前的。那既然错处很多，我为什么要买你的书呢？因为有校勘记，你知道和不知道的版本，阮元都校了。不一样的地方会放在每卷之后，会告诉你别的版本是什么。这样买书的人就知道了，他买一部等于多部。所以，光绪年间的大学者俞樾就说阮文达的这个本子好啊！好在哪里呢？“使人读一本如遍读诸本”，一句话便把人们喜欢阮元本的理由说清楚了。

我们说真正的价值有两个：一是存古本面貌，二是有校勘记。那个时候不能照相，阮元说明知其误也不改，这样做是为了避免读书人认为古书不可信。那么其他的本子是什么样的呢？校勘记告诉你了。“不着一字，尽得风流”，文学是这样，学问也是这样。把材料交给你，按照逻辑给你排列好，这本身就是学问。是不是学问，就看你买不买这个书了，只要你买这个书，用这个书，你就什么也别说了。那是学问，没问题。我们总不能踏在人家肩膀上，还说人家不行吧！所以阮元的这个本子至少有这么两大好处。而这两大好处在今天如何呢？《中华再造善本》已经把阮元的那个底本元刻明修十行本影印出来了，可以更清晰地发现原貌，因此那个功能大概会削弱。但是他的校勘记依然无法取代，也就是至今还没有哪个校勘记超过他。当然其中《尚书》的校勘记，我的这个课题组已经出版了《尚书注疏汇校》，这个《尚书注疏汇校》囊括了阮元所有的成果，而又扩充了若干倍，而对阮元已有的成果是一字不改。你可以在阮元的书上获取的信息，你在我这儿完全可以一字不少地获取。而在这之外，我又搞了很多版本异文及前人考证的信息，那些信息对于你判断是非是至关重要的，因此你除了买阮元的书外，还得买我的书。如果你搞《尚书》的话，那太方便了，你打开之后就会知道，眉目非常清晰，好极了！但是上面并没有我的意见，我们不加按语，我们不会说："按：宋版是也！"为什么呢？我们没有水平，凡是我们能加按语的，人家能看出来；凡是人家看不出来的，我们也不知道对不对，那你为什么要加按语呢？我们现在水平倒退，和阮元那个时代不可同日而语，读懂都是问题，还加什么按语？

我们看这一页是《舜典》的半页，不是一整页，一整页要加倍。同学们看版心这里的"书""三"了吗？指《尚书注疏》卷三。那卷二是什么呢？《尧典》。卷一是什么？《尚书序》。《尚书序》

直而清明正直不枉曲也清明不闇昧也 伯拜稽首讓于夔龍 夔龍二臣名。
夔音求龜反 帝曰俞往欽哉 然其賢不許讓 帝曰夔命汝
典樂教冑子 冑長也謂元子以下至卿大夫子弟以歌詩蹈之舞之教長國子中和祇庸孝
友。冑直又反王云冑子國子也馬云冑長也教長天下之子弟 直而溫寬而栗 教之
正直而溫和寬弘而能莊栗。莊栗戰栗也 剛而無虐簡而無傲 剛失之虐簡失
之傲教之以防其失 詩言志歌永言 謂詩言志以導之歌詠其義以長其言。永徐音詠又如
字 聲依永律和聲 聲謂五聲宮商角徵羽律謂六律六呂十二月之音氣言當依聲律
以和樂 八音克諧無相奪倫神人以和 倫理也八音能諧理不錯
奪則神人咸和命夔使勉之 夔曰於予擊石拊石百獸率舞
石磬也磬音之清者拊亦擊也舉清者和則其餘皆從矣樂感百獸使相率而舞則神人和可知。於如字或音烏而絕
書疏三

图一　嘉庆二十年（1815）南昌府学本《舜典》

据说是孔安国作的，但那篇序本身是伪的。虽然是伪的，它却非常的权威，是早期的东西，至少应该是三国时期的。版心下面是一个“二十六”。古书是每一卷从第一页开篇，卷一是从第一页开始的，卷二又从第一页开始，所以要把“卷”和“页”联系起来，才能对这一页进行定位。这一页是卷三第二十六页前半页。古书每页要折叠，沿版心版面朝外折叠。中国的古书是一面有字儿，不像现在的书是两面都有字儿。古书如果这页正面磨烂了，可以在背面裱一裱，再衬一层纸；如果两面都是字，我就没法儿裱了，所以洋书我们没法儿修。我们现在的书都是洋人的印装，两面都是字儿，可以节约成本。但是在宋代则相反，版面朝内折叠。同学可能会问：“这样不就看不见字儿了吗？”在折叠线的背面上浆糊，然后上外封面，这样一打开就能看见一整版了。版面向里的这种折叠不能上线，只能加浆糊，这种叫“蝴蝶装”，像蝴蝶的两翼一样。明清时期的装订是线装，是用线缝起来的。我们接触到的古书大部分都是线装，蝴蝶装基本看不见，如果你忽然看到一个蝴蝶装，那就可能是早期的东西，比较宝贵。

阮元这个刻本的字体是什么字体呢？是宋体字。这样一种规规矩矩的宋体字大概是在《康熙字典》以后普及的。现在印刷厂要做字模，也得有个字形标准，那么这些标准如果追寻的话，大约都是从《康熙字典》开始的，所以《康熙字典》起的作用非常大。不是要书同文嘛？书同文是国家文化统一的标志。怎么个“书同文”法呢？字形也要一样。《人民日报》出来以后字形字体都得一样，整整齐齐的，这叫“书同文”，是文字的统一工作。

我们看阮元刻本这一页右起第二行：帝曰：“俞，往，钦哉！”帝曰：“夔！命汝典乐（典乐就是管理音乐），教胄子。”注：“胄，长也。谓元子（元子就是太子）以下至卿大夫子弟，以歌诗蹈之舞之，教长国子，中和祗庸孝友（所谓‘孝’就是对父母孝，所谓‘友’就是对兄弟好，友于兄弟）。○胄，直又反。”王云：“胄子，国子也。”马云：“胄，长也。教长天下之子弟。”在“直又反”以下，是陆德明的《经典释文》。用○与上文伪孔安国注隔开。陆德明《经典释文》有三十卷之多，是一部宝书，此处所说的“王云”“马云”可能是魏王肃注、汉马融注，均已失传。如果我们要寻求中国语言学、语音学、注释学的发展脉络，均需要借鉴《经典释文》。在宋朝时人们将《经典释文》散到经文中去了，同时这部书的单行本还在，也有宋版存世。

○之前的注释历史上认为是司马迁的老师孔安国所作。是不是孔安国的注呢？经过宋元以来的考证，到清朝以皇帝的名义在《四库全书总目》中确定了一个结论：不是。它产生的年代应该是在三国时期或西晋时期。尽管如此，它仍然是现今最早的注释，并且是最权威的注释。虽然年代稍微晚一些，晚于马融、郑玄和王肃，但水平高于这三人，从陆德明到颜师古，从颜师古到孔颖达，都认为孔安国的注是最好的，因此他们三家的注都失传了。

右起第四行：“直而温，宽而栗，刚而无虐，简而无傲。”这些话都是我们今天思政课的内容，是教我们为人的问题。怎么为人呢？“直而温”，人“直”了就会不好相处，但是配上温厚，就恰到好处了，辩证法嘛。“宽而栗”，宽厚但也要严肃起来。“刚而无虐”，“刚”就是强硬，“虐”则是过于硬，太狠。“简而无傲”，“简”在今天是简化，在以前也表示严肃。严肃可以，但不能达到高傲的地步，否则就发生质变了。“刚”与“虐”，“简”与“傲”只是一线之隔，你不越界那就是“刚”，再往前就是“虐”，就是“酷吏”了。第六行：“诗言志，歌永言，声依永，律和声。八音克谐，无相夺伦，神人以和。”神、人交融，就是天人关系了。第九行：夔曰：“於！予击石拊石，百兽率舞。”以上这一段《尚书·舜典》的文字在文学史和文论史上被反复引用，当时的场景是“帝”让“夔”管音乐，并提出了一些要求。这里我们只是重温一下原典。

我今天给各位讲的，主要还是校勘的问题。为什么解释基本含义呢？是为了让大家看得顺畅。我们从年代晚的版本往年代早的版本看。

下面看清武英殿本《舜典》，内容差不多。“直而温，宽而栗”下面的传（也就是孔安国的注）：“教之正直而温和，宽弘而能庄栗。”“庄”和“栗”是同义联合，意思是庄重、严谨。“刚而无虐，简而无傲”传：“刚失之虐，简失之傲。教之以防其失。”就是说预防他往前一步发生变质，成为过失。这里我们发现了一个新情况：注释变成了单行小字。传文的字小一点，经文字大一些。之前的阮元刻本注是两行，叫双行小注。双行小注是常态，

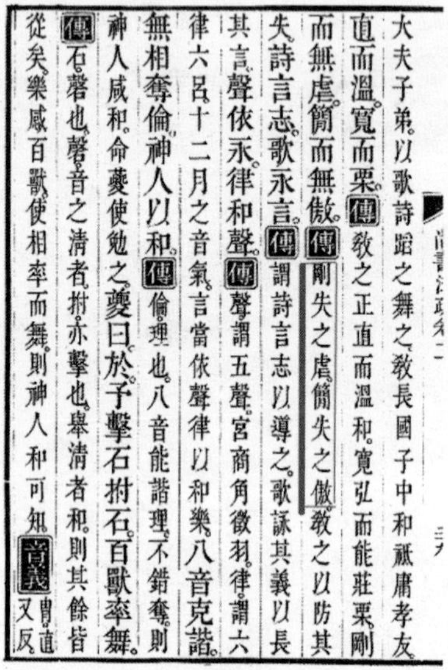
大夫子弟以歌詩蹈之舞之教長國子中和祗庸孝友
直而溫寬而栗傳教之正直而溫和寬弘而能莊栗剛
而無虐簡而無傲傳剛失之虐簡失之傲教之以防其
失詩言志歌永言傳謂詩言志以導之歌詠其義以長
其言聲依永律和聲傳聲謂五聲宮商角徵羽律謂六
律六呂十二月之音氣言當依聲律以和樂八音克諧
無相奪倫神人以和傳倫理也八音能諧理不錯奪則
神人咸和命夔使勉之夔曰於予擊石拊石百獸率舞
傳石磬也磬音之清者拊亦擊也舉清者和則其餘皆
從矣樂感百獸使相率而舞則神人和可知音義曹直又反

图二　清武英殿本《舜典》

这种注单行小字，不是常态，这样安排版面显示了编辑的特别用心。这是编辑学的范畴，将来工作编辑资料或是写硕士、博士论文，把版面排得清楚干净，这就是编辑学，不涉及你的学术水平和思想深度，但对于很好地表达你的内容是有帮助的，会引发读者兴趣，给读者一种快感。再比如说这个“传”是黑底白字，非常醒目，前面的阮元本就没有。

“刚失之虐，简失之傲”，这里有小圆圈断句，又叫句读。“句读之不知，惑之不解”。“读”是停顿，“句读”的“读”就按照音来解释，不要看写法，它就是逗号的意思，代表停顿，停顿就是断句。我们不能只按照文法断句，如果只按照文法，文言文很难断句，并且基本点不上句号，只有很多逗号或顿号，那是不行的。顿号用于罗列，比如“北京、上海、南京”“张三、李四、王五”。凡是短句短语，中间都用逗号。一句话结束，要使用句号。古人写东西往往粘连度比较高，所以一句话完了就可以点句号。此处都是小圆圈，没法区分逗号、句号。什么时候加上的呢？乾隆四年。乾隆刊刻了一套《十三经注疏》。这套《十三经注疏》相当漂亮，版面清朗干净，文字清晰规范，是《十三经注疏》各版本中比较美观的，这只是表面。就内里来说，武英殿的版本中全部加了断句，这是中国历史上开天辟地头一回。断句是科研成果，不是什么人都能做的。武英殿本的断句错误很少，长期以来搞传统学问的人都不曾见过。一些很有名的学者在整理前言中说，孔颖达的疏我们是头一回加标点，事实上二百年前就已经标过了，只需要我们改成逗号、句号。结果现在的标点错误百出，比殿本差很远。不善于利用前人的成果是不行的，武英殿的断句是了不起的财富，当年的翰林对经书的熟练程度非常之高，现在人反而非常生疏。

“刚而无虐，简而无傲”是正文，“刚失之虐，简失之傲”是注文。大家有发现什么不通之处吗？没有。

下面看《四库全书》本。武英殿本是乾隆四年刻的，而《四库全书》本是乾隆三十八年以后誊抄的。《四库全书》理所应当收录《十三经注疏》，自然少不了《尚书注疏》——又叫《尚书正义》。

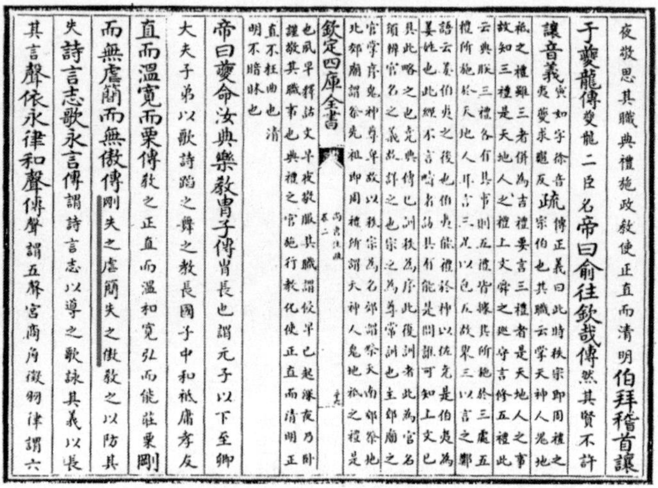
夜敬思其職典禮施政教使正直而清明伯拜稽首讓
于夔龍傳夔龍二臣名帝曰俞往欽哉傳然其賢不許
讓音義實如字徐音夷夔求龜反疏傳正義曰此時秩宗卿周禮之宗伯也其職云掌天神人鬼地
祇之禮雖三者併為吉禮要言三禮者是天地人之事故知三禮是天地人之禮上文舜之巡守言修五禮此
云典朕三禮各有其事則五禮皆據其所施於三處五禮所施於天地人耳言三禮以包五故衆三以言之鄭
語云姜伯夷之後也伯夷能禮於神以佐堯是伯夷為姜姓也此經不言嗟者以其有能是問謀可知上文已
具此略之也堯典傳已訓秩為序此復訓者此為官名須辨官名之義然後訓之也宗之為尊常訓也主郊廟之
官掌序鬼神尊卑故以秩宗為名郊謂祭天南郊祭地北郊廟謂祭先祖卿周禮所謂天神人鬼地祇之禮是
欽定四庫全書　卷二　尚書注疏
也夙早釋詁文早夜敬思其職謂侵早已起深夜乃卧謹敬其職事也典禮之官施行教化使正直而清明正
直不枉曲也清明不暗昧也
帝曰夔命汝典樂教冑子傳冑長也謂元子以下至卿
大夫子弟以歌詩蹈之舞之教長國子中和祇庸孝友
直而溫寬而栗傳教之正直而溫和寬弘而能莊栗剛
而無虐簡而無傲傳剛失之虐簡失之傲教之以防其
失詩言志歌永言傳謂詩言志以導之歌詠其義以長
其言聲依永律和聲傳聲謂五聲宮商角徵羽律謂六

图三　清《四库全书》本《舜典》

那么根据的底本是什么呢？自然是武英殿本。武英殿本错别字少，确实是好。我们看，“刚失之虐，简失之傲”没有变化。因此四库本的底本确是武英殿本，没有错。

下面看明毛氏汲古阁本《舜典》。“汲古阁”这个名字大家可能会听过，因为经史子集的书它都印了很多。汲古阁书走天下，高峰在崇祯年间。使用这些书的主要是清朝人，因为明朝很快灭亡了，就算灭亡了，《十三经》也要看，所以汲古阁刻的书大量销售。汲古阁刻书的标志是版心下方有“汲古阁”三字，这里展示给大家的是两个半页。为何这样展示呢？因为一折叠只能看到半面。这个图像中间有模糊的印章“东洋文化研究所图书”。“东

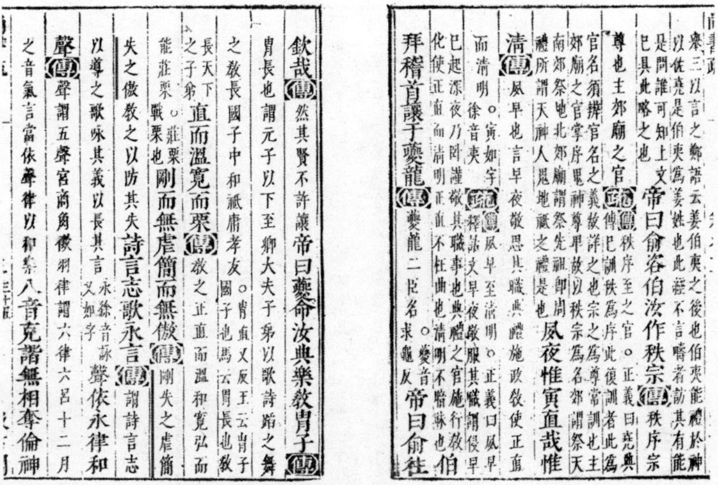
衆三以言之鄭語云姜伯夷之後也伯夷能禮於神以佐堯是伯夷爲姜姓也此經不言疇者訪其有能是問誰可知上文已具此略之也帝曰俞咨伯汝作秩宗傳秩序宗尊也主郊廟之官疏傳秩序至之官。正義曰堯典已訓秩爲序此復訓者此爲官名須辨官名之義故詳之也宗之爲尊常訓也主郊廟之官掌序鬼神尊卑故以秩宗爲名郊謂祭天南郊祭地北郊廟謂祭先祖即周禮所謂天神人鬼地祇之禮是也夙夜惟寅直哉惟清傳夙早也言早夜敬思其職典禮施政教使正直而清明。寅如字徐音夷疏傳夙早至清明。正義曰夙早釋詁文早夜敬服其職謂侵早已起深夜乃囧謹敬其職事也典禮之官施行教化使正直而清明正直不枉曲也清明不暗昧也伯拜稽首讓于夔龍傳夔龍二臣名。夔音求龜反帝曰俞往

欽哉傳然其賢不許讓帝曰夔命汝典樂教胄子傳胄長也謂元子以下至卿大夫子弟以歌詩蹈之舞之教長國子中和祗庸孝友。胄直又反王云胄子國子也馬云胄長也教長天下之子弟直而溫寬而栗傳教之正直而溫和寬弘而能莊栗。莊栗戰栗也剛而無虐簡而無傲傳剛失之虐簡失之傲教之以防其失詩言志歌永言傳謂詩言志以導之歌咏其義以長其言。永徐音詠又如字聲依永律和聲傳聲謂五聲宮商角徵羽律謂六律六呂十二月之音氣言當依聲律以和樂八音克諧無相奪倫神

图四　明毛氏汲古阁本《舜典》

洋文化研究所”在哪里呢？东京大学，这是个老牌研究所，收藏的古籍可能会超过山东大学，而它只是一个研究所。清嘉庆年间，大约是阮元刻书时期，由于汲古阁版破烂到基本没法用了，在苏州曾翻刻汲古阁本。翻刻本与此本不容易分辨，嘉庆翻版的价值大打折扣，只有原版比较值钱。此处，汲古阁本的“刚失之虐，简失之傲”，与前面说的阮本、殿本比，仍然没有变化。

再往前，可以看到明万历十五年本《舜典》，字体偏瘦长，属于宋体而非楷体。宋体字与我们打字的宋体很接近。宋体源于宋朝，但定型是在明朝嘉靖以后，万历年间，嘉靖以前的出版物是没有标准的宋体字的。崇祯时期重刻万历本时字体已经不同，

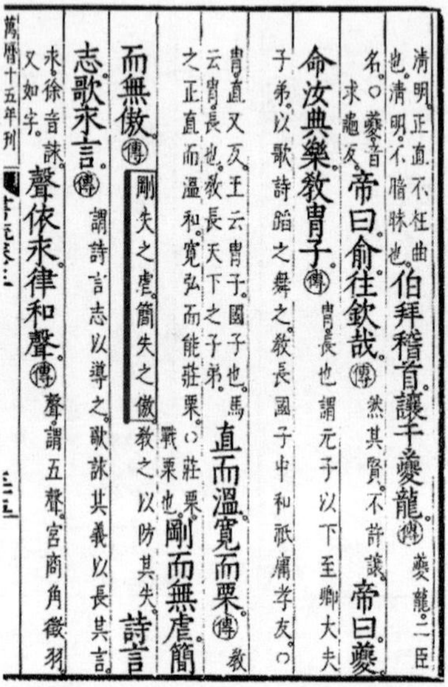

清明正直不枉曲也清明不暗昧也。伯拜稽首讓于夔龍。傳 夔龍二臣名。○夔音求龜反。帝曰俞往欽哉。傳 然其賢不許讓。帝曰夔命汝典樂教冑子。傳 冑長也謂元子以下至卿大夫子弟以歌詩蹈之舞之教長國子中和祗庸孝友。○冑直又反王云冑子國子也馬云冑長也教長天下之子弟。直而溫寬而栗。傳 教之正直而溫和寬弘而能莊栗。○莊栗戰栗也。剛而無虐簡而無傲。傳 剛失之虐簡失之傲教之以防其失。詩言志歌永言。傳 謂詩言志以導之歌詠其義以長其言。永徐音詠又如字。聲依永律和聲。傳 聲謂五聲宮商角徵羽

萬曆十五年刊 尚書註疏卷二 三十五

图五　明万历北京国子监本《舜典》（断句是作者增加）

可见字体演变对鉴定雕版印刷物是一个参照。万历时期国子监刻书——也就是代表皇上的刻书，非常板正认真，雕工等方面都非常好。这上面的小圆圈是为了使用者方便，在电脑上把武英殿本的句读移过来的。并非北监本原有。“刚失之虐，简失之傲”较之阮、殿、毛本依然没有不同，我们也不再赘述。

下一种版本是明嘉靖李元阳刻本。李元阳，做的是福建巡按御史的官。他是云南大理人，在文化上有贡献。他在福建做官的时间是嘉靖初年。李元阳刻的这一套《十三经注疏》，是自掏腰包还是使用地方经费呢？我们姑且认为是地方官刻。之前那个是

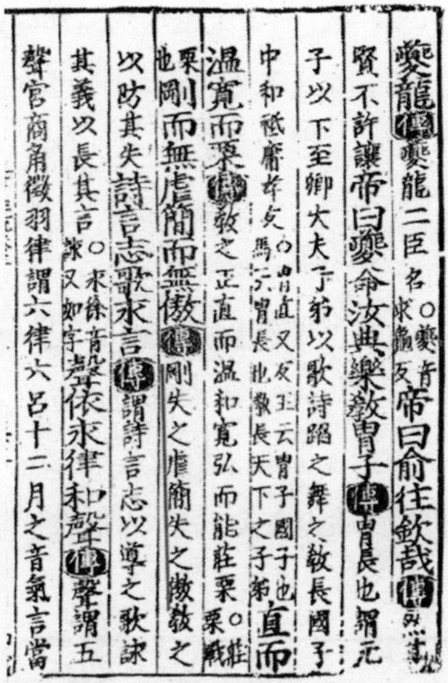
夔龍傳夔龍二臣名。○夔求龜反 帝曰俞往欽哉傳
賢不許讓 帝曰夔命汝典樂教胄子傳胄長也謂元
子以下至卿大夫子弟以歌詩蹈之舞之教長國子
中和祗庸孝友。○胄直又反王云胄子國子也馬云胄長也教長天下之子弟 直而
溫寬而栗傳教之正直而溫和寬弘而能莊栗。○栗戰栗也
剛而無虐簡而無傲傳剛失之虐簡失之傲教之
以防其失 詩言志歌永言傳謂詩言志以導之歌詠
其義以長其言。○永徐音詠又如字 聲依永律和聲傳聲謂五
聲宮商角徵羽律謂六律六呂十二月之音氣言當

图六　明李元阳本《舜典》

中央刻本，在万历年间。万历本事实上就来自于嘉靖本。当事人未明说，但清朝人已经分辨清楚了，我们现在发现清朝的结论并没错。从崇祯上溯到万历，从万历上溯到嘉靖。嘉靖本已经不再完全是宋体字，而是稍有楷体字的特点，也就是说，我们心目中的宋体字——横平竖直且横细竖粗，是在明中期以后出现的。嘉靖时期的《十三经注疏》，字体比较古拙、古朴，也比较差一些。“刚失之虐，简失之傲”没有变化，跟前面说的几个版本都一样。

下面介绍永乐刻本。永乐时期出版的《尚书注疏》在中国大陆已经没有了，在日本东京静嘉堂还有一部。静嘉堂里的中国古籍量大质优，是 1907 年，日本人从中国浙江湖州买过去的。湖州这一家藏书家姓陆，家主名叫陆心源，他去世后，他儿子将书卖给了日本。1907 年，正是中国最困难的时候，日本人用大船将书运到东京，成了他们的文化骄傲。陆家是“晚清四大藏书家”之一，他们的书全部被买走，这是中国文化的巨大损失。还有一部永乐本《尚书注疏》也收藏在浙江湖州，主人叫张钧衡，张家这一套往上追是天一阁旧藏。大家都知道范氏天一阁在宁波，四百年的大藏书阁，到现在还屹然独存。在民国有个姓薛的大盗挖地道偷了天一阁的书去上海卖，这本书应该是那时候流出来的。

伯拜稽首讓于夔龍夔龍二臣名。夔音求龜反帝曰俞往欽哉然其賢不許讓帝曰夔命汝典樂教胄子胄長也謂元子以下至卿大夫子弟以歌詩蹈之舞之教長國子中和祗庸孝友。胄直又反王云胄子國子也馬云胄長也教長天下之子弟直而溫寬而栗教之正直而溫和寬弘而能莊栗○莊栗戰栗也剛而無虐簡而無傲剛失之虐簡失之傲教之以防其失詩言志歌永言謂詩言志以導之歌詠其義以長其言。○永徐音詠又如字聲依永律和聲聲謂五聲宮商角徵羽律謂六律六呂十二月之音氣言當依聲律以和樂八音克諧無相奪倫神人以和倫理也八音能諧理不錯奪則神人咸和命夔使勉之夔曰於予擊石拊石百獸

图七　明永乐本《舜典》

但天一阁定的是宋版，所以张钧衡也以为宋版，买的时候肯定花了很大的价钱。因为谁家都没有这个版本，买了以后为了让它流通，又花了大价钱找人照样子临摹，也就是影宋刻。还请缪荃孙作了《校勘记》。这部书后经郑振铎之手卖给了“国立中央图书馆”，在大概 20 世纪 40 年代，“中央图书馆”识破了它的年代，并改定为“明初刻本”，只是不知道这是永乐本。第三部永乐本《尚书注疏》是在宁波，这里有一家卢氏抱经楼收藏了一部，上面有“永乐”年的时间。三套书一模一样，因此今天我们可以确定这是永乐本。三套永乐本书中，带年号的那一套不知下落了（傅增湘有记载）；张钧衡收藏的这一套卖给“国立中央图书馆”，后来被带到台湾；陆心源的那一套卖给日本，现在在东京。我国大陆没有这个版本，是比较稀罕的，近年来更没有人对这个本子进行校勘，不知道质量怎么样。我曾经写过一篇不太长的跋，发表在 2013 年《中华文史论丛》第四期上，对这个书的年代、质量进行了定位。我们看这个本子，从字体上看，比李元阳本的字体要好，应该还是归入楷书范围，确有宋版之风，所以定错是可以理解的。它采用双行小注，不像李元阳本单行小注，也就是说注释变成单行小字是从李元阳开始，北监本、武英殿本、汲古阁本都沿用了李元阳本，这也是文本的一个变化。我们看永乐本“刚失之虐，简失之傲，教之以防其失”，仍然没有不同。我们已经从清朝嘉庆年间上溯至明朝永乐年间，均未发现异常。

下面这个版本是元刊明修十行本。什么叫“明修”呢？就是元朝的书版放在仓库里，明朝印刷时发现有些版虫子蛀了、烂了；南方多水，有的下雨漂走了；或是长期印刷造成自然磨损脱落，总之是不能用了。怎么办？抽换。不能用的版直接作废，刻一块新版补齐，印刷一次，印完之后将版归库。当年的销量也不是太大，每次印刷经历的周期也比较长。现在有些书一年要印刷两次，当年是不行的。经过研究，这个元刊明修十行本就是阮元校刻《尚书注疏》的底本，也就是阮元所说的“重刻宋版”，清朝就有人有不同意见，像卢文弨、顾广圻都认为是元朝的版本，但上面没有标志，所以是宋是元，争论不休。后来发现了宋刻十行本《左

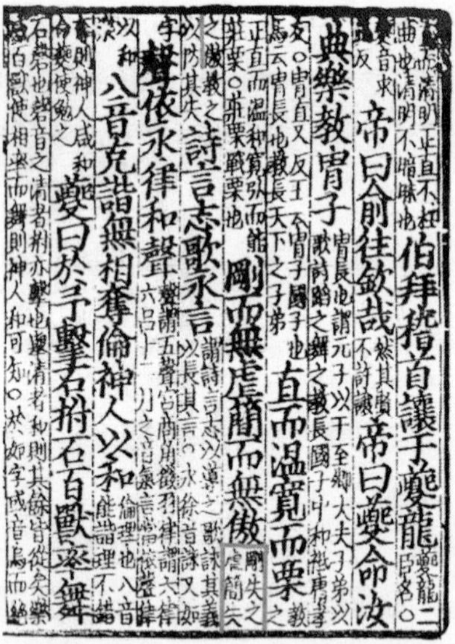
伯拜稽首讓于夔龍
帝曰俞往欽哉
帝曰夔命汝典樂教胄子
直而溫寬而栗
剛而無虐簡而無傲
詩言志歌永言
聲依永律和聲
八音克諧無相奪倫神人以和
夔曰於予擊石拊石百獸率舞

图八　元刊明修十行本《舜典》

传注疏》《毛诗注疏》《礼记注疏》，证明阮元底本是元朝的。如果阮元看到了宋版，他也会知道这是元朝的，所以证据很重要。

我们所接触到的《十三经注疏》能够大体找齐的就是元十行本了，也就是阮元的底本。阮元刊刻时说他坚持不改字，就是为了保留这个版本的原貌。但是字体他是要变的，阮本的字体已经变成了清朝的通行字体了，而底本仍是宋元字体。“刚失之虐，简失之傲”也没有什么不同。根据这块版的特征来看，应该是元朝旧版，而不是明朝抽换的。

下面介绍的这个是南宋魏县尉宅本《舜典》。这部《尚书注疏》的出版地是福建北部的建阳县，归属建宁府，宋代这个地方是刻书中心，连妇女都刻书，是这个地方的产业，出版量非常大。但这个地方的特点是全是私人的书坊，不像武英殿、国子监，也不是李元阳这样的大官，人家是老百姓，你都不知道魏县尉宅的主人是谁，魏县尉宅本身是否可信都是问题。说祖上当过魏县尉，本来就是芝麻大的官，后来不也有状元宅之类，都是给读者看的而已。这部书的字体有较大的不同，究竟有什么不一样呢？算是楷体还是宋体，或是在二者之间，不是很好表达，但是跟前面的字体肯定不一样。基本是楷体。我们可以发现，这个字体虽然很特殊，但有一定格式化，书法面貌很好，并且它也是横细竖粗的大字。但你看这个注释，横竖撇捺都细，可见与正文不是一种字体。如果不是有意为之的话，怎么会出现这种情况呢？这正是福建建阳从事这一行业的人的智慧。这样做有什么好处呢？正文非

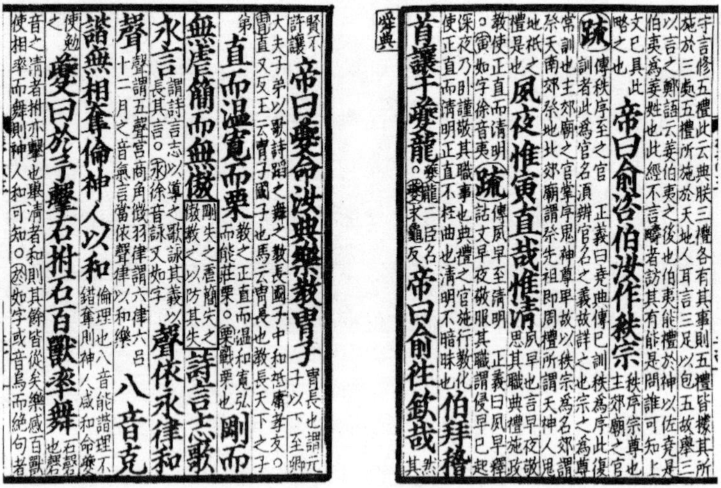
舜典
守言修五禮此云典朕三禮各有其事則五禮皆攝其所
施於三處五禮所施於天地人耳言三足以包五故舉三
以言之鄭語云姜伯夷之後也伯夷能禮於神以佐堯是
伯夷爲姜姓也此經不言疇者訪其有能是問誰可知上
文已具此略之也 帝曰俞咨伯汝作秩宗 秩序宗尊也主郊廟之官
疏 傳秩序至之官　正義曰堯典傳巳訓秩爲序此復訓者此爲官名須辨官名之義故詳之也宗之爲尊
常訓也主郊廟之官掌序鬼神尊卑故以秩宗爲名郊謂祭天南郊祭地北郊廟謂祭先祖即周禮所謂天神人鬼
地祇之禮是也 夙夜惟寅直哉惟清 夙早也言早夜敬思其職典禮施政
教使正直而清明○寅如字徐音夷 疏 傳夙早至清明　正義曰夙早釋詁文早夜敬思其職謂侵早已起
深夜乃卧謹敬其職事也典禮之官施行教化使正直而清明正直不枉曲也清明不暗昧也 伯拜稽
首讓于夔龍 ○ 夔龍二臣名 夔求龜反 帝曰俞往欽哉 然其

賢不許讓 帝曰夔命汝典樂教胄子 胄長也謂元子以下至卿
大夫子弟以歌詩蹈之舞之教長國子中和祗庸孝友○胄直又反王云胄子國子也馬云胄長也教長天下之子
弟 直而溫寬而栗 教之正直而溫和寬弘而能莊栗○栗戰栗也 剛而
無虐簡而無傲 剛失之虐簡失之傲教之以防其失 詩言志歌
永言 謂詩言志以導之歌詠其義以長其言○永徐音詠又如字 聲依永律和
聲 聲謂五聲宮商角徵羽律謂六律六呂十二月之音氣言當依聲律以和樂 八音克
諧無相奪倫神人以和 倫理也八音能諧理不錯奪則神人咸和命夔
使勉之 夔曰於予擊石拊石百獸率舞 石磬也磬
音之清者拊亦擊也舉清者和則其餘皆從矣樂感百獸使相率而舞則神人和可知○於如字或音烏而絕句者

图九　宋魏县尉宅本《舜典》

常醒目，是大黑字。为什么？横细竖粗，粗了吃墨多，这也算正常。而小注横竖撇捺都细，像头发丝一样，蘸墨少，整体既清晰又浅淡，这就突出了正文。因此这是智慧，这个版面非常的好。有时候我们比较夸大劳动人民在文化创作中的作用，但我们也不能忽视这些因素，这不就是底层出版者想到的办法嘛，而且这些办法在后来也有一定的继承，比如宋体字横细竖粗，不就是从这来的嘛。北京武英殿、国子监不是都在用宋体字吗？到今天的中华书局、人民文学出版社不都在用吗？哪里来的呢？就是从这儿来的。所以也有证据证明，劳动人民创造历史，创造文化，但你不能绝对化。

这个字的刀工非常好，如果我们想象它一刀一刀是怎么刻下来的话，你会想到它刻的时候是非常有力度，非常娴熟的，刻出来才能这么有棱角。后面的那些武英殿本等都很平稳、很周正，而这个是有精神的，这就是宋代福建书坊刻书的代表性风格。从书法来讲，老一辈认为正文大字来自颜体，不知道你们练过颜体的同学感觉是不是有这个意思。是不是颜体不重要，重要的是我们要知道宋代福建刻书有非常独特的版式和字体风格。咱们看不见纸张，其实纸张也有特殊性，咱们就不说了。

另外，还有一个新的现象，就是左栏外上方这个地方的“舜典”二字。如果你用英汉字典，你会看到书口上有 ABCD 字母，方便翻查。那如果你查《尚书》，当然很希望一翻就知道篇目。“舜典”这两个字叫书耳，就是为了便于查阅。那问题是版心在哪里呢？版心在远离装订线那一边。如果在装订线那一边，就是蝴蝶装。因此就可以判断，这本书原来是蝴蝶装，不会有错。有的宋版书现在是线装，那是后人改装，书散了要重新装订，采用当时比较流行的线装，版面向外折叠。这个版面很清晰、很干净，什么情况下才会出现这种情况呢？当这个版刻好之后，早期的印刷都是干干净净的，版面没有任何损坏，我们把早期的印本叫作初印本，把后来那些抽换版面修来修去的叫作后印本。这部书人世间只留了一部，是孤本，它已经被带到了台湾“故宫博物院”。从新中国成立以前就有计划影印这部书，到他们去了台湾才印出来，然而这部书的最后一册没有了，他们就配补了李元阳本。我们还是看魏县尉宅本的文字，“刚失之虐，简失之傲”，与前面介绍的本子没有不同。从清朝嘉庆年间追溯到南宋，依然没有什么异常，我们也不再详说了。

下面介绍的这个是日本收藏、我国杨守敬从日本购归的南宋绍兴出版的《尚书注疏》。这个“恭敬”的“敬”少了一笔，“讓”字也少最后一笔。宋版书避讳很严，皇上的名字要避，比如赵匡胤的“匡”最后一横是没有的，“胤”也要避，嫌名也要避，跟皇上的名字读音一样不行，偏旁一样也不行。皇上的爷爷的名字也要避，比如赵匡胤的祖父叫赵敬，宋版书就避这个“敬”字。有一本书叫《龙龛手镜》，这是辽代一个叫释行均的和尚编的一

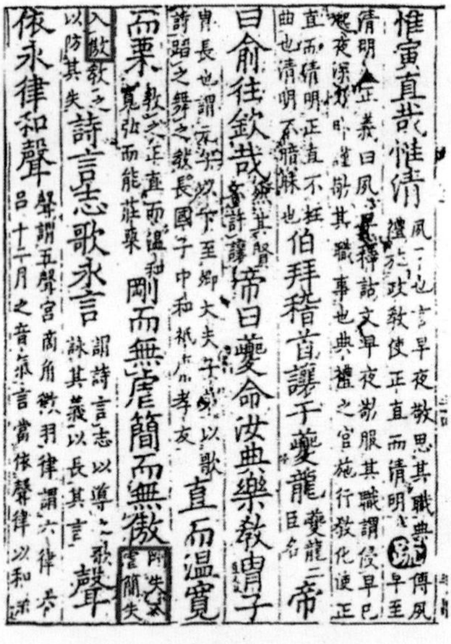
惟寅直哉惟清 夙早也言早夜敬思其職典禮施政教使正直而清明 疏傳夙早至清明 正義曰夙早釋詁文早夜思服其職謂侵早已起夜深乃臥思其職事也典禮之官施行教化使正直而清明正直不枉曲也清明不暗昧也 伯拜稽首讓于夔龍 夔龍二臣名 帝曰夔命汝典樂教冑子 冑長也謂元子以下至卿大夫子弟以歌詩蹈之舞之教長國子中和祗庸孝友 直而溫寬而栗 教之正直而溫和寬弘而能莊栗 剛而無虐簡而無傲 剛失入虐簡失入傲教之以防其失 詩言志歌永言 謂詩言志以導之歌詠其義以長其言 聲依永律和聲 聲謂五聲宮商角徵羽律謂六律六呂十二月之音氣言當依聲律以和樂

图十　宋刊八行本《舜典》

部字典，这个字典有个好处就是生僻字多。《龙龛手镜》在大辽国出版没问题，传到大宋就变成《龙龛手鉴》了。改“镜”为“鉴”是避赵敬的嫌名。仅凭避讳改字就能知道，所有《龙龛手鉴》的版本肯定都不是辽刻本，所以避讳能帮助我们鉴定版本。元朝人是不会为宋朝皇帝避讳的，大面积为宋朝皇帝避讳的应该是宋版。至于说是什么时候的宋版书呢？我们把它的避讳字全都抄出来，这个避讳是对赵匡胤的，这个是对赵恒的，这个是对赵构的，赵构之后的皇帝都不避讳了。我们可以确定赵构的时代是南宋初年，建炎、绍兴，这不都是他的年号吗？所以就是那个时候出版的。避讳能帮助我们断代，你稍微留心一下，这个武器比较好用。我们看这个南宋两浙东路茶盐司刻本《尚书注疏》的《舜典》，“刚失入虐，简失入傲”，两个字都是“入”，就出问题了，“入”和“之”还是有点像的，不管像不像，出现了不同，就要考虑谁对呀？难道从宋朝就开始错了？我们先不讨论。先看这个版本是什么时候出版的。南宋初年。地点是浙江绍兴。什么衙门呢？两浙东路茶盐司。两浙东路茶盐司为什么要出书呢？宋代的地方官府都有合法的小金库，这个小金库用于招待来往出公差的官员，到了年终可能有盈余，盈余的钱也不能乱花，地方官习惯于拿来出书，出书的目的是耗掉这个钱。出完了书有什么用呢？等到去京城汇报工作的时候，给皇上、上级、老师，甚至与自己有关系的人，送他们一部书，说明他很重视文化，所以不能刻一些不上档次的书。比如明清时期刻一部《水浒传》，那是要造反。要刻正经书，经史子集中形象正的书，比如《尚书正义》。既然是要耗掉钱，所以版面很阔大，字也漂亮。福建书坊，只要你多给钱，他也能刻好，无非是请最好的写工、最好的刻工、最好的印刷工、最好的编辑和校对。如果没钱，当然这一系列环节都请便宜的，连纸张和墨都要省钱，于是出的书就很差。不这样的话，定价就上去了，定价上去老百姓就买不起。必须让成本降下来。宋八行本在《尚书注疏》中是人世间最好的版本，历史早有定论。它的注就不能小看，你说这是粗心造成的，不能这么讲。难道凭借孤立的证据就认为它对吗？慑于它的名声也不能说它错。这种地方官利用小金库盈余的招待费刻的书，叫作“公使库本”，网上介绍“公使库本”的资料很多。但不是所有地方官刻都是“公使库本”，这个两浙东路茶盐司本应该就是“公使库本”。当然他们不止刻了《尚书正义》，还刻了《周易注疏》，也刻了《周礼疏》《毛诗正义》《左传正义》《礼记正义》。《左传正义》是绍兴地方政府刻的。宋八行本《毛诗正义》失传了，非常可惜。其他都传下来了。

出现了“之”、“人”的异文这个问题以后，唯一的办法就是扩大调查范围。宋代建阳还有一个书坊刻的《尚书》，叫《纂图互注重言重意尚书》，刊刻时间在南宋中早期，这种本子在过去评价不高，为什么刻呢？为了科举考试的方便而刻印的。怎么个方便法？我们来看：帝曰：“俞往钦哉！”帝曰：“夔，命汝典乐，教胄子。直而温，宽而栗，刚而无虐，简而无傲。”在“直

也主郊廟之官夙夜惟寅直哉惟清夙早也言早夜敬思其職典禮施政教使正直而清明寅如字徐音夷伯拜稽首讓于夔龍夔龍二臣名劉求龜反帝曰俞往欽哉然其賢不許讓重言往欽哉三堯典本篇益稷各一帝曰夔命汝典樂教冑子冑長也謂元子以下至卿大夫子弟以歌詩蹈之舞之教長國子中和祗庸孝友冑直又反王云冑子國子也馬云冑長也教長天下之子弟直而溫寬而栗教之正直而溫和寬弘而能莊栗栗戰栗也剛而無虐簡而無傲剛失入虐簡失入傲教之以防其失重言直而溫寬而栗二重見皐陶謨重意剛而無虐簡而無傲皐陶謨簡而廉剛而塞詩言志歌永言謂詩言志以導之歌詠其義以長其言永徐音詠又如字聲依永律和聲聲謂五聲宮商角徵羽律謂六律六呂十二月之音氣言當依聲律以和樂八音克諧無相奪倫神人以和倫理也八音能諧理不錯奪則神人咸和命夔使勉之夔曰於予擊石拊石百獸

图一一　宋纂图互注重言重意本《舜典》

而温，宽而栗”注文之后，接有“重言”二字，“重言”之后说的什么呢？“直而温，宽而栗。二重见《皋陶谟》”。《皋陶谟》是《尚书》的另一篇，也就是说《皋陶谟》里有跟这个雷同的话。大家知道我们研究时很需要这种线索，科举考试也需要有联想的能耐，要求把这些古书全都背下来。“刚而无虐，简而无傲”下面还有“重意”，就是意思接近的语句：“刚而无虐，简而无傲。《皋陶谟》‘简而廉，刚而塞’。”这种过去人瞧不起的版本其实是非常有用的。现在有电脑你说我可以检索，“重言”还能检，像“重意”就不好检。但我检查过，注的不很全，他说有两处可能有三处，

首讓于夔龍　帝曰俞往欽哉　帝
曰夔命汝典樂教胄子　直而溫寬而栗
剛而無虐簡而無傲
詩言志歌永言　聲依永
律和聲　八音克諧
無相奪倫神人以和　夔曰
於予擊石拊石百獸率舞　帝曰龍朕堲讒說
殄行震驚朕師

图一二　宋王朋甫本《舜典》

我曾经抽查过还有漏的，毕竟是书坊刻书。大家可以看这个版本，也是有避讳缺笔。这个纂图互注本，是商务印书馆在新中国成立前影印的，原件在哪里，我现在也没搞清楚。这是个宋版，一看也没问题。我们还是看《舜典》，“刚失入虐，简失入傲”，作“入”，再清楚不过了。你再不能不在乎这个事情了吧？这是宋版。

还有这个南宋王朋甫刻的《尚书》现在收藏在台湾“中央图书馆”，也是天下独一份。台湾“中央图书馆”把它影印出来了。我们看《舜典》，“刚失之虐，简失之傲”，作“之”。也就是说宋代版本也有两家——“失之”派与“失入”派。王朋甫是浙江人，但是刻书在福建，从这个字体能够判断是福建刻的。他们也很能动脑筋，被注解的字全部刻印成黑底的，非常醒目，这也是积极想办法，给读者以方便，但是这样花哨的本子，我们往往鉴定它是出版级别较低的书坊刻本，官版不干这些花里胡哨的事情。

下面再看又一个宋版《尚书》，现在收藏在北京大学图书馆。原收藏者叫李盛铎，他也收藏了不少敦煌卷子。李盛铎在北京搞了估计至少四百多个敦煌卷子，是因为他家的亲戚是陕甘总督。当时卷子从敦煌千里迢迢运到北京，没有马上交给公家，而是他

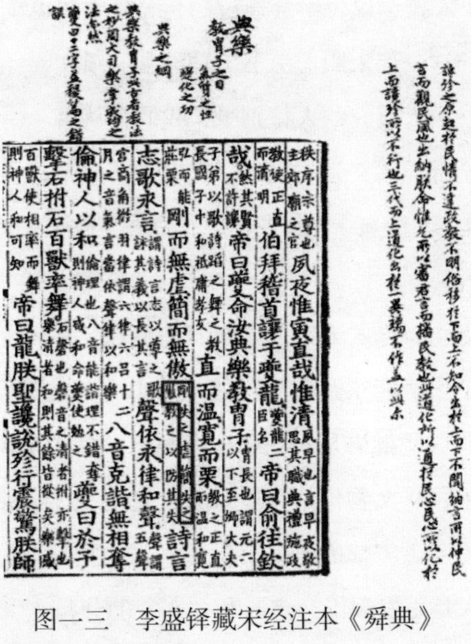
秩宗夙夜惟寅直哉惟清
伯拜稽首讓于夔龍帝曰俞往欽
哉帝曰夔命汝典樂教胄子
直而溫寬而栗
剛而無虐簡而無傲
詩言志歌永言聲依永律和聲
八音克諧無相奪
倫神人以和夔曰於予
擊石拊石百獸率舞
帝曰龍朕堲讒說殄行震驚朕師

图一三　李盛铎藏宋经注本《舜典》

家的几个亲戚先挑了挑，其中就有李盛铎。李盛铎收藏的宋版和元版加起来应该有三百部，这个概念没法说了，现在一册宋版书的价钱是二千万，他居然有三百部宋元版。他在民国年间，日本人占领北京的时候，伪北大还在，他这个书卖给了伪北大，现在在北京大学。北京大学的善本数量不得了，它还接收了燕京大学的书，它还有原来老京师大学堂的书，所以北京大学图书馆的古书那是太多了，估计在全国图书馆中，能排在前四五位。国家图书馆光宋版书就上千，那北大肯定比不了，但像高校图书馆，比如山东大学，宋版书就只有一种，元版书六七种，主要是明版书和清版书。为什么呢？因为学校主要服务于教学，你说买一部书花那么多钱，那校会议也不会通过的，况且学校也没有那么多钱。李盛铎收藏的这一部宋版《尚书》是国家一级文物，虽然很宝贵，但是对这部书深入研究的人特别少，我们在从事《尚书注疏汇校》的时候把它全部校了三遍，这部书的质量不算高，属于宋代福建地区的坊刻本。《舜典》“刚失之虐，简失之傲”，这里是个“之”字，不作“入”。

到现在为止，作“入”的本子只有两个，一个是宋刻纂图互注本，一个是宋两浙东路茶盐司的八行本，其他都作“之”。李盛铎藏宋本的这些批语是宋朝的读者写的，《中华再造善本》都给影印出来了，从文物价值角度来说，这部书是非常贵的，几乎没有人能买得起。宋代的《尚书》版本，大概就是这几种。我们下面看看前人是否发现了“之”和“入”的分歧。

日本有个学者叫山井鼎，是日本一个侯国的书记官。他是什么时候的人呢？相当于我国康熙中后期到雍正初年，这个时间段的人，喜欢中国古典学问。而在这个时间，日本人已经像中国人一样，比较重视宋学——朱子学问。朱熹以前的学问叫作古学，就是汉唐学问，汉唐学问集中体现在《十三经注疏》里面，而宋明以来的学问体现在《四书章句集注》以及宋元人所注的“五经”，朱熹、蔡沈这些人。经文都一样，注释不一样。山井鼎喜欢古学，所以他就利用日本一个古代学校收藏的古写本和宋版书对这些经书进行了校勘。这个学校，日本人叫“足利学”，我们中国人通

下二臣名下。元凱之中下。天地人之禮下。姜姓下。主郊廟之官下。敬思其職下。清明下。二臣名下。不許讓
下。並同。[illegible] 謂元子以下至卿大夫子弟謂上有子字。元作天。弟下有也字。祇庸孝友下。有
也字。而能莊栗下同。剛失之虐簡失之傲二之作入。宋板同。謂詩言志以導之無謂字。以長其言
下。有也字。宮商角徵羽下。十二月之音氣下。依聲律以和樂下。命夔使勉之下。並同。則神人和可知下。
有之也。堲疾下。殄絕下。欲遏絕之下。喉舌之官下。必以信下。共有也字。特勑命之之作也。天下之
功下有也字。三年有成下有功字。九歲則能否幽明有別歲作載。升進其明者下有焉字。君臣
善否分北流之分上有並字。北作背。善惡明下有也字。言其始見試用下有時也二字。攝位二十
八年下有也字。三十徵庸。庸作用。服喪三年服下有喪字。凡壽百一十二歲作凡壽一百十二載
也。言舜理四方理下有於字。居其方下有也字。使相從下。治民之功與下。爲汨作之篇亡下。並同。
棄勞也宋板無也字[illegible]。二葉〔補脫〕忠肅恭懿宜慈惠和天下之民謂之八元〔謹按〕此十六字當在
叔豹季貍下。底本或作底非。三葉 元文下底作底。守收救反。十二葉 收作詩。正嘉二本作時非。量力
倚反。十一葉 此下有註同二字。莊栗戰栗也。三十五葉 無莊字〔謹按〕無者爲是。莊栗註文經已有栗字
讀至方字絕句。四十葉 讀上有一字。飫於據反。同上 據作庶。[illegible]似其繼世相傳。一葉左三行 宋板似作以。勑
我五典五惇哉。四葉右八行 勑作自。無瘧者無冬溫夏寒也。五葉左五行 衍下有伏字。又如此二年爲十二年。
七經孟子考文補遺 尙書卷三 一一三

图一四　日本山井鼎《七经孟子考文》

常叫“足利学校”。这个“足利学”在日本东京，雍正年间就已经是一个类似历史博物馆的地方了，现在也是日本的一个博物馆，叫“足利学遗迹图书馆”，一看就属于文保单位。山井鼎校过的这些书现在还在，他将校勘发现的不同之处写成了一部书，叫作《七经孟子考文》，可以说他用生命的最后精力完成了这个事业。这部书大概在乾隆时期传入我国，它被全部收入《四库全书》，部头很大。一个外国人，没有什么身份，年代又离乾隆这么近，从清朝开国到乾隆修《四库全书》，清朝人的著作进入《四库全书》，比例不超过百分之十，也就是说对于当代的作品是严格加以挑选的，而山井鼎的书一进入我国就被全部收入《四库全书》，占用这么大的篇幅，面子非常大。因为在乾隆中后期，考据学已经很成熟了，这部书恰恰是考据学所必需的，所以它被收入了《四库全书》。阮元校刻《十三经注疏》时充分利用了山井鼎的成果，甚至还刻印了这套书在中国出版，收入《文选楼丛书》。到了民国年间，商务印书馆出版了《丛书集成初编》排印本，排印本的底本就是阮元的文选楼本，并不是日本的初刻本，日本的初刻本在我国很难找到。

前几年，我给国家图书馆出版社的一个编辑——我的学生，提了一个建议：能不能找到日本最早的那个版本，把它复制下来出版，学术界是需要的。因为我们这个工作是校勘学，一个字都不能差。她发现国家图书馆有一部这个书，就把它线装影印出来。我写了一篇一万多字的前言来说明这个事情的缘由。我说别人买不起你这个线装书，你还得出缩小的精装本，他们又出了一套精装本，十六开本，这样就买得起了。日本人山井鼎他最早留心到这个问题，《考文》说：“刚失之虐，简失之傲。二‘之’作‘入’，宋板同。”这个地方有一些在前面已经声明了的省略语，因为前人出书特别难，经常和你打哑谜，比方说“二‘之’作‘入’”，谁作“入”？没主语吧，他前面说了“足利学”收藏的古写本作“入”，下面那个“宋板同”他前面也说了，是宋刻本，是两浙东路茶盐司的八行本，也就是刚才我们看的这个（图十），这个照片上作“入”，这个版本在我国早已失传，在日本得以流传，是阮元没有见过的。当然，日本的古写本我们也没见过。山井鼎话就说到这儿为止，没说谁对谁错，这种办法就叫“死校法”，不论是非，但是他这一信息非常重要，就是日本的古写本作“入”，日本的宋八行本也是作“入”，他提供的这两个证据都是中国人看不见的。《四库全书》为什么要把它收进去呢？编《四库全书》的都是翰林，他们一看这些东西太有用了，关键是信息很值钱。傅斯年不是说“史学即史料学”吗？“上穷碧落下黄泉，动手动脚找东西”，材料摆在你面前，你有中等的智商，就能得出同样的结论，关键是材料，就像破案子一样，关键是证据。所以，你光想着讲理论和方法，理论和方法虽然很重要，但是你不去找材料也是不行的。

卢文弨，浙江余姚人。乾隆年间想参加编修《四库全书》，没有参加成，明确表示遗憾的一个学者。为什么呢？因为他才是真正的专家，乾嘉学派当中一位很著名的学者。卢文弨一生校勘的书很多，但出版不起，所以他采取了一个非常简化的办法出版了自己的校勘成果《群书拾补》，就这也没出全。他在《拾补》里说“刚失入虐，简失入傲”，他在“入”下面写一小字“之”。他想说什么呀？他在前面说了，为了节约篇幅，就一次性交代：凡是他认为对的就是大字，凡是他认为错的就是小字。我们现在如果要引文的话，不改字没法引文，这怎么引呢？你得翻译。他的意思就是说“之”是错的，并且卢文弨要说明的这个错，指的是毛氏汲古阁本。下面说：“古、宋本皆作‘入’，疏同。”这是谁的成果？是山井鼎的。日本人的古本你见过？卢文弨前面也

羣書拾補 經 尚書注疏虞書十一 抱經堂本
子以下至卿大夫子弟案疏以胄子爲長子然傳意似不爾下云教長國子與釋文馬
云教長天下之子弟語相似則子須别爲釋明矣 剛失入之虐簡失入之傲
古宋本皆作入疏同 謂疑衍詩言志以導之歌詠咏其義經聲
依永古本詠漢書與上永言並作詠 疏 又太師掌六律六同呂誤下文自必
依經作同 林鍾仲呂經文本作函鍾小呂 律十有二舊誤倒 取竹
於嶰谷之中各生其竅厚薄均者漢志取竹之解谷生其竅厚均者孟康曰
解脫也谷竹溝也取竹之脫無溝節者也一說昆侖之北谷名也應劭曰生治也竅孔也晉灼曰取谷中之竹生
而孔外內厚薄自然均者截以爲簫不復加削刮也此似有誤舛 斷兩節之間志無而志字有
吹之以爲黃鍾之宮制十二篇志作筩以聽鳳凰志無之鳴
其雄鳴聲爲六雌鳴亦六 是六律六呂述衍十二月之

图一五 清卢文弨《群书拾补》

交代了，这个古、宋本来自山井鼎。所以，这个“古、宋本”是指古本和宋本，“古”字后面要点顿号。“古、宋本皆作‘入’，疏同”，“疏同”这就是卢文弨自己的发现了。孔颖达的疏既要解释正文，也要解释伪孔安国的注。解释伪孔安国的注，他是按“入”解的呢？还是按“之”解的呢？不也是一个佐证嘛。孔颖达是唐朝前期的人，他是按照“入”这个字来解释的。刚才我也和大家说了，一切涉及到的引文，也都是证据。所以，卢文弨说“疏同”，他的这个话不能再简洁了，他用了那么少的文字就把事情交代清楚了。卢文弨在山井鼎的基础上有两个进步：首先，表明了态度，“入”是对的。其次，增加了旁证，孔颖达疏也是作“入”解释的。卢文弨虽然没有多见什么版本，但是做了两项推动。既然“入”是对的，那么对的版本就是两浙东路茶盐司本、纂图互注本，这都是宋版，还有日本的古本，一共三个版本。这个宋本和古本都是日本人提供的证据，当时中国人都看不见。其实，卢文弨那个时候也看不见纂图互注本。作“入”的版本卢文弨什么本都没看见，他就是靠别人的证据得来的结论。至于说疏同，就相当于本证，书籍内部前后互证了。这是第二位注意到这个问题，增加证据，表明立场的人。卢文弨是考据学家，他的《群书拾补》收入了他校勘学上的很多成果。“拾补”就是拾遗、补缺。《尚书》只是其中一小部分。

乾隆末年，乾隆皇帝命令大臣刻了一套书，叫《相台五经》。《相台五经》的“相台”是岳飞家乡，是岳氏郡望，指很遥远的老家，在河南相州，现在的河南省安阳市。据考证在元朝初年，岳飞的后人在宜兴——出紫砂壶的那个宜兴刻了一套《九经三传》，其中《九经》所据的底本是南宋末年廖莹中刻的《九经》。廖莹中的堂号叫“世綵堂”。你们要记住廖莹中“世綵堂”，因为他刻过韩昌黎、柳宗元的文集，在宋版当中大概是排名第一位的。学古代文学不知道韩柳，知道韩柳而不知道刻韩柳集的“世綵堂”本，绝对不行，所以廖莹中“世綵堂”你要记得。廖莹中这个人的表现不行，他是贾似道的门人，但是他刻的这个书不能说是坏的。相台岳氏刻的本来是《九经三传》，但是到乾隆年间剩下八

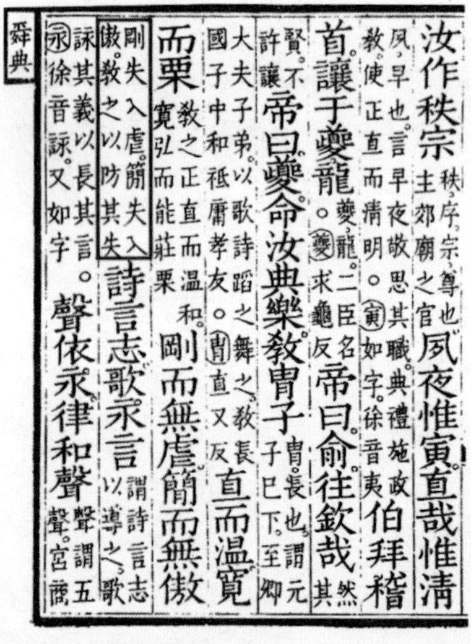
汝作秩宗秩序宗尊也主郊廟之官夙夜惟寅直哉惟清夙早也言早夜敬思其職典禮施政教使正直而清明○寅如字徐音夷伯拜稽首讓于夔龍夔龍二臣名○夔求龜反帝曰俞往欽哉然其賢不許讓帝曰夔命汝典樂教冑子冑長也謂元子已下至卿大夫子弟以歌詩蹈之舞之教長國子中和祗庸孝友○冑直又反直而溫寬而栗教之正直而溫和寬弘而能莊栗剛而無虐簡而無傲剛失入虐簡失入傲教之以防其失詩言志歌永言謂詩言志以導之歌詠其義以長其言○永徐音詠又如字聲依永律和聲聲謂五聲宮商

舜典

图一六　清武英殿翻刻相台岳氏本《舜典》

经，为了不让这套书失传，皇上将其中的《周易》《尚书》《毛诗》《礼记》《春秋经传集解》这五种以武英殿的名义重新刻印了，就像现在以中华书局的名义出书，基本按照原样刻的。乾隆皇帝的大臣们利用相台本，也就是岳飞后人重刻的廖莹中本，校通行本，发现的不同的文字写成了校勘记。乾隆皇帝那个时期开辟了很多新的方法，明朝刻的经书都没有校勘记，有校勘记从乾隆皇帝开始，这是古籍整理出版历史的里程碑。现在你买古书整理本，不带校勘记的就不要买。标点古书没有校勘记，你既不要干这种事情，也不要买这种书，太不负责任了。

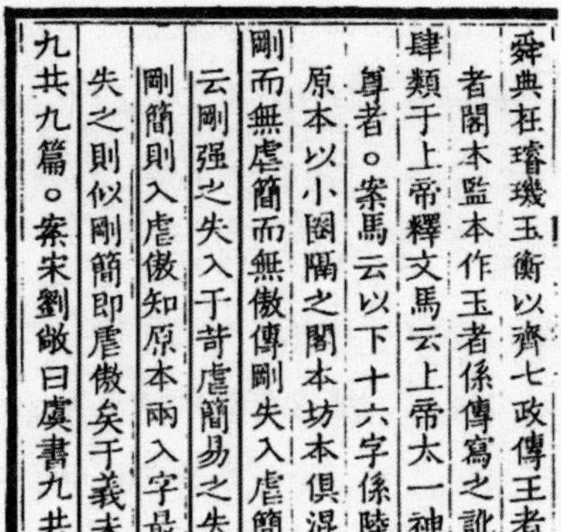
舜典在璿璣玉衡以齊七政傳王者正天文之器。王
者閣本監本作玉者係傳寫之訛　殿本亦作王
肆類于上帝釋文馬云上帝太一神在紫微宫天之最
尊者。案馬云以下十六字係陸德明音義中文故
原本以小圈隔之閣本坊本俱混入孔傳非
剛而無虐簡而無傲傳剛失入虐簡失入傲。案正義
云剛强之失入于苛虐簡易之失入于傲慢謂過于
剛簡則入虐傲知原本兩入字最得解若如諸本作
失之則似剛簡即虐傲矣于義未洽
九共九篇。案宋劉敞曰虞書九共應作九丘古文丘

图一七　清岳本《考证》书影

乾隆皇帝下令翻刻岳本的时候，所做的“考证”大部分就是校勘记，其中涉及这个问题，有一条校勘记：“刚而无虐，简而无傲。传：刚失入虐，简失入傲。〇案：正义云：‘刚强之失入于苛虐。简易之失入于傲慢。’谓过于刚简则入虐傲。知原本两‘入’字最得解。若如诸本作‘失之’，则似刚简即虐傲矣，于义未洽。”“正义云”就是卢文弨说的“疏同”，它看没看见卢文弨的成果呢？乾隆皇帝的大臣们表达的意见，就列举的证据来说只有疏，他们不知道宋本、古本，我们可以认为属于本校法，从内部找证据。看来他们没见卢文弨《拾补》。

武英殿的考证鲜明地主张是“入”，并且说明了为什么。武英殿刻完后，相台岳氏的《尚书注》就收藏在乾清宫东面的昭仁殿里，是真正的一级品，时间大概是乾隆四十八年（1783）。乾隆皇帝在位六十年，又当了四年的太上皇。在嘉庆二年（1797），乾清宫失火，从乾清宫到昭仁殿全部烧个不剩，宋元版书有四百余部全部化为灰烬，这五部相台岳本也就化为灰烬了。要不是乾隆皇帝提前了几年重刻了，那这个版本就消失了。所以这个重刻的版本虽然产生于乾隆末年，但是却弥足珍贵。我们在学习版本学的时候，对那些晚期的版本，它有早期的渊源，你要认识清楚，这非常重要，不是说只有宋版才是善本，如果我这个书来自宋版，而宋版没有了，当然我这个书就是好的。

我们再回到阮元，因为我们是从阮元刻本上溯的，我们现在顺流下来了。阮元《校勘记》在这个地方发表了意见：“刚失之虐，简失之傲。两之字，古本、岳本、宋板、《纂传》俱作入。岳本《考证》曰：正义云：‘刚强之失，入于苛虐。简易之失，入于傲慢。’谓过于刚简则入虐傲。知元本两‘入’字，最得解。若如诸本作‘失之’，则似刚简即虐傲矣，于义未洽。”这就把岳本《考证》整个引过来了，既告诉你各本作某，又告诉你前人成果是什么。我们的《十三经注疏汇校》就是学的它，先告诉你各本作什么，然后告诉你前人是怎么说的，山井鼎怎么说的、卢文弨怎么说的、阮元怎么说的，你就一目了然了。我为什么说“不着一字，尽得风流”呢？我不用再说了，已经很清楚了。

作肓故訓作長長門養也陸氏未經注明僞失檢耳僞孔
於文則從王於義則從馬殊爲牽率後人誤解長字妄刪
孑字職此之由
剛失之虐簡失之傲兩之字古本岳本宋板纂傳俱作入
岳本考證曰正義云剛強之失入於
苛虐簡易之失入於敖慢謂過於剛簡則入虐傲知元本
兩入字最得解若如諸本作失之則似剛簡即虐傲矣於
義未洽
歌咏其義以長其言纂傳咏作永按永與長其言意複
矣孔疏申傳意云定本經作永字明
訓永爲長正恐人誤認傳之咏字爲釋經之永也
聲依永永古本作詠按古本此句作詠上句不作詠蓋字有
虛實動靜之別定本當俗作永耳
我令命女典樂事岳本令作今是也
各生其竅厚薄均者按各字疑衍或谷字之誤
六

图一八　“刚失”条阮元《校记乙》

到这个地方，我们大概就知道了你怎么认识历朝历代的版本，它们之间的关系到底是什么，你不通过校勘你不知道。通过校勘就会发现它们内在的联系。通过校勘，发现它们显然分为两派：一派是“入”，一派是“之”。作“入”的有纂图互注本、八行本。八行本一向评价很高，而纂图互注本一向评价不高，就这条证据，我们有理由认为纂图互注本的价值被低估了，它还是中流砥柱呢。它不过是福建书坊不知名的出版物，它作“入”，说明它的底本是正确的，它是有好的来源的，但是刻书者没说，所以谁都不知道。我们这样一比较不就发现它的优越性了吗？阮元说他明知其误而不改，在校记加以说明，俞樾夸赞阮元《校勘记》“罗列诸家异同，使人读一本如遍读诸本”，你不都看出来了吗？老师为什么给你推荐阮元的刻本呢？那是有原因的。至于说它存在的问题，在这里也要给大家交代，阮元的这个刻本很好，但是没有断句，同学们要是引用的话，有些句子断不开，当然包括我在内。

北京大学出版社出版了一整套《十三经注疏》，它就是阮元本的标点本，这太方便了，用它就可以了，据我所看，它的标点错误很少。它把阮元的校勘记直接变成了当页注，但是没有很好地区分阮元校记与北大本整理者加上去的内容，这或许涉及学风问题，我们就不计较了。北大出版社新做的校勘工作很少，略等于无，它的功劳就是加了新式标点。它还有一个功劳，阮元是明知其误而不改，凡是阮元校勘记表态说这里是错的，它全部都改过来了，改完以后，它在校勘记里说了阮元说的话，并且在后面加了两个字“据改”，就是说现在根据阮元的意见改了。所以，引文的时候用北大出版社的标点本，那你的引文至少会减少很多错误；如果你直接用阮元的本子，错误会很多。那你说是改还是不改？改了就和正文不一样了，第几页第几行的引文，那肯定得和原文一样，一样的话那就错了，势必要在小注中引用阮元的校勘记，势必要在小注中说应该是“入”，不是“之”，比较麻烦，所以可以考虑用北大出版社的标点本。当然，北大出版社的标点本问题还是挺多的，在不得已的情况下，我只能说能用，但是不理想。我们在搞《周易注疏汇校》的时候，我在北大那个本子上用红笔做了很多的批注，打开之后，每一页都有几处，这样的本子显然是不理想的。我们呼唤更加理想的版本出现，什么叫作“更理想的版本”？你认为错误的文字，在正文中一定要加以改正，而且必须在注释里说明自己的根据。读者如果认为你改的不对，那还可以回改，这不就一举两得了吗？不需要像阮元明知其误而不改，错了你改就行，但是要这样说：“原作某，现改作某，根据是什么。”如果前人有证据，那就把版本依据、前人的证据拿过来，山井鼎怎么说的、卢文弨怎么说的、岳本《考证》怎么说的、阮元怎么说的。我们现在至少引用了四家说法，山井鼎对是非问题几乎什么也没说，但后来卢文弨、阮元断是非的根据都是来自山井鼎，足利学校的八行本《尚书注疏》到现在都没有影印出来，古本也没有影印，到日本去看也不给看。汲古阁本的《十三经注疏》山东大学就有，你可以到图书馆去看，以前还不让拍照，现在让拍了，这个变化太开明了，但是远不如“东洋文化研究所”，挂在网上，全世界都可以免费看。

版本之间的关系、版本的优劣是版本研究一个很重要的任务，通过校勘可以解决版本问题，可以让我们的版本学不再流于表面，这是个结论。同时，校勘学是绝对离不开版本的，没有版本你校什么呀？所以你想校书，第一个任务就是调查版本——这个书到底出版过几次？不同的版本在哪里？拿来之后，要老老实实，一个字一个字地校，包括标点符号也要校。校完之后，你就可能有话说了，可能有所发现。像郭沫若、钱钟书，他们的书出一次改一次，你如果研究他的话，校对一遍，就会发现很多问题。至于像《红楼梦》的校勘已经出了很多，像《方言校笺》等很多，从校勘的角度衍生出来很多新结论，这个是作为参考的。古书当中容许有不一样，不一样的原因很多，说某个字错了只是答案之一，还有别的答案。有一次，陈尚君先生来了，他说李白的诗很多是李白本人修改的，他怎么知道的呢？因为有很多保存的佚文，文本不一样的地方，并不是抄错了，显然有修改的痕迹，哪个本子是原始的，哪个本子应该是后来的。有一次，我在陕西师范大学参加他们的博士生答辩，他们研究的是明末山东的一个作家，这个姓王的作家很不出名。居然发现他的诗集有不同的版本，而这些版本都是这个作者生前刻的，前后之间的修改非常有意思。他都做了截图对照，我觉得太好了，有政治原因、有艺术提升的需要等等，这种研究方法非常好。当然，他使用的那些版本大部分都非常稀罕，属于孤本，不知道明末清初雕版印刷物流传为什么这么少，这真是很难理解。

当然，我也收藏过乾隆时期李文藻父亲的诗集《拙斋集》，只有二十多页，那本书就很难找到，怎么找都找不到，后来我在书店买到一本，三十多块钱，几乎是孤本。我后来发现济南藏书家周晶先生家里也有一部，我知道天底下就这两部，我怕它失传了，编《山东文献集成》的时候，就把这本书印进去了，二十多页的一个小书，在我家弄没了，我觉得很对不住这个乾隆年间的诗人。有些东西，哪怕是光绪年间的，那也非常罕见。我记得明末清初，有一个叫姜实节的莱阳人，他的诗集大约在民国初年，由莱阳的一个印刷所印的，是一个石印本，这个本子好像是非常罕见，几乎是找不到。我们在山东省图书馆里面找到了，也印到《山东文献集成》里面了，这样大家就可以看了。清末有些版本、出版物也是非常罕见的，因此希望大家在新形势下，注意运用全国古籍普查平台来了解一些版本。国家有一个古籍保护中心，主要任务是调查版本，然后把普查的结果放在网上，叫作"全国古籍普查登记基本数据库"。高校的图书馆也搞了一个类似这种的"联谊会"，叫"学苑汲古"，登录"学苑汲古"之后，上面有很多全国高校的书目，你要了解版本的话，可以利用这些电子资源。除了电子资源之外，你还要学会查书目，因为版本信息都记载在一些目录上，比如说《中国古籍善本书目》，全国八百多个图书馆，善本就是好的版本，这就可以查了，可能还有电子版。你要多知道一些书目的名字，你就可以去搜这个书目，搜到书目以后，它是分类的，比如你要找《楚辞》的，那么先找到集部，关于《楚辞》的书就都出来了。你要是在百度上搜索，那出来的信息太多了，而且大部分都没用，所以要知道一些门路，多去图书馆和文学院的图书室去翻。

整个疫情期间，我们花了半年之久改造山大文学院的图书室，改造的目标就是让人能进去。原来是堆满了书，没地方站、没地方坐，黑咕隆咚的，谁都不想去。我说挑一部分没用书交给图书馆，图书馆馆长说我们挑出的书他们都要。因为防疫，所以同学们都没来，我们找了很多青年老师去挑。有的老师是名教授，比如丛新强老师，他们说一本书也不能淘汰，这些书都太好了。丛新强老师给我写了一封长信，就说不能淘汰。我问他去过几次我们的期刊室，他说没去过，我说十几年你一次都不去，那要这有什么用，这不是废品吗？他说以后可以去，让学生去。期刊里的好东西太多了，现在有期刊数据库，但是期刊数据库的问题就在于你要搜关键词才会出来，你要是根本都不知道这世界上有什么东西呢？那就去翻杂志吧，翻翻你就知道了，所以你要学会翻。我们在没有减少一本书的情况下，已经把知新楼A座五楼左右两侧的房间，收拾成窗明几净的阅览室，有六十多个座位，允许同学们在里面自修，你不查书也能进来，你可以在这里上自习。桌子上都有号，号刷满了你就进不来了，你走了东西得拿走，不允许占座位。留这么十个左右的座位供查书使用，张可礼老先生他们经常去，也有一些外单位的人过来。所以大约有五十几个座位允许同学们上自习。所有的门都关掉，南北各开一个门，进去就是阅览室，阅览室摆满了字典、词典等工具书，文学院老师的著作全部都摆在外面。搞美学的话，有一个库全部都是美学的书，里面的灯光都非常好，地面也非常干净，你想看什么就看什么，你想用手机拍就用手机拍，比学校图书馆好。现在已经开始招学生图书管理员了，最低值一个小时的班，你愿意值四个小时也行，一个小时给补助十五元，如果你想挣生活费的话，一天两小时三十元，一个月就九百元。周六周日也开放，晚上也开放，从早上八点到晚上十点，中间不间断，吃饭也不关门，你去看书就行，你进去就是翻书，就像逛书店一样。学问就是这样来的，你要是不翻书的话，你的原创性的灵感就不会来，无论你做什么都是这样的。你要是觉得有什么好书需要，你可以给学院提建议购买，买来之后你就可以看了。当然，你也可以自己买，网上就可以买。

文学院图书室经过几个月的辛苦劳动，已经改造好了，现在正在招服务员，也希望大家能够抽出一点宝贵的时间去为大家服务，带上工牌，可能也会有特殊的服装，你去值班，也可能会有人参观。我们做了八块匾挂在图书室，关于这八块匾的来源和意义也在网上发布了。你经常去转转，如果没有座位了，也可以到库里去浏览，很方便，我想这是一个去处。五楼的走廊准备搞成院史展览，八楼已经展出来了，是冯、陆、高、萧、黄“五岳”的主题展，前四位你们都知道，“黄”是黄孝纾，1964 年悬梁自尽了。曾经是山大中文系主任，我们根本买不起他的画，他的诗词骈文的创作在20世纪中期应该是全国第一，这样一位山东大学中文系主任已经几乎被忘记了。当初称冯、陆、高、萧、黄是“五岳”，1964年他去世以后，就不再被提起，这个人就被时代埋没了。冯、陆、高、萧、黄的主题展在八楼，都是精选出来的照片，下面有说明。你没事儿的时候就去转转，在座的都是学习古代文学和古典文献学的学生，冯、陆、高、萧、黄是属于我们这个范围的。你要是学习西方美学的，对冯、陆、高、萧、黄没兴趣，你不去转就算了。我们在座的应该对他们感兴趣，他们的手稿和代表性著作都有照片。再就是他们的个人照片，读书班的照片，还有高亨先生一家人的合影，没事去八楼看看。我们正在努力把五楼搞成院史展览，除了冯、陆、高、萧、黄以外，像高兰先生等很多的著名人物，打算在五楼展览。今天和大家说的有点多了，时间严重超标，下课吧。

（2020年9月14日上午为山东大学文学院古代文学、文献学专业研究生讲“人文科学方法论”第一讲。胡玉花、赵子瑄、林容单据录音整理。王少帅统稿。经杜泽逊审定。）

贰　致老师们

如何建设中文学科

各位老师好！

我在各位老师面前应该还算小孩子，但是我已经55周岁了。按照行政的规定，60岁就不再担任行政职务，因此我也就干一届。

事实上今天在座的只有两位老师我不认识。都是大学语文的老师。一位是张老师，一位是杨老师，我刚才已经单独向两位老师请教过了，其他的老师我都认识。其中绝大部分老师都教过我。而现在在职的老师有一半，甚至一半以上我不熟。所以今天这个见面会就显得尤其重要了。虽然我一直没有离开学校，也没有离开中文学科，但是这些年，在看望老师方面，比如年上节下，打个电话，发个短信，都没有做到，这就不太礼貌。来到文学院做事后，我应该登门拜访，但是客观上的确做不到。

刚才校党委书记郭新立同志在为党代会的报告征求意见。这个报告实际上相当于山东大学的“十九大报告”。对此我提了一个意见，我发现我在整个五月份每天的每个时段几乎都是公务。

这就相当于把我们的教学和科研都放在了次要地位。我觉得这对于落实十九大精神来说不是一个最理想的状态。我们可以怀着对党中央的忠诚，对国家的教育科研事业的忠诚，去开发我们的智慧，想出更妥当的办法，想出一个更适合山东大学的办法。我们不能光开会，把所有的课程都放在晚上补课。我想这个意见应该是大家心里想而不便说的。但我认为这个问题还是要摆到桌面上来。我们是个学校，是教学科研单位，我们主要的任务就是教学和科研。做好教学和科研就是对国家和党最大的忠诚。我想在这个问题上还得要把工作重心理清楚，理清楚这个思路以后，我们就知道自己该干什么了。这一点我在这里重复一下。

我想我们山东大学中文系也算是一个老名牌了。我在报考大学的时候，第一志愿报的是山东大学中文系，第二志愿是山东大学历史系。我们中学滕州一中的校长王裕安老师是位语文特级教师，后来还当了枣庄市市长。他说山东大学中文系很热门，是不是有把握？是不是应该报山师？我当时却没有改志愿。我考了414分，勉强进来了。大概到了420多分，像我们班的赵法生，他其实就可以报北大。但是有的来自其他省份的同学成绩是390多分，所以414分算是处于中游。这就是说，在当初，教育界还认山东大学，尤其是山东大学中文系这块金牌。当然这个金牌到现在为止还是个金牌，因为我们在最新的学科评估当中得了A。A+是北大和北师大。六家是A，即复旦大学、南京大学、浙江大学、四川大学、华东师大和山东大学。这六家A虽然没有排前后，但是我们心里有数。比方说复旦大学和南京大学中文学科可能在我们之前，川大、浙大和华东师大和我们差不多，这就是现在的客观情况。还有一些差不多的单位，如南开大学、吉林大学、中山大学、武汉大学，他们没有到A的行列中，但是他们离我们并不远，他们随时可以超越我们。因此我们现在的A实际上是存在巨大的危机的。我们自己也非常了解我们自己，但是别的学校师生在谈他们自身学科发展的时候，也怨声载道，他们怨学校，怨文学院的院长、中文系的主任，主要是怨这两方面的领导。复旦大学原中文系主任、唐代文学研究会现任会长陈尚君教授曾说，一个学科的发展，很大程度上取决于学校和院系领导的胸怀。他说这些话的时候，我还不知道我今天有这样坐在这里说话的机会。但我当时把这个话传达给了张荣校长。昨天早晨，从历史系调任图书馆馆长的赵兴胜教授来访问我，我专门把李剑锋院长叫来，因为他当过图书馆副馆长。我和馆长说，图书馆要发展，首先就要统一馆长和书记的认识，认识图书馆是做什么的。从清朝末年发展图书馆就是为学术服务的，你们是否有服务意识？咱们只知道看别的图书馆挂出来珍贵图书，看日本人挂出来东西，你们自己挂出来几本书了呢？书给不给老师们看？要不要钱？咱们只想用别人的东西，自己的东西却捂着不往外放，这如何能建设一流大学？我刚才在校党委征求意见会上提的第二个意见，就是学校党委会的报告初稿上没有提到图书馆。我们师生的活动地点是什么？是我们的家、宿舍、图书馆、教室、实验室，还有食堂，我们就这么几个去处。所以哪个大学不把图书馆放在首位、不把图书馆建在学校的中央位置呢？“君子务本，本立而道生”，我们的任务就是教学和科研。

如果我们能培养出杰出的校友来，我们就是优秀的中文系。现在从山东大学文科的杰出校友数量上看，中文系为第一名。事实就是这样。所以我们不仅仅是要立足济南，立足山东大学的本部，我们还要致力于培养杰出校友，而杰出校友中绝大部分来自本科，说明我们的本科生素质特别的高。从这些地方我们就能知道该往哪里下功夫了。我来到文学院一个月有余，其他的几位领导大部分从未做过行政工作，因此可能不太会做行政工作，但我想正因为大部分的院长、副院长都是老师出身的，所以他们虽然现在有了行政职务，但他们的立场不会改变，也就是说他们的身份是教师，考虑问题也是从教师的角度出发。我们最近考虑了大概十几项章程、办法，这些章程都要征求老师们的意见。

有些章程是需要全体老师投票通过的，其中第一个就是上项目。全体文学院的老师申报项目，通过学术委员会投票，选出重大、重点和一般项目。同时尊重那些不想报项目的老师。如果不立项目也出了成果，更应该表扬。

第二个是出书。首先帮助退休的老先生出书，出版他们几十年的治学心得、发表过的文章、尚未完成的著作，或者已经出版但需要修订的著作。文学类的著作争取在人民文学出版社出版，语言类的著作争取在商务印书馆出版。所有的补贴由文学院承担，并且要考虑付给稿费。老师们由于年长而需要帮助，需要跑腿，文学院就派研究生做老先生的助手。根据需要，由文学院付给这些学生劳务费，让学生们帮助老师们整理文集、到图书馆借书、将书稿录入电脑，甚而至于处理日常家务。请同学帮助老师做事，也是同学一生中比较重要的经历。给老先生当助手，就能看到老先生是怎么样处理学术问题的，他们的观念是什么，他们想什么，追求什么，他们怎么样关心文学院。出书和给老先生配助手的这些办法都起草好了，并且会尽快来办。如果老先生不需要助手，也不勉强。在职老师的成果也要出版。有的老师很年轻，如果他们要出文集，但学术委员会没有通过，就先放一放；委员会通过了，也要出。鲁迅先生他们不是早年就出书吗？我认为要解放思想，不论年长年轻，只要出东西，一律由院里拿钱补贴并且付给稿费，找最好的出版社，请同学们做校对。如果出版社有一些要求，比如所有的文献都要求注出在哪本书第几页，而我们的老师使用的版本可能是好久以前的，需要换成新版本，这类事情就可以请学生去做。可以一个人做，另一个人校，但一定要保证质量，达到出版社的要求。

以上是关于上项目和出书的问题。再就是引进人才的问题。我们文学院老师们虽然退休了，老师们的学生还在工作，学生的学生还在工作，老师们有足够的渠道了解我们的现状。我们这个队伍现状就是很不乐观。我们已经调查了全国中文系的前八名，并做了一个人员对照表。调查结果显示，我们山大文学院的总人数偏少，我们的学科发展尤其畸形。苏州大学文学院的院长和我说，山东大学是不可以特色发展的，它必须是正规军，也就是说国家已有的中文学科的八个二级学科必须个个都很强，它才是山东大学。我把这一点也转达给张荣校长了。我们不能搞特色发展，也就是说我们不能允许某些学科的队伍建制不全。这就像打了一仗，一个连还剩下一个排，却不知道补充兵员，下一次再打仗是必败无疑的。因此我们进人的方向是很清晰的，那就是按照人员对照表，赶上我们的兄弟单位。我们和北京大学相比差得很远，只有浙江大学比我们人少，而他们杰出人才比我们多得多，所以他们的分数依然很高。老师们虽然退休了，在我们文史学科，退休和不退休并没有区别。我的导师王绍曾先生的所有重要成果都在 70 岁以后完成，王先生大概一直干到九十二三岁，退休和没退休有什么区别呢？退休后有更多的时间从事写作，不用再参加一些会议，不用再去挣一些无用的分数，追求一些无用的高级刊物。老师们想写什么就写什么，想在哪儿发就在哪儿发，所以这是一个最大的解放。也就是说我们的退休老师，在未来山东大学中文学科建设中，依然应该是主力军，甚至是排头兵。我们退休的老师得了多少奖、做了多少项目，是清清楚楚的。《杜甫全集校注》的完成花了30年，经历了三代人，其中有一半的人都不在了，书才出版。这中间人事问题很多，但《杜甫全集校注》最后还是出版了。评所有奖，《杜甫全集校注》几乎都是前两位。生长周期长是我们这个学科的一个巨大特点，不像研究生物工程、研究电子计算机，我们的研究成果是越老越值钱。所以，退休和不退休只是一个技术上的差异，其他的差异都不存在。我们是去年 11 月份报的进人计划，今年进来的人，尤其是四位青年，每个都很棒。我们的办法就是让学术委员会和教研室一起来决定是否进某个人。比如说现当代文学要进一个人，就让学术委员会的委员和现当代文学的所有老师都到场，听这个人试讲，讲完之后提问、讨论，然后投票。专业老师投红色的票，学术委员会投白色的票，各自统计，都要达到 2/3 的赞成票，这个人才能进入下一程序。这就把进人的环节简化了。如果讨论来讨论去，你看上了我没看上，这个问题就复杂化了，最终，人进不来就溜掉了。所以我们要快速地让看准的人进来。当然我们也增加了一个环节，就是由党委用一定方式，对进来的人进行师德师风调查。我们现在的人事制度的最大麻烦就是能进不能出，放进来的人出不去。所以要严把这个进人关。今年的情况比较乐观，这四个青年在试讲当中，他们的学术思维、创新能力，他们的发现，他们的形象和他们的表达，都令人满意。所以老师们在投票的时候基本是全部赞成的。只要我们这样短平快地进人，我想我们就有希望。明年要继续重点引进中青年，这才是长远之计。这和养小孩是一样的，你都不想养小牛，光想用大牛，天底下哪有如此现成的事？当然如果知名的学者愿意来，我们欢迎，我们用大轿去抬，请他进来，但这不是常态，常态是引进中青年。

在本科教育和研究生教育上，我也提了一些建议。比方说所有的人都要出去考察实习，这一点我们已经中断了多年。现在必须出去，并且要提供实习科学考察报告，这个科学考察报告要评奖、要打分。每个人如果没有这一环的话，就不能毕业。当年我们上泰山，吉发涵老师带队，这段经历在我一生当中都记得很清晰，哪个地方有块石刻，刻的什么字，具体是什么样的，我都还记得。研究生时期去西安、洛阳、开封实习，由霍旭东老师、徐传武老师，还有在座的刘聿鑫老师带队。回来以后大家要报告实习情况，我谈了我的三点看法，在老师们的鼓励下，我把三点看法写成了一篇文章，投在了当时本专业最好的杂志《文献》。1986 年去实习，1987 年就发表了。这是我发表的第一篇文章。我觉得我们不能低估学生能力，学生的能力远比我们想象的大，他们可以写出非常好的文章。我们要鼓励他、敦促他、指导他，他才能走上学术之路。所以本科生的实习考察制度必须得健全起来。另外昨天又讨论了“班主任制度”，也就是说每个班根据教育部和学校的安排，除了辅导员之外，派一个老师作为班主任。姜宝昌老师、路广正老师就是我的班主任。班主任和辅导员这两个人加起来才完善，既要培养好品德，又要培养好业务，两个都很重要。这件事情已经落实了，马上就要办。新进来的老师照例要做班主任，基本上要让他送完一届，要连续地去做。此外要求每一门课都要交一篇小论文。所谓小论文就是要有观点，有论据，有论证，符合学术规范，追求学术创新。只要够这五条，就是一篇小论文。只要交上来，不是白纸，一定会及格。我们的目的不是抓不行的，而是找能行的，要把它记录在案。将来学生离校了，博士后出站了，他要再想回来的时候，我们当年还有记录，比如考察实习报告得了优，或者得了第一名。我们必须得实行这种跟踪档案记录。对硕士生、博士生也要提高要求，必须至少交一篇学年论文。学年论文要评分，要评奖，要给奖励。为了让同学们发表优秀文章，我们创办《山东大学中文学报》，一年四期，由山东人民出版社出版。学报上既发表老师的文章，也发表学生的文章。我看过萧涤非先生的《乐府诗词论薮》，里头有他早期的文章，也是大学时期发表的。我们的大学生现在的水平和当年相比，在很大程度上是高于当年的，我带的尼山学堂的本科生，他们的文章有一些早已超过了副教授，非常优秀，非常成熟，难以想象。徐超老师还有其他为尼山学堂担任课程的老师都有同感。我们中文系的本科生在文史哲的本科生中水平是最高的。证据是什么呢？就是我们录取的分数是最高的。因此我们本科生优越性是很大的，创造力也会很大。《山东大学中文学报》每期大概能发 18 篇文章，最好是一半老师的文章，一半学生的文章，同时我们也接受外校来稿。有一个北京大学的博士生，来了一篇稿子，已经征得他同意发表在《山东大学中文学报》。我们的博士生有两篇 C 刊文章就可以毕业，可是你出去求职的时候，你没有七八篇文章，根本找不到好学校。如果你有两篇 C 刊，再有发表在类似于《山东大学中文学报》这样的刊物上的文章若干篇，这就比较理想了。所以我们要创办《山东大学中文学报》。在每一期的封面上，我们都要印上“冯陆高萧”这些老先生，以此展示山大中文的辉煌历史。这不仅是为了彰显历史的辉煌，更是为了让青年一代知道他们的榜样是谁。

另外，资料室准备做改造。我们要把它改造成学生的自修室，把我们的资料都摆到面上，不要再放在书库里了。不要害怕丢书，阅览室的四面墙都应该是书，你想看哪本就看哪本。如果座位不够就排队，今天接受 40 个人，40 个人满了就不接受了。有一些老师，像张可礼老师经常到资料室来，于是我们就要设置教授专座。我们要搞活我们的资料室。如果以后学校图书馆还要收我们的书，我们一本都不能交，我们这些书是中文系的老师要用的。实际情况是，如果备课需要十本书，大概有四本书只有文学院有，另外六本书学校有。这是一个规律。学校图书馆的采购根本顾不上这么多专业方向，我们必须要继续采购我们中文系所需要的书，不能放弃资料室的建设。文学院的根基很厚，学术传统、治学的精神都在。我们的学生很用功。山东大学文学院学生出去之后，无论是来自复旦大学还是北京大学的反映，都承认我们的学生用功，而且他们的后劲非常大。过两天 85 级的研究生还要回来。1985 年文学院只招了二十几个研究生，古籍所招了十个人。他们要回来看望，是他们自发的。我看这一届好像有三位长江学者，还有一位是杭州师范大学的校长，还有两三位是副校长，我们也是很不错的。山东大学文学院，只要方向对，肯定是要继续往前进的，绝对不会往后退。在这个问题上我们要有足够的信心，同时也希望老师们对学院各学科的发展多提意见。

最近和学校的资产部一再协商，马上就要在四楼建最好的语言实验室。因为新闻要搬到更好的地方去。学校规定四楼必须用于本科教学实验，因此我们准备建设语言科学实验室。学校大概能批准 70 多万元，院里再配 70 多万元，先搞一期工程，总体工程大概需要 400 万元以上。我们要争取在 2 到 3 年建成一个在国内不落后的语言科学实验室。现在我们在这个方面紧缺先进的老师，我们有老师，但是不够多，刘娟老师很着急，所以赶紧要进人。我说眼下先盖庙，盖了庙再招和尚，因为进人频率是一年一次，由不得咱们。所以要抓紧时间建设实验室，这些都是为文学院挣分、挣名誉的事。更重要的是什么呢？是为咱们培养学生提供一些条件。我们的图书馆，我们的资料室，我们的语言实验室，再加上我们好的老师，本来就有的最好的学生，我们还愁上不去吗？

最近陆续起草了大大小小很多章程，目的是什么呢？就是要削弱个人对公务的干扰。有法依法，无法立法。这就是今后的方向。而这个法必须得到大家同意，如果大家不同意，这个法就要修改，再不同意就要取消，避免个人的表态，大家都要照章程来。所谓民主集中制，首先要民主，当然也不能不集中。民主的时候，如果三个人意见都不一致怎么办？总得有人拍板，拍板的单位就是党政联席会议。文学院以后不再开任何别的办公会，所有的会都是党政联席会议，而党政联席会议主持人就是党委书记张帅同志。所有的会议都在党政联席会议上，所有的财政问题，进人问题，本科生的问题，博士生、硕士生的问题，以及你要出书、上项目，你要花钱，要推选人才，要办学术会议等等问题，一律都由党政联席会议来经办。不要再让老师们去跑会、跑报销，再去受气。院里要多做这种服务的工作，要多做有风险、要承担责任的事情。如果这个雷区踏不了，那个雷区不能踏，只好不作为了。必须要积极行动。这是第一点。

第二点必须得找准方向。方向在哪里呢？政治方向，有习主席的讲话。学术方向还要看在座的各位老师，老马识途啊，所以老师们要用各种各样的方式提出建议。这些建议也许不被吸收，但是一定会拿到党政联席会议上去讨论。这位老师提了这么一个意见，眼下能办还是不能办，能办就要快办，能今天办就不能拖到明天。只要盯准了是好事，今天做就比明天做强。这是基本原则。所以最近我频繁地立章程，叫他们几位修改，估计几位副院长也烦了。但是我们过了这个坎，踏上了平坦的道路之后，大家不就都逍遥了吗？所以一定要立这些章程，碰见什么问题就先考虑是否有章程，如果没有章程，就赶紧立章程。这是我们眼下的考虑。

不过今天我们更希望听听老师们指导性的意见。如果老师们有意见，但在集体的场合不想表达，那么请老师们写个纸条，写上建议做什么事情，或者认为做哪件事情不妥、应该纠正，这些都是我们最宝贵的东西。我们做国家项目时也征求人家的意见，出了书以后也送给人家看，最难忘的意见都是批评意见。如果某位老师只给你表扬，那么若干年后你可能都忘了曾经给这位老师送过书。只有这位老师说你这个书还有问题，你能记住，甚至有的老师说你这个项目没有意义，这就是你最能记住的。我做《十三经注疏汇校》项目的时候，有两位知名学者，一位来自北大，一位来自清华，他们当面告诉我说我的项目没有意义，而且这两位都是我特别熟悉的老师。我回来必须得考虑这两位老师为什么要说我的项目没有意义呢？他们有没有自己的功利心呢？不存在。既然不存在，必然是真心话，必然有其合理性。到底哪里没有用呢？你要考虑清楚，讨论清楚，你接下来就不会走弯路了。这类话很难听，你听了以后也不舒坦，但是这是最有价值的意见。所以老师们有什么样的建议都可以说出来。我想各位老师对于山东大学中文系的爱护，就像爱护自己的小孩子一样，看到它有问题的时候，心中的着急甚至于表现为失望。一位爱护我的老师跟我说中文系不值得去，不值得去花工夫，你用不着去趟这汪浑水。其实我自己也没有想着来。确定让我来这件事，学校始终不和我说，征求了两三轮意见之后，最后才和我摊牌说，让我去文学院。问我是怎么考虑的。我说我服从党的安排。其他院有向学校明确表示不干的，但他们都没达到目的。党委问他，你是不是党员？你是哪年入的党？不知道个人服从组织吗？这就把他问住了。所以所有的人在这个问题上都服从了学校，没有一个人打退堂鼓成功的。我们程相占教授就是打退堂鼓的人，他也没成功。所以我当时应该算是识时务者，我的表态还是非常好的一个表态。现在的干部制度变了，所以要服从安排。服从安排后，如果还在这个地方应付，不做事，就是欺骗党，欺骗学校领导，欺骗院里的老师。如果你做事做错了，走错了方向，你这个损失更是无法挽回的。如果在战争年代的话，可能会造成全军覆没，你能承担得起吗？所以我们第一要大步走，第二要认清方向。只有这样，才能对得住这样一次机会，对得住上面对我们的信任。

张帅书记作为党委书记，十九大以来，角色的转变也是再清楚不过的。图书馆赵馆长来找我的时候，我就和他说先要抓党的建设，先要让图书馆的党员统一认识，然后再推广你的政策。以前说“阶级斗争一抓就灵”，现在应该这么说：党的建设一抓就灵。这是我真心实意的体会，并且我认为这的确是一个好办法。但是我们抓党建干什么呢？还是为了教好书，培养好学生，搞好科研。这是个核心问题，是党让我们做的事，这不能忘记。党的建设不能停留在理论建设阶段，而要付诸实践。我最近这一个月来，睡觉的时候还在考虑文学院的章程，我以前从未有过这样的状态。以前我都是十二点睡觉，一觉醒来七点钟，我现在基本上是五点多就醒了，就在我快要醒来的那个朦胧状态中，我脑中在想那些章程的条款是否合理。我希望在很短的一届中把想做的事做好。

最近，我们也把中文学科的学术刊物做了清理。我们讨论了除了《中国社会科学》之外，究竟哪一些是一等学术刊物。我们明确了《文学评论》和《中国语文》是中文学科的两个老大，但学校的目录上在中文学科权威刊物中只有《文学评论》，却没有《中国语文》，这是绝对不公正的，可我在学校的会议上拍了桌子也不管用。学校内不管用的在文学院范围之内就要管用。我跟王琪珑副校长到清华大学、人民大学去考察。清华不存在学校的重点刊物目录，都是各学院自己定目录，哪些杂志重要是教授说了算，这才是正确路线。我们考察的是老师的文章，为什么老师说的不算？让懂学问的人来把握学问，这才是正确的路线。现在我们山大文学院的中文学科刊物目录已经定好，下一步马上就要交给学术委员会修改，修改完之后请所有老师提意见修改，最后投票通过方案。一旦投票通过，年底马上就可以按这个来算分，只要是本院能说了算的，一律按这个目录来。同时送学校领导备案，因为这是中文学科全体老师投票通过生效了的。但评职晋级到了学校就按学校的目录来，一切和上级不吻合的就以上级为准。这是我们的组织纪律、组织制度，我们只能这么办。我们要把问题理清楚，什么东西重要，由老师们说了算。方向往哪儿走也由老师说了算。但是这需要承担责任，需要跑腿，需要组织，需要去做各种各样的杂务，这都由院里来做。大家要沉下心来去做教学科研，有什么事情交到张帅书记这里来，一个星期之内一定要上会，紧急的事情，甚至不开会也要马上统一意见、马上办。

以上都是现在还不太成型的关于咱们文学院的一些基本想法。这些想法还没有跟在职老师汇报，就先跟我们退休的老先生汇报了。今天来的老师基本都是我的老师。我没有私利可谋，我也不会谋私利。温儒敏老师给我来了一封长信，附上了他跟樊丽明校长的信，信中对咱们的弱点看得一清二楚。我给他回了一封很长的信，告诉他我们的设想。温老师很满意。同时我把这封信转给校长和书记。郭新立书记作了批示，表示对我们满意，对我们有信心。我想这也就是说对我们的设想，学校方面是同意的，是支持的。我们还编了一种《山东大学中文学科动态》，为什么要搞这个《动态》呢？因为我们把它挂在网上，不是所有老师都看，校领导会上网，但不一定会登陆文学院的网站。我们有了这个《动态》，就可以放在校领导的桌上，他翻翻就知道我们在干什么，就像我们今天给所有退休的老师一人发了一本，就不用挨个向老师们去汇报了。老师们看到这个《动态》有什么意见，直接找一把手党委书记张帅同志就可以。我们绝对不会没有反应。这样这个路线就短平快了。办公会议讨论的内容必须如实地写在上面，大事情有长篇的报道，小事情后面有“学科纪事”专栏，每件事两三行。将会成为本届文学院党政联席会议所有工作的实录。所有的事情都有时间、地点、人物、事件这四要素。将来要写总结，要上报材料，拿着一本《动态》就够了。设想在这里，检查在这里，结果也在这里。它就像甲骨文一样，占卜的内容在上面，事后的验辞也在上面。所以这就是“实录”。

我给老师们就汇报这些。给老师们鞠躬。

（2018 年 6 月 7 日在山东大学文学院退休教师座谈会上的讲话。叶子淇据录音整理。经杜泽逊审订。）

以质量为核心，才是我们的光明大道

各位老师好！

2018 年 4 月下旬山大文学院党政领导班子换届调整，我奉命从儒学院副院长调任文学院院长、党委副书记。4 月 20 日山大党委副书记李建军同志代表学校来文学院宣布学校任命，紧接着召开了文学院第一次新班子会议。在这次会议上，我提议文学院办公会的形式为“党政联席会议”，会议主持人是新任党委书记张帅同志。这一提议在班子会议上通过，成为我校较早明确中层办公会议形式为党政联席会议的单位。后来学校党委决定，各中层单位办公会议都用党政联席会议的形式。就我个人的体会来说，党政联席会议是集体决策、党政班子团结一致做好文学院工作的重要制度安排，经过八个月的实践，这一制度行之有效，当然要继续坚持下去。

党政联席会议的第一个任务也是最重要的任务，是明确思路，明确工作的方向。总的看来，这个方向就是贯彻《十九大报告》（46

页）明确的我国大学办学方向："加快一流大学和一流学科建设，实现高等教育内涵式发展。"山东大学第十四次党代会报告，进一步就如何把山东大学建设为世界一流大学明确了方略。文学院作为山东大学学科高峰计划重点建设的三个优势学科之一，理应在双一流建设中当排头兵。既然要当排头兵，就不能观望，不能等人家做了我们再跟进，而应当根据中文学科发展的规律，从山大文学院和山大中文学科的实际情况出发，实事求是地制订发展方向，尤其是要明确长远任务和当前具体任务。

山大中文学科的实际情况是什么呢？历史积淀深厚，有自己的学术传统，有自己的学术优势，有自己的学术特色。从学术渊源上看，我们列举二十世纪五六十年代代表性学者如下：

冯沅君，河南唐河人（南阳），北京女高师毕业，北大文科研究所研究生毕业。

陆侃如，江苏南通人，清华大学国学研究院毕业，师从梁启超、王国维。

高亨，吉林长春人，清华大学国学研究院毕业，师从王国维。

萧涤非，江西临川人，清华大学国学研究院毕业，师从黄节。

黄孝纾，福建闽侯人（福州），汉八旗，无大学学历，家学。

殷孟伦，四川郫县人（成都），中央大学毕业，师从黄侃。

殷焕先，江苏陆合人（南京），中央大学毕业，北大文科研究所研究生毕业，师从唐兰、罗常培。

吕荧，安徽天长人（滁州），毕业于北京大学。

我们可以发现，山大的第二次辉煌，这些名师，都不是山东人。从学历上看他们主要出身于清华、北大，还有中央大学。也就是说，学者来自五湖四海，学历是顶尖大学，老师大都是名师。这个令人仰望的学者群体不是山大自己培养的人才构成的。因此我们也不应该固守下一代、下两代学者应当由山大自己来培养，如果不是山大培养的就认为某某先生这一脉断了，不应该。当然我们也不必一定要切断自己的学脉。我们应当继承、发扬老一辈学者的传统，五湖四海，唯才是举，唯才是用。山大的优秀毕业生我们要设法留住，其他各大学的优秀毕业生也要努力请进来。保持人才来源的多元性是保持学术优势的重要因素。把山大学脉理解为山大老师师徒相传，就过于狭隘了。有的名校一个名师带出了一群学术明星，那是特殊年代的特异现象，再往后传一两代，如果不搞学者来源多样化，其结果可以预见，只能下滑。

从 2018 年 4 月下旬换届以来，我所思考的山大文学院学科建设问题，这是一个方面。因为学科建设的核心问题是人才队伍问题，人才队伍的构成又是整体实力的重要因素，而这个构成问题，往往被忽视，认为有了一定数量的人就可以上去了。这是表面的考虑，经不起历史考验。山东大学文学院在近三四十年的发展历程，是值得思考和回顾的。我们现在吃冯、陆、高、萧的老本，吃冯、陆、高、萧下面第一代学生的老本，我们的下一代就要吃我们这一代的老本，我们要有这个自觉性。作为第三代或者第四代，我们能创造什么样的业绩呢？这个后人会去评价，现在不好评价。总之，我们要进人，要加快速度进人，但要看看冯、陆、高、萧这一代的人才队伍结构，从中汲取进人的经验。既然要从山大文学院的实际情况出发，我们对实际情况就要有个实事求是的认识。

第二个是科研。要高水平、高产量。从历史上看，最好是高水平、高产量同时具备。次之则是高水平、低产量。再次之是高产量、低水平。我们现在的政策当然有利于高水平、高产量，这个无可置疑。再次则有利于低水平、高产量。最不利于高水平、低产量。大家知道，高水平、高产量大体不是常态，也就是不多见。一个学科的地位应当由两种人奠定，一是高水平、高产量的人，二是高水平、低产量的人。在某种意义上讲，高水平、低产量才是学术研究的常态。我们制定政策应当重点考虑高水平、低产量这个群体。中国有句老话“众志成城”，高水平、低产量的学术群体可以堆出最高的山峰，而低水平、高产量只能堆出最低的山峰。我们的政策显然有偏差，那就是对低水平、高产量的人更有利。山大文学院在克服这个政策制约方面还没有想出有效办法。我们文学院自己在近半年设立了一批科研项目，几十项，有培育国家和山东省重大、重点项目的愿望，却没有培育高水平长线项目的明确表述。我们应当对那些进展较好的项目持续扶持，不以该项目是否成为国家项目为依据。如何设计这种扎扎实实的政策？还要去努力探索。我们制定了对退休教授科研工作进行扶持的政策，党政联席会议通过了，就要实施了，中心目的在于培养长线项目，退休前干不完，退休后接着干，直到成功为止。

我们还制订了每年评选优秀成果的办法，也是为了对量化制度、名堂制度进行纠偏，把那些优秀成果选出来，那就是求其学术质量。我们对本科生增开了32门原典课，这固然是对学生培养的一种加固根柢的措施，但是教学相长，这又何尝不是对我们教师队伍的一种学术培养呢？一个文学院，有32个教师在潜心研究原典，这样的文学院，应当是有底气的文学院。原典研究透了，到哪里也不怕，到哪里也可以挺直腰杆。认清学术方向，以质量为第一，以质量为核心，才是我们的光明大道。我们的政策就是要把我们的队伍带到这个大道上来，达成共识，共同进步。

我们要大张旗鼓地反对形式主义，大张旗鼓地反对表面文章，大张旗鼓地反对唯指标论，坚决维护学术研究的科学精神，真正领会《十九大报告》所倡导的“内涵式发展”的精神实质，努力让我们的科研教学工作走上健康的发展道路。

（原题《杜泽逊同志2018年述职报告》。2019年1月8日起草，1月10日在文学院大会宣读。）

人文学科也需要学术团队

尊敬的郭书记，各位领导、各位同事：

我非常赞成“强院兴校”这个战略安排。我理解，“兴校”，相当于建设一流大学，“强院”，相当于建设一流学科，所以“强院兴校”和《十九大报告》提出的“双一流”建设是一致的。那么怎样强院，我理解强院的抓手是学科建设，而学科建设的核心是人才队伍建设。人才队伍建设除了培育人才、引进人才之外，还有一个课题，就是凝练队伍、凝练学术方向。

在人文学科，在中外历史上，都比较强调出思想。出思想当然也是习主席在哲学社会科学工作座谈会上的讲话中提出的任务。但是在学术界有一种说法，那就是大多数思想是由一个伟大的思想家建立的。这就对人文学科组织团队带来了理论和方法上的不确定性。但是我们也要看到另一面，历史上的学派也不少，著名的儒家学派，虽然是孔子创立了这个学派，但在历史上，却诞生了孔门十哲、七十二达人，还诞生了董仲舒、朱熹、王阳明这样的儒家学派的巨匠。清朝有个乾嘉学派，民国期间有“章黄学派”、“古史辨派”，对20世纪的人文学科影响巨大，所以组织团队也是有历史根据的。

与此同时，我们还要考虑在今天人文学科面临的新情况，国际化、信息化。在新形势下，由一个团队建构新的思想体系的可能性显然加大了。我们山东大学人文学科有“文史见长”的说法，在古代文学学科有“冯陆高萧”四位大师级学者，这样的描述也是群体性的，而非个体性的。所以对凝练团队，我们要从思想上突破传统思维模式，解放思想。就山东大学中文学科来说，它是一个A类学科，大概排名第五，我们怎样做大做强呢？我认为几乎可以肯定地说，凝练团队是胜出的唯一出路。

最近，学校制定了一个人文社科学术创新团队的文件，计划搞十个重点创新团队，我觉得对文科很重要。我们理解，这个创新团队，不能从二级学科考虑，中文学科的二级学科有八个，所以团队要破一破二级学科这个界线。同时，山大的中文学科力量不仅仅在文学院，文学院有个文艺美学基地，文学院之外，研究中国文学的力量还存在于儒学高等研究院、国际教育学院、威海校区文化传播学院、青岛校区人文社科研究院。因此，学院这个层面也要稍微动一动。

根据学校的布置精神，我们做了一个功课，把中文学科研究文学的力量联合起来，共同做一个实实在在的课题，把从商朝的甲骨文直到当代2020年，这三千年的中国文学的传统，做一个集体的研究，来回答《十九大报告》提出的一个命题，那就是中国共产党从来都是中华优秀传统文化的继承者和弘扬者，中华优秀传统文化是新时代社会主义新文化建设的活水源头，来从文学的角度回答国家的这个命题。

我们研究中国文化存在两个节点，一个是辛亥革命到五四运动，这个节点的标志是反帝反封建。五四以后的文化叫新文化，那么五四以前的就是旧文化。第二个节点是1949年中华人民共和国成立，推翻了三座大山，建设社会主义新文化。如何打通这些环节，让中国文化从盘古开天到新时代文化这个血脉打通它，把五四运动、1949年这两个节点定位为优秀传统文化的创造性转化、创新性发展。把这个从理论上已明确的结论，落实到具体的研究中。我们负责落实三千年中华文学传统血脉打通这个任务。我们集体写一部大书，叫《中华三千年文学通史》。我们已初步组织了一校三地的团队，骨干成员共34人，骨干成员至少是山东大学“未来计划青年学者”，带头的国家级人才有4个。撰写《三千年文学通史》的工作，在国内才刚刚起步，我们用两年时间完成写作任务，再用三年开展更深入的专题研究，这样五年建设期，我们这支中国文学研究团队的前沿地位就巩固下来了。相信这对打造山大学派可以构成一个分枝。这个团队提升计划近期完善一下就提交人文社科研究院，希望得到学校的大力支持，达成与兄弟单位的大力合作。谢谢!

（2020 年 3 月 25 日在山东大学“强院兴校”视频座谈会上的发言。）

如何使我们的研究生走上专家之路

各位领导，各位同事，各位同学：

今天召开的研究生工作大会，意义重大。研究生，是一个人步入专业道路的关键一步。既然是研究生，就不能再限于老师上课，学生考出好成绩这样的模式。研究生应当全力以赴，学习从事专业研究的方法，领会专业研究的精神实质。

一个社会，一个国家，乃至全人类，它的发展都是靠文化引领，思想引领，科技引领。

人类要向何方去，才是理想的境界？这永远是最高的哲学问题，也是最高的科研课题。这个问题不清楚，那么先进的科技手段也许会毁掉人类的幸福。这种惨痛教训不是没有先例。马克思主义认为人类的理想社会是共产主义。我们的先哲孔子曾说过："大道之行也，天下为公。"这就是一种对未来的理想。树立了理想，就可以为理想而努力，就有了努力的方向。什么是好的，什么是不好的，就有了一个基本的标准。例如为人类的美好理想而贡献，就会受到社会的尊敬。反之，自私自利就得不到尊敬。我们的校训“为天下储人材，为国家图富强”，强调了“天下”“国家”，这也是一种大方向。这个可以归到思想引领、文化引领方面去。

要实现理想，建设美好的社会，我们需要的当然是人才，是建设者。这个人才，首先要有远大理想，高尚品德，然后就要有学术水平，在思想上，在文化上，在文学上，在科学技术上，能够走在前列。《西游记》给一代又一代的读者带来了美的享受，同时也是表扬善良、勇敢、正义，批判邪恶、懦弱、自私的好教材。我们今天就十分需要能够创作出像《西游记》那样具有文化引领意义的文学作品的作家。据说我们的祖先仓颉创造了汉字，秦始皇统一了文字，使全国各地，无论方言土语差别多大，都能看懂一种统一的文字。统一的文字使政令可以传达到全国的各个角落，为国家的统一创造了重要条件。北京大学教授王选发明了汉字激光照排系统，让印刷业“告别铅与火，跨入光与电”，被尊为当代毕昇。这些改变人类命运的巨匠，我们今天尤为需要。这些文学家、科学家，在今天人才培养的体制下，绝大部分是从研究生这个关口走出来的。研究生是我国文化引领、科技引领的关键环节。那么，如何使我们的研究生走上专家之路?

我的体会，导师带领研究生搞科研，是今天研究生成为专业人才的主要途径。我本人 1985 年大学毕业，考上山东大学古籍所研究生，毕业后留校，古籍所安排我给王绍曾先生当助手。那时王先生75岁了，可是承担的项目不少于十项，同时进行。如何进行呢？实际上组了多个小团队，最少是二人合作，也有的多人合作。我与王绍曾先生合作的项目是《渔洋读书记》，山东省古籍整理规划项目，完成后由青岛出版社出版。实际上是我和我爱人共同完成，王先生是项目的负责人、设计者、指导者。这算三人合作。我同时参加王绍曾先生主持的国务院古籍规划项目《清史稿艺文志拾遗》，这个项目大，历时多年，完成后由中华书局出版，获得教育部一等奖，是我校人文学科为数不多的若干个一等奖之一。参加的成员十几位，天天坐班，在这个过程中我掌握了古籍目录学、版本学。

1994年，我又参加季羡林先生主持的国务院重大项目《四库全书存目丛书》编纂工作。这个项目由多个单位合作，经过了四年时间，我担任总编室主任。项目成果1200册，获得第一届霍英东贡献奖。

我自己主持的国家项目，有2004年承担的国家清史项目的两个主体工程项目，《清人著述总目》《清史典籍志》，成果即将出版。2012年我主持承担山东大学儒学高等研究院重大项目《十三经注疏汇校》。这个项目规模很大，在中国传统文化方面具有重大意义。“十三经”中的“五经正义”部分，成为国家社科基金重大项目。国家项目还有《日本藏中国古籍总目》。山东省重大文化工程，我参与主持的有《山东文献集成》。

我主持的这些重大项目，都学习我的老师王绍曾先生，主要与自己的学生合作。从2004年到现在，16年间，我的学生以及其他老师的研究生，参加我的课题组，一起坐班，已经数不清了，总有一百多位。这当中有不少已经是教授、副教授、出版家、图书馆古籍专家，成为顶梁柱、知名学者。从历届获得奖励和荣誉来看，我的团队成员有明显的优势。在集体项目中，项目主持人可以切实指导研究生的科研活动，把书本知识、课堂知识落实到科研实践中去。同时，团队成员朝夕相处，切磋琢磨，形成了一种像熔炉一样的氛围，在这个熔炉中，每个成员的成长速度都大大加快。在实际参加科研项目中，他们掌握了学术前沿动态、最先进的学术理念、学术方法，还培养了团队精神，认识到团队的巨大能力，发现了集体合作的规律，在毕业后的成才道路上，成长更快。

所以，科技引领的前提是思想引领、文化引领，三者凝聚在一起，就能培养出大人才、大专家。只有把国家、把人类进步事业放在首位的专家，才是大专家。不参加集体项目，不参加国家项目，要培养大专家，几乎不可能。这是我的一点体会，供大家参考。

（2020年5月5日夜起草。14日在山东大学学位与研究生教育工作会议上发言。）

我对中国文化“宽厚仁慈、顾全大局”的认识

各位老师，各位同事，下午好！

今天这个文学院全体教工会议有点特殊性。本来作为新学期开学见面会，很正常，可是上个学期没有开见面会，原因是众所周知的，爆发了空前的传染病“新冠肺炎”。半年多来，防疫成为国家头等大事，也几乎是全世界的头等大事。大家看到了，中国是疫情迅速流行的第一个国家，由于中国是第一个大规模爆发点，所以缺乏足够的经验。现在回过头来看，这个疫情影响到人民的生命安全，绝不是某些人认为的某种感冒。我们还看到，至今无药可治，这显然是可怕的瘟疫。这种情况在历史上发生过，在欧洲，整个村庄一人不剩，比比皆是。天灾人祸，这当然属于天灾。但天灾是不是会演变成人祸呢？完全可能，而且要阻止它演变成人祸，是困难的。我们看到，许多地方没有有效地阻止它演变成人祸，而我们中国，有效地阻止了这场天灾演变成人祸。既然无药可治，那么防疫就不可避免地要使用非医疗手段来控制。

如何才能有效控制呢？那就是一个公认的道理：“步调一致才能得胜利。”我们不去讨论政治问题，难道人民不希望控制疫情吗？难道人们不怕传上新冠肺炎吗？当有些人谈论自由和人权问题时，他自己又是如何对待防疫的呢？我们可以看到，没有一个政府不在努力防疫，只不过收效不同。既然都在努力防疫，目标又是一致的，那么谁的方法更有效，在保护国民生命安全方面做得更好，当然谁就是胜出者，就是优秀。在正常情况下，我们说中国的防疫是非常成功的，应当是一个事实。

在防疫过程中，文学院学生曹鑫源来信要我说几句话。2 月 10 日，我写了一封致学生曹鑫源的信，公开发在网上。我在那封信中说：“当此关键时期，诸生宜遵守国家规章，不可盲目行为。居家读书，关心国家人民之命运。宽慰长辈，辅导少年。勿信谣言，坚定信心。如此即为爱国，如此即为爱民。”后来我在和学生交流中多次表示：“管好你自己，就是帮国家的忙。”我在应中华书局邀请出版《治学之道与著述之道》这本演讲录时，在 2 月 26 日写的序言中表达了这样的心情：“值此抗疫救民之冬，深愧书生无用之言。”你有什么用呢？你到底有什么用呢？“百无一用是书生”，在防疫期间我感到真是这样。

我深切感受到中国人的宝贵品格：宽厚仁慈、顾全大局。我认为这是中国文化的基因。我待在家里不出门，国家给我工资，我可以网购，吃喝不愁。可是有很多人，一天不出去上班就没有收入，甚至倒贴钱，能不着急吗？可是大家都遵守纪律，不走动，不串门，不上街，不聚集。还是那句话：“管好你自己，就是帮国家的忙。”我们做到了。正是因为这样，我们这个学期才能正常开学，我们今天才可以在这里见面。没有恐惧，从容祥和。什么东西最宝贵呢？我们的文化精神“宽厚仁慈、顾全大局”，是弥足珍贵的。这种精神的内核又是什么呢？是顾别人，也顾自己，是顾自己和顾别人相统一，把个人的得失和社会的得失融为一体。人与社会，人与自然，是自古以来永恒的话题。在这场抗疫中，我个人受到灵魂的冲洗，不得不去思考，并且似乎看到了一些东西，一些从书本上读不到，或者说即使读得到也读不明白的东西。关于疫情的思考，就汇报这些。不对的地方请老师们、同事们批评。

2020年1月份以来，我们文学院新入职的教师和行政图书资料人员共9位，张书记向大家介绍了。在这里我对9位新来山东大学工作的同事表示欢迎。同时也想向几位同事提点建议。一是把工作放在第一位，坚守教学科研和行政图书管理岗位，忠于职守，努力工作。二是团结友爱，搞好同事之间和师生之间的团结。三是作为教师的同事，要勤于读书，勤于写作。前两天赵生群先生给一位青年同志谈读书治学。他说他对《左传》反复读很多遍，去了注释专门读正文，不懂的地方再去查，做到精熟。我是自愧不如，我希望我们学习赵生群先生这种精神。同时要勤于写作，写论文，写著作，写日记，写札记，写随笔，作评点，作诗词，因地制宜，不拘一格，全面继承中外历史上的各种著述体式，把我们的聪明才智发挥出来。

这半年以来，我们几个同志在八楼编选设计了“冯陆高萧黄”五岳主题展览，已经挂出来了。我看到冯沅君先生的旧体诗稿；陆侃如先生在作家出版社再版《中国诗史》的时候全部重写的手稿一大摞；高亨先生著作多而大都是高难度。还有毛主席致高亨的信，只有几句话，却寓意深刻，文采斐然。萧涤非先生《汉魏六朝乐府文学史》出版后，他在字里行间密密麻麻做的订补；黄孝纾先生的《周礼》选注、《晋书》选注、《周秦金石文选评注》、《两汉金石文选评注》、《玉台新咏》选注、《欧阳永叔文》选注、《钱谦益文》选注、诗词骈文创作、书法、篆刻、绘画。看了这些，钦佩，仰慕。我这个年龄是来不及了，各位年轻老师富于春秋，如日东升，相信赶上或超过这些前辈，不仅是可能的，而且是必然的。各位老师同事有什么需要院里、学校里帮助的，或者我个人可以帮助的，请及时提出来。我和张帅书记，还有几位副院长、副书记、沈主任，都会努力帮助解决。我们有不到之处，一是请批评，二是请原谅。今天讲这些，谢谢大家！

（2020 年 9 月 17 日在文学院全体教工大会上的发言。孔妍文录入。经杜泽逊审订。）

附：防疫是国家大事——杜泽逊致研究生曹鑫源的信

鑫源足下：来示奉悉。防疫是国家大事，关系国家安全。什么是国家？蔡元培说："国家者，由独立之主权，临于一定之土地、人民，而制定法律以统治之者也。"又说："国为一家之大者，国人犹家人也。"一个国家的成立，有土地，有人民，有主权，有法律，有元首。国家的任务是保护自己的人民，人民赖国家保护而得以和平、安全、幸福地生活于世上。因此每个公民又要尽个人之能力维护自己的国家。国家安全危机常表现为领土受侵、资源流失之类，一望而可知者。不知更大的安全危机在人民之安全。人民之安全危机包括多个方面，又无过于人民之生命安全危机。生命安全危机来源多端，而无过于杀戮与疾病。疾病汹涌，国家则散药施粥以全活之。唯遇无特效之药而传染难控，则人民恐惧，逃避祸患，其移动甚于平日，而疫病因之蔓延不可救矣。人民不保，其国家之安全何得而言乎！当前，我国发生的非典型冠状病毒感染肺炎，其产生之怪异，流播之迅速，危害生命，猝不及防，国人恐怖，一时失措。当此危难之冬，国家领导习近平同志，采取断然决定，以防疫为国家第一要务。举国动员，指挥若定。首兴医院，救治病人。次定民心，就地坚壁。复调物资，供给医院，保证民生。医疗队集合于武汉，专家组制定方案。临危不惧，力挽狂澜。疫情蔓延得到有效控制，人民罹患分级予以治疗。国家能力之强大，国民凝聚之紧密，古今所罕见，举世所公认。有此国家，有此人民，何惧之有！中国防疫之胜利，指日可待。当此关键时期，诸生宜遵守国家规章，不可盲目行为。居家读书，关心国家人民之命运。宽慰长辈，辅导少年。勿信谣言，坚定信心。如此即为爱国，如此即为爱民。专此奉覆，即颂文安。杜泽逊顿首。2020.2.10.

规划看十年以后，实施争一日之功

尊敬的黄万华先生、唐子恒先生、刘传勇院长，各位老师，下午好！

今天文学院召开青年教师培训会，很及时。今年新入职的青年老师，加上去年、前年入职的青年老师，都算是刚刚走上工作岗位的老师。对青年老师进行培训，培训什么？我看不外乎三个方面：一是教学工作培训，二是科研工作培训，三是理想和道德培训。

在教学方面，我们都希望自己成为一个受学生欢迎的好老师。什么是优秀老师呢？第一学问大，第二备课细，第三授课方案具有技巧，第四口才好，第五爱护学生。所谓学问大，指专业基础雄厚。据老一辈说，殷孟伦先生、殷焕先先生、蒋维崧先生都是博闻强识的模范。除了专业基础雄厚，还要有独到见解，这方面高亨先生的《诗经》研究、《周易》研究，萧涤非先生的杜甫研究都广为流传。无论本科生还是研究生的课，都要在讲清楚基础知识、基础理论的同时，发表独到的见解，否则只能照本宣科。所谓备课细，是指材料全面而准确。冯沅君先生的备课本上生僻字都注了拼音，童书业先生上课之前对着镜子讲，周来祥先生上课前反复看讲义，都是备课细的实例。这样细致的、可靠的、有真知灼见的讲义，当然会成为优秀教材。所谓授课方案有技巧，是指一个专题先讲什么？后讲什么？例子如何安排？课件选择什么图片？如何图文并茂？如何把课件 PPT 与口头讲述、现场板书相结合？有的老师课件很充实，上课就是念课件，丝毫没有技巧。还有的老师上课让学生讲，有个大学的学生告诉我："老师只等说'下课'。"这不仅是没有技巧，简直是以教学方法改进为名，掩盖其不学无术、偷工减料之实。所谓口才好，是说语言准确、优美、生动。同样的内容，不同的人说出来不一样，这就是语言的伟大，也构成每个人的语言风格。除了语言，还有辅助表达的表情、手势、语调等。这种讲课效果，固然有个人的自然优势。但熟能生巧，如果对内容高度熟悉，表达起来肯定得心应手，所以课上的效果与课下的功夫密不可分。所谓爱护学生，是一种美德。教书育人，有人把教书和育人分开，把育人理解为德育教育，认为是政治课、思品课的任务，但实际情况却不尽如此。教书即育人，育人寓于教书之中。老师的高尚人格、严谨学风在什么时候表现出来呢？在教学之中，在指导学生论文之中，在关心学生的生活和读书当中。所以教书即育人，爱护学生是当一个好老师的重要条件。

在科研方面，我建议青年老师做一个十年规划。十年完成一项具有重要历史意义的学术研究，形成一部分量较大的学术专著。这样做并不吃亏。有人说我的成果周期长，成果出不来，所以眼前吃亏，评职晋级都没有抓手。其实，长线项目都会不断产生阶段性成果，在长线项目进程中，会不断有新的发现、新的见解形成论文。这样很划算，既经营了名山事业，也有了眼前成果。2018 年 6 月份，我来文学院不久，有一次在食堂吃饭，考虑学院的发展，拟了一副对联："规划看十年以后，实施争一日之功。"徐超老师看了，说对联很工。这副对联可以作为一个参考。十年规划，老实说时间不长，转眼就到，所以应当马上开始做。有的人喜欢坐而论道，不能马上下手，这不是好的风气。一定要抓紧时间，能今天做不要等到明天。各位青年，一切才刚刚开始，应当珍惜每一分钟。岳飞词说"莫等闲白了少年头"，什么是"等闲"呢？我们看张相的《诗词曲语词汇释》，"等闲"就是随便。随随便便，不当回事，你的头发从少年变成老年白发。这个过程你是不珍惜的，很随便地就度过了青春年华，一无所成。所以我们在制订十年计划以后，应当马上付诸实施，扎扎实实去做，这就是下一联"实施争一日之功"。大家知道，教学、科研是两件事，也是一件事。科研是自我学习，教学是带着学生学习，老师在前头学，学生在后头跟着学，一不小心，学生就超过来了。弟子不必不如师，师不必贤于弟子，我们应当有这个自觉性，有这个紧迫感。

所谓理想和道德教育，我考虑是人生境界培养。人来到世上，有人给你吃，有人给你穿，保护你的安全，给你疼爱，还要教你说话，教你走路，教你知识，教你技能。你究竟带来了什么呢？什么也没带来。一个人，受惠于父母，受惠于家庭，受惠于老师，受惠于国家，哪有不靠别人就能生存的呢？父母苦干苦熬，熬到你博士毕业，需要近30年时间，你终于可以独立了，自食其力了，父母也老了。所以，人如果不知道感恩，那与动物有什么两样呢？回报父母，回报家庭，回报老师，回报国家，是天经地义的、无条件的，是义务和本分。你不知道回报，天诛地灭。那么我们是不是心里装着对家庭和社会的回报意识呢？有的人被称为精致的利己主义者，不坑人不害人，就是不能让别人沾自己一点光，所有的努力都在为自己打算。这样的人多了，家还是家吗？国还是国吗？人的社会属性，人是社会关系的总和，一个人并不仅仅属于他自己，这是我们应当掌握的明明白白的道理。所以真正受人尊敬的人，是那些能顾好自己、顾好家庭，又能对社会对国家做出一定贡献的人。不会关心别人的人，别人也不会关心你；不会尊敬别人的人，别人也不会尊敬你。我希望我们的青年教师，能够成为对个人、家庭、社会、国家都有贡献的人，成为胸怀博大、积极向上的人。以前背诵毛主席的《纪念白求恩》："一个纯粹的人，一个高尚的人，一个脱离了低级趣味的人，一个有益于人民的人。"似懂而非懂，尤其是"纯粹的人"，不理解。经过几十年的生活和工作，似乎懂了一些。如果我们的老师都能成为这样的人，那么谁还会写应景的文章，谁还会写连自己都不看的书；我们的学生，何愁不成为最好的学生；我们的学校，何愁不成为一流大学呢？今天和大家交流这些，不当之处请大家批评。

（2020年10月24日于济南五峰山宾馆，在山东大学文学院青年教师培训会上的发言。）

叁　会议发言及访谈

书生本色

尊敬的曾繁仁老师，樊校长，尊敬的各位专家，老师们，朋友们，同学们：

上午好！

今天我们召开这个学术研讨会，用这种方式祝贺我们尊敬的老师、尊敬的老校长曾繁仁先生八十岁生日，这种高雅的方式，我感觉非常好。曾老师在教育界当了各个级别的官。我在 20 世纪 80 年代初在山大中文系上大学，曾老师讲过西方美学。曾老师后来当了教务长，曾经给我们做过一次报告，在公教楼（现在叫董明珠楼）108 大教室，我记得曾老师说，在阿波罗神庙前有句话，叫“认识你自己”。我一直记着，并且认为是至理名言，终生受用。曾老师当了那么多官，可是本色没有变，这个本色是什么呢？书生本色。书生本色有什么特征呢？表现在价值观上，书生的价值观那就是视学问为第一，认为学术成就才是立身之本。《左传》上说，人生三不朽，太上有立德，其次有立功，其次有立言。学问，著书立说，属于第三个不朽，看来古人没有以学问为第一，但是从曾老师身上看，在大学里当过党委书记，当过校长，在立功方面在书生当中也算一等功了。至于最高级的立德，曾老师治学的境界，曾老师的仁爱之心，提携青年不遗余力。孔子说："有教无类。"培养学生不问身份高低，不分聪明愚笨，曾老师作为孔子高足弟子曾子的后裔，在太上有立德这个最高层次上，也可以说完全做到了。为什么我们要把曾老师当作榜样来学习呢？就是因为他是老师中的楷模。曾老师在从校长岗位上退下来之后，用智慧和勤奋，写出了大量优秀著作和论文，为学术研究，尤其是美学研究开辟了新天地。昨天我还在为学校计算文学院的分数而操心，向领导反映情况。这个领导就是在座的樊校长。今天面对曾老师，我感到惭愧。曾老师什么都有了，他孜孜不倦地从事学术研究，到底是为了什么呢？至少不再是为自己挣分了。他的学术贡献构成人类文明的积累性成果，这才是我们从事文化工作的真正目的。作为学生，我不是研究美学的，我认为真正要学习的是曾老师的境界。曾老师常说某某人不在状态，某某人在状态，他还夸奖过我在状态。我们可以说"状态"是一种境界的外象，也可以说是曾老师的"状态说"，应当学习。曾老师这种精神就是真正的"在状态"。曾老师说我"在状态"，只能理解为一种勉励，一种方向。人可以缺少金钱，可以缺少官位，但不能缺少精神，不能没有气节。曾老师在一些场合发言，肯说真话，这就是坚持真理的精神，就是一种宝贵的气节。我感觉我们要学习的是曾老师的这种状态，这和曾老师的丰富的学术论著一样，都是我们应当学习的。

我在前年4月奉命担任了文学院院长，已经一年零八个月了，这期间分散了大量科研的时间，我的内心可以说受到煎熬，经常有盼望早日到届的念头。可是看到曾老师期待的目光，我就打消了念头。这个话我没有给曾老师说过，也没有给樊校长说过，今天说出来也不算犯错误。但是我对照曾老师，有理由自我批评。能为培养过自己的山东大学中文系的老师和同学们尽尽力，有什么不好啊？我在今后的两年半不到的任期内，一定要克服自私自利的思想，全心全意为文学院、为山东大学去服务，去尽心尽力。前人栽树，后人乘凉。我要向曾老师学习，多做栽树这样的事。我代表文学院全体师生祝曾老师身体健康、生活愉快！祝各位师友一切顺利，前途无量。谢谢！

（2020年1月11日在“新时代文艺美学发展新趋势暨《曾繁仁文集》出版”学术研讨会上发言。孔妍文录入。经杜泽逊审订。）

中国文学的传统

尊敬的刘致福书记，各位同行、各位专家，老师们，朋友们：

大家上午好！

这次山东省古典文学学会换届选举会员代表大会，非常隆重，非常成功，完成了换届选举的任务，产生了新一届也就是第六届理事会、常务理事会，选出了会长、副会长、秘书长。从今天开始，山东省古典文学学会第六届理事会开始工作，开始为山东省古典文学界服务。这次代表大会是山东省文化教育和科学研究事业史上值得纪念的一次盛会，让我们为这次大会的圆满召开鼓掌庆祝！

这次会议是在山东省社会科学界联合会直接领导下，在山东省民政厅大力支持和指导下，在山东全省各单位同行和各级领导的通力合作下，在学会上届领导和换届选举委员会主席宫晓卫社长的主持下，得以顺利召开并圆满完成换届选举任务的。在这里，我们向各级领导、各位前辈、各位代表致以隆重的敬意！

在这里，我们要思考并回答这样三个问题：山东省古典文学学会是干什么的？应该干什么？怎样干？这是每个会员、每个代表、每个理事，尤其是会长、副会长、秘书长应当思考和回答的问题。

现在我把我的思考与各位交流一下，还形不成答案。

中国古典文学是中国文明、中国文化成就最辉煌的专业之一，硕果累累，支撑着文化大国、文明古国的大厦。它是我们在文化上骄傲自豪的资本，是取之不尽、用之不竭的精神源泉。当然它也是在新时代繁荣哲学社会科学的基本动力，是范本，是榜样。仰之弥高，钻之弥坚。我们作为中国古典文学的研究者，也是继续创造者，我们应该干什么，我们的使命是什么，这个问题的答案应该是明确的。

君子务本，本立而道生。无论干什么，都要抓住关键。抓住了关键，就可以纲举目张，执简驭繁，就可以事半功倍。中国古典文学的这个根本在哪里呢？历史早已给出了答案，那就是“文以载道”。周敦颐在《通书》里说：“文所以载道也。轮辕饰而人弗庸，徒饰也，况虚车乎？”一辆华丽的车，上面要坐着伟大的人物。反过来说，伟大的人物要坐在华丽的车上。为什么要坐伟大的人物呢？因为伟大的人物有伟大的大脑，伟大的大脑里装着全人类的理想和追求，而全人类的理想和追求正是人世间最大的道。

两千多年前，孔子和他的弟子们周游列国，来到一个地方叫匡，被人家误认为是阳虎抓起来了，面临很大的危险。在生死关头，孔子说出了这样的话："文王既没，文不在兹乎？天之将丧斯文也，后死者不得与于斯文也；天之未丧斯文也，匡人其如予何？"周文王不在世了，文不就在我这里吗？以周文王在文化上的继承者自居，所以孔子是以天下为己任的楷模，那辆华丽的大车应该让孔子来坐。可惜他非但坐不上华丽的大车，就连安稳的日子都过不上，常常是颠沛流离，惶惶不可终日。在这种艰难困苦之中，孔子心里想的却是天下大事，"大道之行也，天下为公"。所以周敦颐总结的是用华丽的形式表现崇高而伟大的思想。没有深刻的思想，再好的车也是无用的。我们曾经批判过把六朝骈文视为形式主义的文学史观，但是我们好好读读六朝骈文，其中固然不乏具有深刻思想的佳作，而思想肤浅、境界不高的东西却占据了较大比例。当时萧统主编《文选》，他就明确提出"事出于沉思，义归乎翰藻"，追求华美的形式和深刻的思想相结合，这也就是孔子提倡的"文质彬彬，然后君子"。如果是人，他就是完美的君子；如果是文学，他就是内容与形式完美结合得恰到好处的最佳境界。孔子是思想家、教育家，也是文学家，善于用形象的语言表达深刻的内容。子夏请教孔子："巧笑倩兮，美目盼兮，素以为绚兮。何谓也？"孔子曰："绘事后素。"师徒问答，都没有直接表达，而是形象表达。周敦颐用"轮辕饰而人弗庸"来表达只有华丽的载体而缺乏深刻的内容，这种表达手法与孔子师徒是一样的，那就是用文学的形式表达深刻的思想。

我们今天研究中国古典文学，首先应抓住中国文学这一传统。“白骨露于野，千里无鸡鸣”“朱门酒肉臭，路有冻死骨”“致君尧舜上，再使风俗淳”“先天下之忧而忧，后天下之乐而乐”。我们可以发现，中国文学的主要内容还是“治乱兴衰，悲欢离合”，而表现手法则是“巧笑倩兮，美目盼兮”。如何做到“文质彬彬”“文以载道”，既要让读者获得无以言表的美的享受，又在潜移默化中汲取高尚的精神营养，天衣无缝，自然和谐，这是我们应该用心用力去研究、去探索的，也是我们能不能把中国古典文学的精华继承下来并发扬光大的关键，是文化继承发展、民族命脉延续的千秋大业，是我们神圣的使命。我们今天扪心自问，我们的工作和我们的能力到底怎么样啊？老实讲都还有很大的距离。

那么应如何干呢？

我们首先要做的事情，是老老实实读书，读原典，读懂原典。读那些千锤百炼的文学经典，读懂、读深、读透。由点到线，由线到面，融会贯通。如果读过钱锺书先生的《管锥编》，你就知道读书与治学、治学与著书立说的关系了，也就知道如何揭示“文以载道”“文质彬彬”的内在规律了。不能老老实实读书，或者读书抓不住要领，乱读书，甚至只看微信里千奇百怪的短消息，读不懂古书，更写不出古典诗词和古文，连一篇像样的现代汉语白话文也写不好，如何能够以天下为己任？如何能参透“文质彬彬”的含义？如何能站在讲台上向我们的孩子们讲古典文学？

第二件事情，就是提高认识。有人以审美为理由，过分夸大文学的形式美，而有意无意地贬低关于文学表现高尚情操、高尚品德、高尚理想的功能。不是文质彬彬，而是文胜于质、文大于质，甚至以文代质。认为文学可以脱离社会政治生活、道德生活、伦理生活而独立存在。这既不符合历史事实，也不符合国家、人民对文学的企盼。至于另一种倾向，把文学变成纯粹的社会工具、教化工具，也是不符合文学自身规律并且不符合人民对审美的真正需求的。

第三件事情，是加强会员的合作。山东省古典文学学会是全省古典文学专业人士的合作平台。在信息化的今天，这种交流更方便快捷，而且交流内容更丰富了，真正应验了“海内存知己，天涯若比邻”的诗句。学会将在省社联、省民政厅的领导和指导下积极有效地开展学术活动，多做对会员有正面帮助的好事，使我们在合作交流中共同提高，共同进步。我们提高了，进步了，国家的文学事业也就提高了。积土成山，积水成渊，众志成城。让我们从读书做起，从讲好一堂课做起，从看好一篇稿做起，从写好一篇文章做起。文学可以改造人生，美化人生；文学可以改造社会，美化社会；文学可以改造人类，美化人类。让我们为实现我们崇高的理想而积极工作，不断进步，使我们的国家越来越文明，使我们的生活越来越美好！谢谢！

（2020 年 8 月 19 日在山东省古典文学学会代表大会上发言。）

近代文学学科的特殊使命

尊敬的郭延礼先生，关爱和会长，各位专家，各位朋友：

上午好！

今天山东大学文学院承办“山东省中国近代文学研究四十年学术研讨会暨山东省近代文学学会2020年学术年会”，我代表山东大学文学院向各位贵宾表示热烈欢迎。

各位专家，我们近代文学研究，作为一个学科，承载着特殊使命。因为我们中国，进入近代后，发生了巨大变化。我们被迫变革，因为中国逐步沦为落后挨打的国家，进入了不得不图强变法的阶段。中国的前途在哪里？出路在哪里？几乎以往没有什么时期，文学与国家命运联系的紧密度如此之高。因此，文学研究不再是单纯的文学艺术研究，而是文学与国家、文学与民族、文学与民生的研究。中国文学也不再是中国的文学，而是中国与世界的文学。我们看郭延礼先生的《中国近代文学发展史》，钱仲联先生的《人境庐诗草笺注》《近代诗钞》，都可以体会到近代文学特殊的任务。而这种特殊任务，是由那个时代和那个时代的文学决定的。

近代文学还有另一个特殊任务，那就是向现代旧体文学的延伸。五四新文学运动的标志是白话文学，白话文学当然不只是语言形式为白话，其内容和艺术追求也有了崭新的特征，当然值得我们去研究。可是延续五四以前旧体诗文创作的作家群体巨大，在形式上是传统的，在情感和审美情趣上也是传统的，其中不可避免地注入了强烈的时代内涵。这个庞大的作家队伍和数量惊人的作品，又归谁来研究呢？近代文学义无反顾，承担了这个任务。现在看来，取得了光辉的业绩。

我昨天才认识前来出席会议的王达敏先生，无意间听王先生谈到山大中文系的黄孝纾先生。黄先生的诗古文辞，在20世纪具有一定代表性，1964年去世。我的导师王绍曾先生和黄先生有交往，我的研究生导师董治安先生学年论文和大学毕业论文都是黄孝纾先生指导的，所以我许多年来便留心黄先生的事迹和文献，也曾购买过十几种，写过少量的文字，有一年还在蓬莱发现了先生的遗稿《碧虑簃词话》，让学生整理发表出来。2018年我担任山大文学院院长，筹划出版老一辈学者全集，《黄孝纾文集》也已委托刘天宇同志编定，交中华书局，即将出版。我的学生李振聚查阅黄孝纾先生档案，写了几万字的《黄孝纾年表》，发表在《山东大学中文论丛》上。黄孝纾先生不仅诗词骈文是高手，而且绘画、书法也受到高度重视。我有时在想，黄孝纾先生作为一名词章学大家，归谁研究呢？我也与李开军教授讨论过。青岛大学刘怀荣先生写过若干篇关于黄孝纾先生的论文。以前钱基博先生《现代中国文学史》讲到骈文时，列举李详、孙德谦、黄孝纾三家。钱仲联先生《近百年词坛点将录》也有黄孝纾先生在内。可是仍然感觉黄孝纾先生似乎不入流，强烈感受到他是非主流。昨天认识了王达敏先生，谈及我们的工作。王先生十分高兴，希望得到这些材料，我立刻让我的学生李振聚把材料提供给王达敏先生。我们希望王先生这样的专家对黄孝纾先生的成就作出符合历史实际的评价。山东大学古典文学的名家有冯陆高萧黄——冯沅君、陆侃如、高亨、萧涤非、黄孝纾，称为“五岳”。这当中的黄孝纾先生最为暗淡无光。可是我们从网上看看黄孝纾先生的书法、绘画，价钱很高，片楮只字，世皆宝之，真可谓“夜光照乘，千古之下，光不可掩”。黄孝纾先生作为20世纪旧体文学的重要作家，有近代文学学科的专家去研究他，也就不再边缘化，不再非主流了。这样的情况当然还很多，如著名的《江南二仲诗》，自然也应归属于近代文学研究的范围。如此说来，近代文学的“近代”就有了更加丰富的内涵，也承担起更加宏大的学术任务，这是学术界的厚望，也是历史赋予的光荣使命。

祝我们的近代文学学科继往开来，取得越来越大的辉煌成就。也祝各位专家在泉城济南留下更多的美好记忆。谢谢！

（2020年12月25日夜草于珍珠泉宾馆。12月26日在“山东省中国近代文学研究四十年学术研讨会暨山东省近代文学学会2020年学术年会”上发言。孔妍文录入。经杜泽逊审订。）

《永乐大典》综合整理校勘的必要性和可行性

各位领导、各位专家：

下午好！

《永乐大典》22937卷（包括目录60卷），11095册，约3.7亿字，是中国历史上空前规模的一次图书汇聚成果。永乐皇帝制定的目标是："凡书契以来，经、史、子、集，百家之书，至于天文、地志、阴阳、医卜、僧道、技艺之言，备辑为一书。"也就是说，尽可能把历代典籍流传到明代初年的全部收进去，所以最初的名称是《文献大成》。这部书的规模不仅是中国历史上空前的，也是世界历史上空前的，《不列颠百科全书》说《永乐大典》是"世界有史以来最大的百科全书"。从这个角度说，《永乐大典》是中国文化具有标志性意义的丰碑。

《永乐大典》被毁坏主要发生在明末清初改朝换代的战乱和清朝末年庚子事变的战乱。残卷散在世界各地，经过几代人的调查搜集，经过学术界的统计，现存《永乐大典》422册827卷，按册数计算现存约 3.8%，按卷数计算现存约 3.6%，还不到 4%。

《永乐大典》的第一个用途，它是一个庞大的资料库，中国历史文化的巨大信息库。第二个用途，《大典》中保存了数量相当大的已经失传的书。从明朝就开始从《大典》中辑佚书，清朝乾隆年间修《四库全书》，从《大典》中辑出佚书 516 种（其中收入《四库全书》的 388 种，存目的 128 种）。嘉庆年间修《全唐文》，又大规模从《大典》中抄辑唐代的文章，徐松利用这个机会辑出《宋会要》等大部头重要书籍。从《大典》中辑佚书是最热门的文献工作，至今温度不减，成果十分可观。第三个用途是校勘功能。《大典》中保存的已经失传的典籍可供我们辑佚，但是《大典》中抄录的典籍毕竟还有大量仍然存世，中国典籍存世的版本，有唐朝写本、宋代雕版印刷本、元明清雕版印刷本，以及明清时期的抄写本。古籍整理工作依赖的最重要的部分是宋元版本。明代版本由于它的底本直接或间接来自宋元版本，因此也非常受重视。但是许多传世典籍，宋元版本不存世了，而《永乐大典》在明代初年利用的皇家图书馆文渊阁的藏书大部分是宋元版本，因此《大典》中抄录的那些今天还存世的典籍的篇章，可以用来校勘传世的版本，帮助我们订正文字的错误，甚至补足大段的脱漏文字。这种功能在乾隆时修《四库全书》已发挥出来。四库馆臣戴震从《永乐大典》中辑出了著名的《九章算术》，收入了《四库全书》。他的好友曲阜人孔继涵得到了宋代刻本的传抄本《九章算术》，认为很宝贵，就刻木版印刷出来。但孔继涵得到的这个珍贵版本不全了，缺后半，于是从戴震那里借来《大典》辑本，补上了缺少的部分。从这个角度说，《九章算术》比较好的版本是乾隆年间孔继涵的刻本，它综合了宋刻本与《大典》本。这个例子既可以说明《大典》的辑佚功能，也可以说明《大典》的校勘功能。另一个例子是郦道元《水经注》，这部地理名著明代还有刻本和抄本流传，戴震发现《永乐大典》本来自宋本，而完整的宋刻本已不见了，于是利用《大典》本校勘明代的版本，订正了许多错误，基本恢复了原貌，还在《大典》中发现了郦道元的序言，补进原书，这样《四库全书》中的《水经注》就比较完善了。今天我们可以发现，《永乐大典》中保存《水经注》的那部分幸存下来了，民国年间商务印书馆影印出来，后来影印的《大典》残卷也都包含这一部分。

前人对《永乐大典》三大功能，即史料、辑佚、校勘，都认识到了，并且也大力开发了。但迄今为止，利用《大典》从事科学研究，发掘其中的优秀传统文化的深刻内蕴，在方法上还停留在类似于渔民“撒网式”、类似于考古学上的“盗墓式”的不够科学的阶段。没有采用科学的拉网式，没有竭泽而渔，不知道《永乐大典》存卷 400 多册这个家底是什么样的。从研究方法上，远远落后于其他许多领域。在信息化、数字化、国际化的今天，《大典》的调查工作取得丰硕成果，影印出版工作和数字化工作都取得了很好的成绩，而科学的整理工作，还停留在撒网式阶段，显然是无法得到系统而科学的成果的，当然也就无法发挥《大典》

的存卷作为中国文化宝藏的全部功能。

基于这样的考虑，早在去年，我就让我的博士生刘尚把论文题目定为《永乐大典佚书考》，全面排查《大典》中保存的已经亡佚的典籍。他初步调查发现《大典》所引用的今天已经亡佚的典籍约 2200 种，前人辑本传至今天的约 1200 种，仍有上千种佚书没有辑录出来。而这部分辑佚工作是前人用功最多、成果最多的一个方面。

至于史料库功能、校勘功能，发挥的作用更不理想。之所以造成这个局面，是因为对《永乐大典》没有进行系统的较为彻底的整理。《永乐大典》虽然残存部分不到 4%，但实际部头仍然比较大。在体例上，《大典》按《洪武正韵》来排字头，按字头带词，按词摘录古书的句、段、篇，甚至于整书抄入。《水经注》就在“水”字下。《洪武正韵》清代以来基本上不用了，现在尤其生疏，按韵查找有一定困难。按全文数据库查找其实也挺难，因为关键字、关键词不见得都能准确。

我们近 8 年来从事《五经正义汇校》，已完成了《尚书注疏汇校》，中华书局出版了九册。《周易注疏汇校》也完成了，准备出版，《毛诗注疏汇校》完成了大半。我们彻查了《大典》，有重要发现。我们发现《大典》引用的《毛诗注疏》底本是南宋两浙东路茶盐司刻印的八行本，几乎公认这是《毛诗注疏》最好的刻本，但在我国失传了，在日本只保存了很少的 5 册抄本，光绪年间杨守敬从日本买回来了，现藏台北故宫，我们派人全部校了两遍。再来校《大典》的引文，可以排除其他版本，明确认定为宋刻八行本，这样《大典》本《毛诗正义》的性质和学术价值就发挥出来了。另一部重要典籍《周易正义》，我们确定属于十行本系统。十行本只有三个可能：宋十行本、元十行本、明永乐本。我们从文字差异上排除了元十行本、永乐本的可能性，推定《大典》底本是业已失传的宋十行本，它的特殊的校勘价值也得到了充分发挥。

我们认为对《大典》进行彻查，全面系统地、科学地整理，条件已经成熟，应当开展起来。

我们的办法是，把《永乐大典》存卷按照引用的书籍逐条切分开，让这些古书的片段各归其书，按《四库全书》分类法分类排序，形成《永乐大典存卷分书重编》本，然后按经、史、子、集四部分成四个子课题，分头请我们山大的硕士生、博士生、博士后及青年教师去整理。

整理的第一步是确定《大典》引用的这部书存不存世。

如果存世，就找到这部书的早期版本，最好是宋元明版本进行全面校勘，有不同之处，写成校勘记，供专家们参考。

如果不存世了，就看前人有没有辑本，有辑本的，把辑本仔细对一遍，文字不同或者漏辑的，写成校勘记，供学者参考。这方面我们也抽查了不少，例如医学名著《肘后备急方》不幸失传了。目前有尚志明辑本、胡东斐辑本，都广泛查找古书，非常丰富，但两家都没有利用《永乐大典》，我们校对发现《大典》残卷引该书有20余处，收方剂67方，其中10条失收。异文也不少。至于没有传本的，就形成我们的新辑本。

这样，学术界利用《大典》进行辑佚、校勘，利用这些《大典》引用的古书，就十分方便。我们准备全部校勘之后，形成一部带校勘记的《永乐大典》整理本（点校本），交中华书局出版。

至于史料库作用，我们拿出一册《永乐大典》做了试验（卷7889、7890）。我们逐条切分出书名、篇名、人名、地名、官名，做成专题索引，发现这一册中有索引条目1572条，那么422册的话，就有663384条。栾贵明先生的《永乐大典索引》只收标题十几万条。60多万条专题索引，是我们打开这个《大典》史料库的钥匙。我们不用再盲目地全文检索了，我们把全文检索和主题检索结合起来，《大典》作为史料库的功能就能很好地发挥了。所以我们规划了一个子课题《永乐大典书名篇名人名地名官名综合索引》，估计这个索引有600万字。

最近一个月，我们根据古籍规划领导小组办公室的布置，组织了山东大学、山师大、济南大学、齐鲁师院、山东省图书馆的16个人的专家队伍，对《永乐大典》综合整理工程分头进行了可行性研究，写成论证报告初稿，约八万字，今天复印了几册上交规划办参考。

这项工作，工程量很大，需要组织队伍投入人力、物力、财力，因此需要上级部门领导大力支持，才能顺利开展工作，圆满完成任务，交出圆满的合格的答卷。谢谢各位领导！

（2020年9月16日在中宣部出版局《永乐大典》工作专题会上的发言稿。杨胜祥录入。经杜泽逊审订。）

谈谈当前“阅读”的几个问题

同学们好！

为“世界读书日”，一位记者朋友今天电话采访，询问了几个关于“阅读”的问题。放下电话，我感到他的几个问题很重要，有必要认真讨论。

第一个问题，根据目前有关调查，线上阅读越来越多，甚至超过线下阅读，我们应如何看待？

我认为线上线下阅读，读纸本的书籍文件，和线上读电子书籍文件，没有本质的不同，更不能把线上线下作为判断阅读品质的标准。我们习惯的阅读纸本书籍，也不是自古就有的。人类有了语言，口耳相传，开始并没有文字，那么语义寄托于声音之上。后来有了文字，也没有纸，我们中国有甲骨文、金文、简、帛、石刻等形式的文献载体，都是产生很早的。后来有了纸，中国是纸的发明国，于是才把文字写在纸上。再后来中国发明了印刷术，就把文字材料印刷在纸上。所以，纸本书就是书籍物质形态进程中的一种形式，我们当然也要允许超越纸本的书籍形态产生，那就是我们熟悉的电子书籍。电子书籍适合于网上传播，这就形成了今天的线上阅读。线上线下并不决定阅读的内容和阅读的品位，目前线上线下阅读是并行不悖的。将来如何发展，要看读者的客观需求。我们不能把线上阅读看作是浮躁的、浅薄的阅读。难道纸本书上就没有浮躁的、浅薄的内容？

第二个问题，线上阅读存在严重的碎片化现象，我们如何看待？

我认为线上阅读的碎片化现象的确很明显。这究竟是怎么回事呢？在没有电子数字化之前，也存在碎片化阅读。比如报纸，尤其是小报，每天买一份，快快看完，然后就扔了。报纸用的纸张叫“新闻纸”，这种纸含纤维量多，达到百分之九十多，所以卖废报纸价钱是高一些的。可是这种纸的纤维没有经过沤制去除包裹在纤维外层的胶质，因此容易氧化变脆，报纸放不长，具有明显的临时性、短期效应。原因是报纸刊登新闻等时效性信息，不必长久保存。这种特性过渡到今天的新媒体数字化传媒，当然是大行其道，如鱼得水。所以线上阅读有些像看报纸，甚至看小报，短平快，可以在任何时间、任何地点、任何场合很便捷地阅读，几乎继承了新闻的所有特性。报纸也登小说，连载，这也就被今天的网络小说继承了。可以说线上阅读的碎片化，不是由读者决定的，而是线上阅读更适合于碎片化的形式，不能长篇大论，长篇大论还是要出版书。书再电子化，那大部分是供查检的，还不是线上阅读的主要内容。当然碎片化阅读自古就有，大量的古代笔记，一段一段的，上下段之间没有必然联系，如《梦溪笔谈》《容斋随笔》《日知录》《池北偶谈》，不就是碎片化阅读吗？难道会有人说古代笔记属于低品质的读物吗？碎片化仅仅是阅读形式的一种，不是全部，碎片化仅仅是文体形式的一种，也不代表内容的俗。俗者自俗，雅者自雅，与碎片化初无关系。至于碎片化阅读比例上升，那是因为这种阅读更方便，更适合当代人的生活节奏，没有其他原因。倒是这种方便使人类阅读的文件数量提升了，其贡献倒是应当充分肯定的？

第三个问题，从网上下载图书的读者很多，我们如何看？

从网上下载图书，存在大硬盘里，很快超过一个小型图书馆，这是多么令人羡慕的事！其负面影响是图书销售量下降。网上下载了，当然也就不一定买纸本书了。出版社辛辛苦苦编辑、印刷，大量投入，应有的经济收益不就损失了吗？如果作者是拿版税的，版税多少取决于销量，因此网上下载也损害了作者。还有一个受损者大家可能没看到，销售书籍越多，给国家交的税就越多，国家税收是国家办学校、办图书馆、维护公共服务开支、维护国家安全部队开支的主要来源，因此，可以说网上下载书籍直接损害国家收入。但是我们应当看到，网上大量下载书籍的是科研人员和大中学校的学生，他们根本买不起那么多书，他们下载的书籍干什么去了呢？搞科学研究去了。国家要进步，要赶上超过世界先进水平，靠的就是这批下载书籍的人群。这个矛盾是显而易见的。解决这个矛盾，应当出台适应数字化新形势的法律法规和政策。不是去限制下载，而是进一步为下载提供方便。那么作者、出版者的利益如何维护呢？国家给予相应的经济补偿。有的高端科研专著，精心编辑校对出版，印刷一两百部供大图书馆收藏就可以了，由出版社直接从网上挂出电子版，免费下载，国家根据下载量和学术界的水平评价等指标给出版社以经济奖励。出版社也根据上面的指标给作者计算支付版税。这样就解决了矛盾，其效果将是大大促进文化和科学技术的发展。对出版业的质量检查也摆到了更加透明的台面上。

第四个问题，读者喜欢购买经典书籍，这在数字化的今天又是怎么回事？

经典书籍是人类文明的结晶，是一个国家和民族文化的核心部分。我们中国的《周易》《尚书》《诗经》《周礼》《仪礼》《礼记》《春秋》《论语》《孟子》以及《史记》《汉书》《资治通鉴》《老子》《庄子》《孙子兵法》《墨子》《黄帝内经》《昭明文选》《李太白集》《杜工部集》《西游记》《红楼梦》《聊斋志异》等等，都是经典性书籍。西方的《圣经》等当然也是。经典的特点往往是知识系统、思想内涵丰富而深刻，语言优美。可以反复阅读，而每一次都获得新的启迪和享受。中国有句老话“温故而知新”，好书就如好老师，每次见面都受教益。对待经典书籍，人们有敬畏感，希望供起来，作为终生的老师，日日温习，月月诵读。这样的书籍常置案头，看看都是享受，其物质形态本身有不可替代的价值。至于书中天头地脚有工整的批注，就更增加了其收藏和鉴赏价值。中国有很多藏书家，他们在珍贵的书上盖上自己的印章，有时还特别加盖“子子孙孙永宝用享”“借与鬻人为不孝”“拥书万卷，何啻南面百城”这样一些寄托对书籍特殊情感的印章。这样的膜拜经典的文化，在数字化的时代是不会消亡的。也就是说，对有形的物的需求，是不会消亡的。手机是传播数字化文化产品的工具，但手机本身却是实实在在的实物，那么手机的制造设计品质就不是使用手机的人不在乎的。明白了这一点，读者喜欢购买纸质的经典书籍，这种现象就不难理解了。同样是阅读，线上数字化阅读，线下经典捧读，其生命力同样强大，因为其内在的动因并不相同。

第五个问题，据调查，“有声阅读”较快增长，听书模式会变得越来越主流吗？

所谓“有声阅读”其实并不新。世界上有不少名著都产生在没有文字的情况下。孔子的语录收在《论语》里，就是孔子弟子听来的。庞大的佛经汇集《大藏经》，其中释迦牟尼讲的经，就是弟子背诵下来，在释迦牟尼去世后，弟子聚在一起用背诵的方式“汇编”起来的。他们当时让记忆最好的阿难陀全部背诵下来。那不就是听书吗？我们中国说书的传统源远流长，当代的单田芳讲《童林传》等，大家以前是听收音机，现在从网上都可以听，还可以有视频，这种情况很多了。我们上课也有大量视频公开课。这与过去“说书”的传统其实是一脉相承的。可是，新时代的“说书”大都有个底本，要精心准备本子。说完以后呢，还要出书、热卖。可以说是书本的音像化，还不能脱离书本。另外，有大量的书不适合“听”，因为听不懂，要么是语言问题，要么是太专业，要么是听众不感兴趣，因此“有声阅读”只能占读书的一个小份额，不可能越来越主流。有时候“听书”是学习的辅助手段，比如《诗经》一般人听不懂，但专业人员可以听，一方面可以加强记忆，另一方面可以规范读音，生僻字读错音的真不少，有必要听听权威的录音本。但从可听的书和听书的人群看，“听书”的比例，仍是小份额。

（2020 年 4 月 22 日晚应邀为山东大学尼山学堂作视频报告。韩超发起并主持。）

研究生如何实现人生价值
——答吴雪菡

采访者按：2020 年 11 月 3 日，《山东大学报》委托就“研究生应当如何实现人生价值”为主题，采访杜泽逊教授。现据录音整理成文，以飨读者。

吴雪菡：老师，您认为什么样的人生是有价值的？

杜老师：人这一辈子，首先要能顾自己，自食其力，这是初步有价值。然后养活父母，养活子女，顾好自己的家，这是最起码的第二个价值。行有余力，就要为国家、社会考虑。因为人要靠社会，不可能单门独户地去生活。比如安全问题需要保安人员去保护；有什么问题需要处理，就要去找公安等部门；有了大的灾难，也是需要国家。可要是人人都靠社会，却不维护社会，那社会靠什么呢？所以靠社会就要回报社会。在社会上最受尊重的人，是对社会贡献最大的人。谁的贡献大，创造的资源就多。抗灾需要钱，那么钱从哪里来呢？如果你没给国家交一分钱，国家的钱从天上掉吗？如果都不为国家考虑的话，那么就会国将不国了。所以贡献大的人，要受到社会最大的尊敬。当然这个贡献不一定都是交税，还要通过科学技术、文学创作、艺术创作，甚至是当将领、当警察、当医生，这些人都是贡献大的人，这些人就应当受到尊重。那么你在家里有贡献、你对社会有贡献、你对国家有贡献，人生的价值就高。所谓“修身、齐家、治国、平天下”，照着这条路走，走得越宽越好，走得越通越好。但是要依赖两个东西，第一是水平，第二是心胸。如果你有水平，但只为自己，那是不行的。

吴雪菡：老师，您在治学过程中，曾经遇到过什么印象深刻的困难吗？

杜老师：困难总是有的。以前跟着王绍曾先生做项目，王先生主持的项目《清史稿艺文志拾遗》《海源阁书目五种》《山左戏曲集成》《中国文化史知识丛书》《山东藏书家史略》，光我知道的就有八九个，多头并举，所以从宏观上讲，王先生的项目是干不完的。可是自己也有自己的事情，因为工作了，需要完成任务，比如上课、发文章，不然年底考核就要零分，那是不行的。同时又有家庭负担，就是说有孩子了，还要接他送他，还要辅导他，感觉负担骤然增大。这应该说是第一个困难期，也就是刚开始工作的时候。

这个困难在当时感觉不算什么，现在回想起来，好像是个困难。不过专业知识的大量增长，也是在这个时候。王先生有一个项目——这个项目没有完成——叫《版本手册》。《版本手册》要收刻工、年表、讳字等等。其中有一部分是《版本目录举要》，于是让我给《天禄琳琅书目》《爱日精庐藏书志》这样的版本目录写提要。他开了单子，累计有一百多种书，重要的关于版本目录的书基本都在里面了。写提要需要看书，我就在业余时间抽空看点书目，看点序跋，同时还要调查这些藏书家的生平事迹。那个时候的收获比较大。第一，基本捋清楚了藏书源流，从明末以来，像赵琦美的脉望馆以下，到钱谦益、钱曾、毛晋、季振宜、徐乾学这些。第二，了解了大量的善本书目。这些善本书目的体例不一，他们对版本鉴定的一些成果、方法，尤其记载善本书的一些套路、用语，都是那个时候学到的。这些都是资源，可以作为专业研究的根基。所以说专业知识的大量增长，也是在这个时候。

吴雪菡：老师要忙的事虽多，处理起来确是有条不紊。请问您有什么管理时间的秘诀吗？

杜老师：这个要找平衡。时间只有 24 小时，其中睡觉、吃饭的时间不能侵犯，这是要维持正常的生命。这两项活动之外，公务不能侵犯，先公后私。公务包括什么东西？作为老师，上课是公务。学校、学术界的会议，也属于公务。学生找你请教问题，也是公务。所以说“先公后私”是个原则。就目前来说，文学院有各种事情，需要问你这件事情怎么办，那件事怎么办。我在这些问题上采取了一些办法，比如说要致力于立章程——文学院两年多立了四十多个章程。这些章程不是虚的，都是碰到了问题才立的章程。有了章程，碰到事情就有章可循，比如怎样给老师们出书、怎样给老师立项目、怎样给学生评奖。这样立了章程之后，就不必事事来找你了。所以法律越健全，领导的权力越小。我用这个办法来腾出时间，从琐碎的事务中解放出来。当然这不是根本问题，根本问题是推动管理的公正性。项目多了，事情多了，时间是不够用的。而这时你恰恰需要跟你的项目成员多多接触，可是你跟大家在一块儿的时间又会减少，就出现了很大的矛盾。这时需要调配时间，比如晚上、周六、周日，尽量到校经处。有时候，我会买好了饭不在食堂吃，拿到校经处去吃。吃饭的时候，就跟大家交流。交流什么呢？有什么就交流什么。有的时候是个人的选题问题，有的时候是项目的问题。总而言之，你到那去吃饭，你就有了很宝贵的三四十分钟的时间来接触你的合作者。

吴雪菡：老师，就实现人生价值来说，老师对青年有什么建议？

杜老师：青年人首先要打基础。知识的系统性很重要，要尽量不偏科。李清照的话说得还是比较好的：“博则通，通则无所不达；专则精，精则无所不妙。”所以要专精和博通相结合。如果光博通，就是张之洞说的泛滥无归；光专精，就很难真正的精，所以不能走极端。除此之外，还需要把个人的发展和国家的发展统一起来，才能够使个人的人生价值最大化。我的老师霍旭东先生曾用八个字来告诫我："谦虚谨慎，戒骄戒躁。"谦虚，是我们的态度，谦受益，满招损。谨慎，是让你严密化，不要粗枝大叶。戒骄戒躁就很重要了，对于青年人来说，"骄"就是有了点成绩就自满，"躁"就是达不到目标沉不住气。如果躁了就容易乱阵脚，容易有情绪上的波动，在这种情况下就容易出错，酿成大错都有可能。在这个时候要冷静下来，事情再多也有轻重缓急。我们做事，要由易到难，由近及远。路要一步步走，饭要一口口吃，事情也要一件件地来做。我上研究生的时候，程千帆先生曾经来过山大，我们集体去留学生楼拜访。当时就谈了 15 分钟，我记住了程先生"细水长流"这句话。"细水长流"，先要"长流"。青年人一定要匀速前进，并能保持较长时间，才能取得一定成就。

（录音整理者：李玺、陈伟、尹冠桦、孙天琪、隗茂杰、冯梦非、祖雪妍、马宁、董一峰、马素雅、陈锴、林康、于周、索浩然、许高雅、方英权、刘润枫、吴雪菡。本文经杜泽逊审订。）

附：吴雪菡致杜泽逊

老师，2020 年 11 月 3 日，《山东大学报》委托弟子就"研究生应当如何实现人生价值"为题，采访老师。遂邀老师畅谈。老师言之谆谆，颇有裨于后学，又引霍旭东先生所云"谦虚谨慎，戒骄戒躁”相勉。刘占召老师、杨胜祥师兄亦在场。录音由李玺、陈伟、尹冠桦、孙天琪、隗茂杰、冯梦非、祖雪妍、马宁、董一峰、马素雅、陈锴、林康、于周、索浩然、许高雅、方英权、刘润枫、吴雪菡校经处诸同学共同整理。现将修改后的采访记录奉上。专此奉闻，顺颂撰安。弟子雪菡敬上。

文献整理需要持有一颗“匠心”

——答凤凰网文化向松阳

凤凰网文化按：11 月 28 日，第四届全球华人国学大典颁奖典礼在北京举行，数百位学术大家、文化名流以及政经、传媒、公益等领域精英人士共聚一堂，与全球网友一同见证这一顶级文化盛典。百岁翻译泰斗许渊冲、著名作家冯骥才等致力于中华文化传承的杰出人士，中华文化促进会、中国文化书院等机构，电视剧《清平乐》、纪录片《如果国宝会说话》、《戴老师魔性诗词课》、凯叔讲故事·国学系列音频等项目获得全球华人国学传播奖。24 部学术著作获全球华人国学成果奖。本届国学大典增设的国学新秀奖则由 10 位优秀青年学者共享殊荣。而最受瞩目的全球华人国学终身成就奖，则被授予两位享誉海内外的著名学者：许倬云与陈来。获得国学成果奖的山东大学文学院院长杜泽逊教授在颁奖典礼现场接受了凤凰网文化的独家采访，以下为对话实录。

凤凰网文化： 杜老师好，祝贺您获奖。首先想请您谈谈对国学大典的认识。您觉得在现代社会举办这样的活动，它有什么样的意义？也请您谈谈您的获奖感受。

杜泽逊： 全球华人国学大典是一项评奖活动，设有“国学终身成就奖”“国学成果奖”“国学新秀奖”“国学传播奖”，我觉得都是非常及时的。因为国家现在提倡弘扬中华优秀传统文化，正好是传统文化受关注的时候，岳麓书院这个举动实际上是先行一步，其重要意义就在于传承、弘扬中华优秀传统文化。当然，国家层面也设置了一些相关奖项，但是岳麓书院特别评国学奖，那就是有特殊含义的，我觉得非常好。

我的这项成果是我和我的团队集体完成的，叫《尚书注疏汇校》（全九册）。获得国学成果奖，其实我还是蛮意外的。因为我自己对这个成果的预估没那么高，觉得《尚书注疏汇校》就是为国学研究打基础的，或者可以说是一种资料性的行为。当然，这项工作它很烦琐，说是创造性的劳动，我感觉还是不够的。这样的基础工作被学术界认为还有点用，还评上了这么有分量的奖，我觉得非常受鼓舞，也非常光荣。

凤凰网文化： 杜老师谦虚了。在新冠疫情全球形势依然严峻、世界格局正在发生复杂变化之际，您认为中华传统文化中的哪些思想和理念仍然具有重要的价值？请您从古代的经典中提炼几个关键词或是一两句话。

杜泽逊：我觉得中国疫情控制得这么好，并不是说我们的医疗条件是最好的，当然也比较好。新冠肺炎是一种新发的传染疾病，面对这一新情况，我们又是率先来探索防疫抗疫之路的，最后我们比其他国家要做得好。这个结果保护了我们的国民，保护了我们的经济，我觉得是巨大的成功。

为什么会取得这种成功呢？说明我们党和政府的政策是正确的，同时也反映我们的国民素养是很高的。中国人非常顾全大局，所谓“己所不欲，勿施于人”，我想无论是中国人还是外国人，谁也不愿意患病。既然自己不想患病，当然也就不希望别人患病，所以要顾全大局，不能光顾自己。在中国人民抗疫的过程中，我觉得“己所不欲，勿施于人”这句话体现得特别好。

与人打交道，我们希望大家能互相帮助，但我们要秉持另外一个原则：“满招损，谦受益。”在成功面前，我们还是不能自满，因为我们真正克服新冠疫情的药物、疫苗等还没有完全到位，还要继续努力，也要向其他国家学习。我觉得，“满招损，谦受益”是我们传统文化中可以受益终身的一条。

凤凰网文化：本届国学大典的主题是“致敬国学，继承创新、文明互鉴、重建斯文”，特别是新增了“继承创新、文明互鉴”八个字，请您谈谈对它的理解。

杜泽逊：“继承创新”是个永恒的话题，非但今天要继承创新，在历史上，我们中国的传统总是在继承创新。历朝历代，凡是发展比较好的朝代都很注意继承好的东西，同时还要学习外来的文化，创造新的文化，这是我们的传统。但是在当代，继承创新尤为重要，因为国际化水平提高了。过去在相当一段时间里，我们认为中国传统文化不行，而把我们的一些好的传统丢掉了，甚至认为是糟粕。现在看来，不是这么简单的。我们要学习外来的先进的科学技术、文化，我们也要继承我们自己的优秀传统文化，而且我们要旗帜鲜明地来继承，要有自信地来继承。我想这样两相结合，就会走上发展正轨。

“文明互鉴”也是这个意思，就是互相学习，取长补短嘛。现在互相学习的条件比过去好了，更容易发现人家的长处，也更容易发现我们自己的优良传统。我想，文明互鉴的效果会更好。

凤凰网文化：您认为，在弘扬中华优秀传统文化的过程中，我们最应该注意什么呢？

杜泽逊：我觉得我们有的时候把自己看得过低，尤其是鸦片战争以来，把中国落后的原因归结于传统文化，这就是看低了。但是也不能妄自尊大，看高了。要恰如其分，看到我们的长处，我们继承、弘扬；也要看到我们不足的地方，创新并加以借鉴来弥补。这样结合起来，会达到一个比较好的状态。

凤凰网文化：谢谢杜老师。您之前谈到过国学人才有知识型和创新型两种类型，您认为我们最需要什么样的国学人才?

杜泽逊：国学人才和其他领域的人才一样，需要创新型。我们没办法去复制顾炎武，也不能去复制陈寅恪，我们要培养什么人呢？面向未来的国学大师。当然，岳麓书院也致力于表扬那些有一定前沿性的成果，其实就是鼓励创新。我想我们在国学人才培养当中，除了打好知识基础以外，要鼓励创新，要结合新时代需求进行创新，这样才能跟我们国家新时期的文化建设接上轨，这是应该有的方向。

凤凰网文化：您觉得培养创新型的国学人才，有什么样的路径呢?

杜泽逊：在新形势下，我看国内有很多的国学班，2012年，山东大学同样办了一个校级的国学人才拔尖班，叫尼山学堂。现在已经招生9届。在全校进行选拔，每届招20多人，我感觉已经培养出不少的好苗子。以我的经历看，他们将来会成为创新型的国学拔尖人才。希望我们国学拔尖人才的培养，能够多一些渠道，多一些方式。

具体做法上，除了开设基础课以外，要开设原典导读课程，研读经、史、子、集等“看家”的书。同时要鼓励学生写论文，搞论文报告会，这是非常好的一个办法。论文报告需要先有题目，我们根据题目请老师。学生每次报的题目不一样，我们就请不一样的老师，专门指导这篇论文，这样做效果非常好。一定要请专家“一对一”地来进行指导，这是我的一点探索。

凤凰网文化：我们也了解到，您在尼山学堂开了专门的修身课程，能跟我们介绍一下开这门课程的初衷吗？课程开设这么多年来，取得什么样的实效？

杜泽逊：尼山学堂的思政课课程设置和教育部是接轨的，各种思政课都开得很全。但是我发现在保研、报夏令营、评奖等问题上，一些学生在竞争过程中表现有所欠缺，我就尝试着开了修身这门课。修身课选用的教材是蔡元培的《中学修身教科书》。这本书在20世纪上半叶是很普及的，由商务印书馆出版。书写得非常好，对中国传统文化、传统伦理道德规范都作了简要总结。蔡元培又是我们的楷模。他这本书的知识框架，大抵是按照“修身、齐家、治国、平天下”的标准来的。

我们平常理解的“修身”，也许就是自我修养。但根据蔡元培的意见，如果不把它放在“齐家”“治国”“对待社会”这些方面来实践的话，你的修身效果是无法检验的。所以“修身、齐家、治国、平天下”，都是修身。我想，一个人不能报效国家，这就不算好的修身，所以采用了蔡元培的这本教材。这门课程开设一学年，每周一个学时，不布置课外作业，也不考试。同学们非常喜欢，效果也非常好。除了尼山学堂之外，这几年我又在山东大学文学院开设了这门课，给大学一年级的100多人讲课。我想修身课可以弥补一下我们在中国优秀伦理道德教育方面的欠缺，对我们的思政课算是一个补充，也是继承优秀传统文化的一种举措。

凤凰网文化：授课的方式具体是什么样的？

杜泽逊：授课的基本方式是，我把蔡元培的《中学修身教科书》印发给大家，然后我点名请同学们起来读。读一小段，我再进行讲解。然后再请同学读一段，我再作讲解。最后让同学们一起来放声朗读。由于这是比较浅近的文言文，还是比较好懂的，文辞又很美，所以一块诵读能加深印象，效果很好。有的时候我让同学们写作业，就根据上节课讲的内容写一点体会，写得都很好。还是课堂授课，但方式更灵活一点。

凤凰网文化：会融入一些对现实的思考吗？

杜泽逊：在讲解当中，我按照蔡元培要联系现实“实际上之种种方面”的意见，会结合我们的日常生活还有一些国家大事来讲。我想，这符合蔡元培的初衷，也符合现在“修身”的需求。

凤凰网文化：文献学是一门讲究传承的学科，您之前也谈过做古籍整理或者说学习文献学需要一颗“匠心”。如果把它放到传统文化研究的大的格局下，您怎么来诠释这个词？

杜泽逊：“匠心”算是借用吧，泥瓦匠、铁匠……这些都是匠人。我们宏大的紫禁城，都是工匠建设起来的，可以说一砖一瓦都是浑然一体的结构当中的不可忽视的部件。实际上，我们文献学有理论也有实践，实践就是古籍整理。

我们国家的古籍汗牛充栋，有的像《永乐大典》有1万多册，像《四库全书》每一页连起来据说可绕地球赤道一圈，这样庞大的工程是不是在结构上不讲究呢？可以说是非常讲究。像《四库全书》，它分经、史、子、集四大部，四大部下面又分小部，经部包括易、书、诗、礼、春秋等10个大类，其中礼类又分周礼、仪礼、礼记等等，同样是周礼的书，排列也有先后，显示出历史发展的脉络。所以张之洞说，《四库全书总目提要》是"良师"，你把它读一遍就知道治学的门径了。可见它是庞大而精巧、精致的一大"建筑"，这就是说，需要有"匠心"才能建设好这样重大的文化工程。

我们现在做文献整理，由于有了数字化的新手段，就可以做得更好。在构建典籍"大厦"这个过程当中，你有一颗"匠心"，再用现代化的手段，就可以建造更为缜密、更为辉煌的新的"建筑"。我想，文献整理由于它自身的特点，还是很需要"匠心"的。

凤凰网文化：目前经学文献的整理出版欣欣向荣，许多体量庞大、内容艰深的经学文献都得以采用不同的形式整理出版，为相关研究提供了极大的方便，但有部分整理成果仍存在继续改进的空间，您本人也长期从事经学文献的校勘整理工作，请谈谈您对于经学文献整理工作现状的看法和建议。

杜泽逊：儒家经学文献在历史上属于“经部”，也就是“四部”当中地位最高的一部。辛亥革命以后，经学作为学科被当时的国民政府教育部宣布取消。那以后儒家经典虽然也有人研究，但是成为“史料”。《诗经》变成文学总集，《尚书》《春秋》变成历史，《周易》《四书》变成哲学，作为“礼乐文明”重要标志的《周礼》《仪礼》，几乎不知道归什么学科了。原因是，《周礼》作为周代的职官制度，不知道是不是“实录”，很难作为历史事实对待。《仪礼》也是如此。礼学精神逐步不显赫了，这对“礼仪之邦”也构成了负面影响。随着对中国文化理解的深入，也随着中国传统文化与现代文明的碰撞，我们的经典闪耀出特殊的光芒。我们可以确认，儒家经典是中国优秀传统文化最主要的来源之一。当然，儒家经典内容古奥，不容易阅读，而且长期传写、传刻，产生了文字上的差异。所以需要进行断句标点，需要进行版本校勘，需要作必要的注释，需要翻译成现代汉语，甚至需要配图。而且这些成果要数字化。这些工作难度很大，而专业队伍，经过几十年的不同程度的轻视，比较薄弱，可以说是人才匮乏。这一矛盾，带来了经学文献整理成果水平不均衡的问题。这是可以理解的。饭要一口一口吃，路要一步一步走。我们要一边做整理工作，一边培养青年人才，采取积极态度，做好传帮带工作，让我们的新一代专家，不但继承经学，而且经学水平上整体超过当代。从目前的情况看，这是完全可以做到的。

（凤凰网文化独家专访。采访/向松阳，整理/向松阳。）

治学三阶段：跟着做、自己做、领着做

——答凤凰网文化之二

凤凰网文化：您在王绍曾先生的引导下走上学术道路，迅速成长，人未中年就已成为著名的文献学家，您主持的校经处也成为海内外景仰的人才培养基地，孕育出一批又一批杰出的青年文献学者，请您谈谈关于人文学科如何系统、正确地培养学生的问题。

杜泽逊：作为一个古文献学专业人员，我已经从事古籍整理研究工作三十多年，回顾自己的成长经历，可以概括为三阶段：第一阶段叫作“跟着做”，第二阶段叫作“自己做”，第三阶段叫作“领着做”。我 1981 年从滕县一中考上山东大学中文系，家父就是滕县一中的语文老师，在语文方面对我有特殊的培养。1985 年大学毕业，我考上了山东大学古籍整理研究所研究生班。两年毕业，留所工作。所里安排跟王绍曾先生做助手。王先生毕业于无锡国学专修学校，是唐文治、钱基博先生的学生，毕业论文《目录学分类论》六万字，是钱基博先生指导的，钱先生打了100分，当时由无锡国专出版了。国专毕业，经唐文治先生推荐，王绍曾先生到商务印书馆校史处工作，协助张元济先生校勘《百衲本二十四史》。建国后王绍曾先生到山东工学院工作，考上高亨先生的在职研究生。经高先生推荐，王先生调到山东大学图书馆工作。全国古籍善本书目编纂工作开始，王先生负责清理山东大学图书馆古籍善本，目录经山东省图书馆上报全国古籍善本书目编委会。1983年，根据教育部文件，山东大学古籍所成立，业务上属于教育部全国高校古籍整理研究工作委员会。这年王先生调到古籍所当教授。1985年，根据古委会规划精神，山东大学古籍所招收古籍整理研究生班，学生10人。我这年本科毕业考上了研究生班。董治安先生牵头指导，霍旭东副所长负责日常培养工作，徐传武先生担任班主任辅导员。王绍曾、蒋维崧、董治安、霍旭东、刘聿鑫、刘晓东、徐传武、林瑞娥、周民、宫庆山、朱正义、林开甲等多位老师上课，或者开讲座。所里还邀请殷孟伦、刘敦愿、张雪庵、张知寒、周立升等先生讲座或开课。我的硕士论文是分给王绍曾先生指导的，题目是《四库全书总目辨伪学发微》。当时用一年时间研读《四库全书总目》200卷，做了10捆卡片摘录，其中一捆是关于辨伪书的，写成了硕士论文。还有九捆卡片至今没有打开。答辩是人民文学出版社陈新先生主持的，很严格，话又难懂，我兼任秘书，答辩记录经陈先生检查，表示满意。以后多次拜访陈先生，我和程远芬结婚，陈先生送了一床毛巾被，认我为学生。

留下工作，就跟王绍曾先生做《清史稿艺文志拾遗》，这是国务院古籍规划项目，古委会规划项目。团队经历大约八年才完成，由中华书局出版，获得教育部一等奖。这是文科最高奖。在这个过程中，我学会了使用《中国人名大辞典》《中国丛书综录》《江苏省立国学图书馆图书总目》《贩书偶记》以及各大图书馆古籍目录。专业目录如《中国中医图书联合目录》《中国地方志联合目录》《晚明史籍考》，地方文献目录如《山东通志艺文志》《安徽文献书目》等，都是那时候熟悉，并熟练使用的。王先生有个计划，编一本《版本手册》，其中有一个部分叫《版本目录举要》，分配给我做。王先生陆续开书单子，我根据书单子一部一部看书，写提要，交给王先生看。王先生多有批改。总共看了一百多部"版本目录"。这些目录，可以说是研究古籍版本学的根本。其中比较重要的有《牧斋题跋》《读书敏求记》《汲古阁珍藏秘本书目》《季振宜书目》《传是楼宋元本书目》《天禄琳琅书目》《天一阁书目》《爱日精庐藏书志》《平津馆鉴藏书籍记》《拜经楼藏书题跋记》，晚清四大藏书家的目录，近代缪荃孙、叶德辉、李盛铎、张钧衡、傅增湘、刘承干、邓邦述、莫伯骥、潘宗周、郑振铎以及涵芬楼的目录，《中国版刻图录》《涉园所见宋版书影》《明代版本图录》等善本图录，日本的《经籍访古志》《古文旧书考》《静嘉堂秘籍志》也是那时候看的。加上《四库提要》熟读过。通过这一时期的密集训练，我收获巨大，古籍分类，提要写法，四部要籍，藏书家的名字，藏书楼，珍贵书籍版本，递藏源流，版本目录的体例，鉴别版本的方法，一时间精熟于胸。这是从事文献学的看家本事。以后从事文献学重大课题，都以此为基础。所以说我的业师首先还是王绍曾先生。

跟随王绍曾先生主要从事《清史稿艺文志拾遗》，其他比较重要的是跟随王先生整理张元济先生遗稿《百衲本二十四史校勘记》。这项工作王先生20世纪30年代参加过。《校勘记》有一百七十多册。中华书局点校“二十四史”借去参考，经过动乱年代，丢失了七种，剩下一百三十多册。“文革”后经过王绍曾先生呼吁，清理归还商务印书馆。20世纪90年代初，商务印书馆邀请王绍曾先生主持整理这批遗稿。王先生邀请杜泽逊、刘心明、王承略、赵统、程远芬、李士彪、邵玉江、刘祥柏、傅根清、徐超、王培元等分工整理，过录全稿，复核了全部“百衲本”、武英殿本，把批语移到备注栏。历时八年完成，由商务印书馆出版。获得教育部二等奖。所有原稿，都由我用提包陆续从商务印书馆拿回山大，整理稿和原稿同样由我从山大送到商务印书馆。责任编辑是历史编辑室主任陈应年先生。后期收尾工作的责任编辑是商务印书馆任雪芳女士。王绍曾先生建议商务印书馆把原稿放在浙江海盐张元济图书馆，不知道商务是否这样办了。跟随王绍曾先生整理《百衲本二十四史校勘记》，使我真正认识了校勘学，那是专门学问，只看概论无法真正掌握。王先生还让我一起编《渔洋读书记》，青岛出版社出版。参加《订补海源阁书目五种》，由齐鲁书社出版。总之，跟着做，是我的第一阶段。

这种跟着做，还可以延伸到 1994 年至 1997 年四年间到北大跟着季羡林先生编纂《四库全书存目丛书》，2004 年至 2012 年间跟着戴逸先生修《清史》。《四库全书存目丛书》是国务院古籍小组批准的重大古籍整理工程。工作委员会实际负责人是工委会主任、副总编纂北大历史系教授刘俊文先生。我担任过编目室副主任（主任是科学院图书馆古籍组长罗琳先生）、总编室主任，工作委员会委员、常务编委。大型古籍整理项目，从规划、立项，到组织实施、经费筹措、版本调查、底本借用、复制、整理编审、发稿、印刷、校对、装潢、发行，各种成本核算、法律法规，几乎都或多或少参与了，算是一次“全活儿”。这为后来自己组织大项目积累了极其宝贵的经验。

清史项目采取的是分项招标制度，我主持了两项：《清人著述总目》、《清史艺文志》（后者清史委改名《清史典籍志》）。项目在山东大学由我组织团队完成。具体方案及实施过程，具有一定独立性。但是，必须遵守清史委员会的合同及其他规定，必须配合整体工作，有时候意见不一致，需要商量，商量不通就要服从。需要有大局观，需要忍让，但是主体感受是收获巨大，进一步认识了国家重大工程组织和配合的内在机制，同样积累了极为宝贵的经验。

一个学者，没有参加过重大学术工程，就好像一个士兵没有参加过类似于二次世界大战、三大战役、抗美援朝这样的大规模战争，很难成长为优秀指挥员。在学术上，有的课题适合个人独立完成，而有的重大文化工程则需要团队来共同完成，应当说都重要，缺一不可。独立奋斗者当然不需要指挥，而同时他也往往难以听指挥。在学术工作上，这两种人都需要尊重，而且需要互相尊重。“跟着做”的阶段大概就是这样。

下面谈谈“自己做”。通常学术界讲究独立专著，认为是立身之本。经营个人专著，就要自己做。我自己做的有两项成果，一是《四库存目标注》（八本），二是《文献学概要》。

《四库存目标注》是如何来的？1992 年国务院第三次古籍规划会在香山饭店举行。胡道静、周绍良先生先后提出《四库存目》之书调查研究问题。周先生建议编辑出版《四库全书存目丛书》。这之前的 1991 年，我在琉璃厂买到一部木刻印刷本《四库存目》四册。里头有无名氏批注版本。这是模仿邵懿辰《四库简明目录标注》的。我一看就明白。可是这部书标注太少。我就买下来，接着干。任务就是调查乾隆修《四库全书》时列入《存目》的 6793 种古籍的版本及藏所，成果名为《四库存目标注》。当然需要鉴别版本，记录版本特征，属于版本目录学。一年后的这个国家古籍会议的消息，让我坐不住了。因为其他专家也可以做，撞车，如何办？我就找董治安先生请教。董老师建议写一篇东西，征求专家意见。借此公布消息。我起草了《〈四库存目标注〉叙例》，模仿孙诒让《〈温州经籍志〉叙例》。寄给傅璇琮、赵守俨、安平秋、周勋初、章培恒、黄永年等先生。傅璇琮先生、赵守俨先生都很快回信予以鼓励。傅璇琮先生把《叙例》发表在国务院古籍小组的《古籍整理出版情况简报》上。这份简报，古籍界人士几乎都可以看到。不久，北京大学东方文化研究会历史文化分会向国务院古籍小组提出了编纂出版《四库全书存目丛书》的计划，得到匡亚明组长批准。工作委员会主任刘俊文教授，总编纂季羡林先生。傅璇琮先生推荐我参加工委会，还专门约我到王府井大街中华书局汇报《存目》的调查研究情况，把版本调查研究工作委托给我。当时一起见面的还有张忱石、许逸民、张力伟先生。北大方面，工委会委托张希清先生致函山东大学副校长乔幼梅教授，邀请我到北大参加项目。《存目》记录的 6793 部书的调查，是编纂出版《四库全书存目丛书》的前提条件。我的用处也就在这里。这与我的《四库存目标注》就统一起来了。调查研究需要跑图书馆、博物馆和大学图书馆。一是需要经费，二是需要文件，三是需要人脉。而这三个条件，《存目丛书》编委会都具备。我的调查研究工作进展顺利，速度大大加快。到 1997 年底《四库全书存目丛书》完成，我的调查成果也达到七成了。以后经过几年努力，到 2006 年才完成《四库存目标注》，交给上海古籍出版社出版，精装八本。其中七八两本是索引，内人程远芬教授编制。这部专著，集中体现目录学、版本学的学科特点，受到同行关注和好评。

《文献学概要》是 1999 年撰写的。那年山东大学文学院安排我为全体研究生开设文献学课。每周四个学时，用一个下午。

我拟定提纲，请王绍曾、蒋维崧、冀淑英、黄永年等先生审阅，然后开始写讲义。每周一次课四个学时，我这一周什么也不干，全部时间用来写讲义。一个学期结束，共18周，我写了18本讲义，用的是400字的稿纸，每本100页。后来历史学院张书学副院长、哲学院颜炳罡教授也邀我为研究生上文献学课。2001年山东大学、山东工业大学、山东医科大学合并为新的山东大学。合并前，山东大学研究生院设立研究生课程建设项目，我的《文献学概要》讲义获得立项资助4万元。这部教材交中华书局出版。当时撰写讲义，速度极快，许多例证都在脑子里，几乎不用查。那是参加《清史稿艺文志拾遗》编纂、《百衲本二十四史校勘记》整理、《四库全书存目丛书》编纂、撰写《四库存目标注》积累的心得。该书出版后，寄送师友。陈尚君先生来信说："近年文献学教材出了多种，内容大多因袭，较难自成体系。大著是我感觉最好的一种。举例多为目验手勘之书，所论多精彩独到之见，非浅学者可至。"程毅中先生也来信给予好评："广征博引，取材极广；条分缕析，诠释尤细。诚为总结了二十世纪文献学的新成果。近年亦曾见过文献学论著数种，尊著实为后来居上，独具新意者。"我觉得教材和专著没有区别，《文献学概要》是表现我的文献学知识和见解的专著。该书每年重印约8000册，已经累计十几万册。同行们知道我，尤其是大学生、研究生知道我，大都是通过《文献学概要》。

下面谈谈"领着做"。2004年国家清史工程重大委托项目《清人著述总目》签合同，9月1日开工。我就开始“领着做”了。第一阶段是做条目卡片。从各家书目约五六百种当中，取出记载清朝人著作的条目。每部书一张卡片。共做了130万张卡片。参加的同事、学生360余位。那时候网上书目信息少，条件差，经验不足，所以没有贸然使用电脑做卡片。后来同学们公认，如果开始用电脑做卡片，会面临很大危险。这些卡片经过合并，最后确定清人著述22万7千种。分为经部、史部、子部、集部、西学部、丛书部六大部。每部下分若干类，类下分若干属，属下还有小类。同一小类，可能还要分若干层次。明分的类共400多类。不能分类的书，按撰写先后排列。这样，就构成了清人著述的庞大的分类目录。每部书都著录版本、馆藏，都有材料出处。作者都注明籍贯、字号、履历、生卒年，甚至交游等信息。这是一个庞大的目录学工程，其成果《清人著述总目》已经完成，正在准备出版。《清史艺文志》则是从《清人著述总目》中抽取十分之一重要著作而编成的。

从2012年3月，《清人著述总目》基本完成以后，我又规划了《十三经注疏汇校》项目。山东大学儒学高等研究院立为重大项目，予以资助，中华书局也约定出版。这项工作劳动量巨大。我的研究生和友好老师的研究生组成团队，每天坐班四小时，对各经注疏的宋元明清主要版本进行校勘，加上前人的校勘成果，写成“汇校”。目标是清理儒家经典及注疏的文字异同，总结儒家经典注疏本的校勘成果，为儒家经典注疏本的整理研究和利用，创造更好的资料和文本条件。《尚书注疏汇校》首先完成，由中华书局出版（加上我的一本《尚书注疏校议》，共10本），入选中华书局当年“双十佳图书”，又获得第四届全球华人国学成果奖。《周易注疏汇校》已经完成几年了，我的定稿工作即将结束。《毛诗注疏汇校》篇幅更大，也快要完成了。我带着做的项目，还有国家古籍保护中心委托重大项目《日本藏中国古籍总目》。由我的助手王晓静和我一起带着同学做，进展也较为顺利。

十几年来，跟我做过科研项目的学生，总有四五百人。他们有进有出，学生是要毕业的。可以说是铁打的营盘流水的兵。这当中，许多同学都在从事项目中发现学术问题，写成论文发表了。集体项目，可以提升成员的学术水平，加强对学术前沿问题的敏感度，成员之间交流最新学术信息，交换学术资料，讨论学术问题，大大小小，十分频繁，因此集体项目是培养高端学术人才的绝好平台。作为带头人，你可以不断从课题中获取新知识，从学生那里获得新认识，在学生请教时获得新启发、新灵感。因此，集体项目不仅仅能成就具有较大规模的集体成果，还滋生大量创新成果，培养具有全局观和团队精神的青年人才。这是传承创新的有效方法，值得我们去探索。“领着做”培养出多少人才？我看已经有不少了，还要不断涌现，他们具有不同于别处的特殊素养，具有特殊的学术潜力。

（2020年12月10日凤凰网文化补充采访。）

肆　学术评论与杂记

谈谈《日本藏中国古籍总目》编纂工作

各位同学：

晚上好！

我们今天把各位请来，是因为新学期开始了。前两天（3月2日）在校经处开了“《十三经注疏》汇校”的一个阶段性的会，也是晚上。我说的并不多，因为情况他们也都知道。主要是参加项目的同学，二十多位，都有一些项目过程中碰到的问题，每个人说了一下。每个人说的凑在一起，我后来考虑了一下，几乎涉及了全部应该碰到的问题，所以效果非常好。

那么，今天咱们这个项目，同学们目前的主要任务，实际上是采集条目。这个采集条目，构成了未来《日本藏中国古籍总目》的核心。现在采集条目是什么样，将来出来书目呈现的就是什么样，几乎不会走样。你敲错一个字，将来它就跟着错一个字。这个错字如果很荒唐，下一步还能看出来，如果它不太荒唐，你极难发现。我们的很多错误是怎么发现的呢？是通过比对才能发现。你不比对，睁眼就能看见，这种除非它是很荒唐的。像宋元明时期在雕版印刷的时候，他感觉到这个文字有问题，他可能找了点儿根据改了，改了以后文从字顺，念着很顺溜。这种情况下如果也能发现它错了，那除非你是神仙。所以一般是通过不同文本之间进行比对，校对，才能够发现错误。当然也可能发现不一样之后仍然不知道它错了，甚至于本来就很难说谁错。“悠然望南山”“悠然见南山”，这是很多人津津乐道的。那究竟谁对呢？现在已经没法说了。这个“举一隅而以三隅反”，《论语》里说的。南宋初年有个藏书家，叫晁公武，山东巨野人，后来他的家也在济南。他在四川做官。四川成都，自古就是文化发达之地。在五代孟蜀到北宋期间，在成都居然把“十三经”全部刻在石头上了。原来《孟子》不是经，北宋后期王安石那时候把它提高地位了，所以在大约徽宗时，《孟子》也被刻到那个石经里，凑够了“十三经”。在历史上，从物质层面，凑够“十三经”，也就是加上《孟子》，这是第一次。如果有人问你，《孟子》是什么时候加入经书的队伍，加入“十三经”里头去，那就是在宋徽宗时候，在成都这个地方，成都府知府叫席旦，他刻进去的。四川的这部“十三经”，从五代到北宋把它刻完了，那就是五代北宋版本，这还了得嘛。我们现在看到的“十三经”，没有《孟子》的“十二经”，是唐石经本。唐石经是没有注解的，只有正文。成都的“十三经”有注，这真是了不起。晁公武是个藏书家，他懂得版本学，他就把成都的带注解的“十三经”，和他所看到的当时国子监本“九经”，也是带注的，对了一遍。于是他发现了很多不一样的地方，就都写了下来，叫《石经考异》。但是他大部分都不能判断其中的是非，他就把这个《考异》刻在了石头上。非常可惜，成都石经的石头大部分已经没有了，晁公武这个《考异》也没有了，只留下了晁公武的序言。晁公武在序言中列举了例子，其中有“举一隅而以三隅反”，成都石经本《论语》在“举一隅”后面还有三个字“而示之”，即“举一隅而示之而以三隅反”。晁公武说，他不知道该不该有“而示之”这三个字，他只能把它记录下来，供人参考。他那个态度就很谦虚，也很客观。“举一隅而以三隅反”已经很顺畅了，“举一隅而示之，而以三隅反”也顺畅，那谁知道哪个对呀？可是你知道有这个不同，和你不知道有这个不同，那当然还是知道了好。知道了有什么坏处吗？肯定没有。我们增加了见识，有什么不好呢？也就是说，有时候，发现问题，是要通过比对不同的文本。

我们现在要完成一个国家古籍保护中心委托我们山东大学的任务，在调查研究的基础上编一部《日本藏中国古籍总目》。人家找到你山东大学，那是看得起你。我们国家在国内搞的古籍普查工作，已经是大获成功。虽然没有说完全完成任务，但是大部分任务已经完成了。我们中国历史上什么时候也没有这样清算过，我们国家到底有多少古书，只有在今天这样一个条件下，数字化，和平发展，经济上到了一定的高度，有了余钱，才能发动这么些单位来参加国家古籍普查工作，把古籍普查的成果都挂在了网上。

国家古籍保护中心是国务院下面级别很高的单位，至少是副部级单位，它挂靠在国家图书馆。他们开展的卓有成效的工作，就是搞了这个古籍普查。我们山东大学，我们山东省图书馆、山东省博物馆参加了这项工作，谁也不能不参加，因为国家有命令，你难道不是国家单位吗？所以这次普查是非常有效的。当然我们国家在历史上并非一个封闭的国家，很多外国人到中国来学习，很多外国的书商到中国来采购图书，到他们那个地方去发售。大家也知道有个内山书店，把日本书拿到中国来，或者把中国书拿到日本去，这是好事啊。日本人喜欢中国文化，到了什么程度呢？中国去日本的商船想在日本靠岸、卸货，你得给他办点事儿，办什么事呢？给他带一批书去，如果你没有带书，他就不让你靠岸。你看人家这个态度多好！

从中国带书通过什么途径获取呢？无非就是上书店去买一批书。既然书店里要卖书，也没有说不能卖给外国人，卖的那些书也不见得都那么稀罕。当年顾廷龙先生，他在燕京大学图书馆工作，他负责采访图书。美国的哈佛大学燕京学社曾经委托燕京大学替他们采购图书。顾先生在帮助哈佛大学采购书的时候，如果这个书很稀罕，他一般不会交给美国人，他会留在燕京大学。而燕京大学，是现在的北京大学的前身之一，现在北京大学校园的主体部分就是燕京大学。老的北大在北京市里头，在故宫往东路北，红楼那个地方，现在是国家文物局，文物出版社也在那。红楼不就是北大象征性的建筑么？在那个地方，我也去过。哈佛大学有一些稀见书，现在看来，很多都是从日本那里买过去的。二战以后，日本处于比较困难的时期，美国在那里也有很多驻军和文化工作人员，这些书都是从那里采购的。它叫“哈佛大学汉和图书馆”，“汉”就是汉族，“和”就是大和民族，现在有些书还盖着这个印章。那么有一些书流到我们邻国日本、朝鲜、越南，基本都是正当途径。抗日战争时期，日本也从我们国家抢走了一些东西，这是事实。但是我们也要知道，大量的图书是通过正当的途径流过去的。

由于我们中国战乱频仍，有很多书没有能够保存下来，就保留在我们的邻国日本。例如我们《十三经注疏》当中第一部叫《周易注疏》。《周易注疏》是唐朝孔颖达的，孔颖达在写《五经正义》的时候，有一部叫《周易正义》，也叫《周易注疏》，那是属于唐朝初年官修的，国家代表性的成果。但是他在写这个《正义》的时候，因为当时《周易》的经，包括《周易大传》，以及王弼的《注》，读书人家都有，属于特别常见的，就像课本一样的家家都有。《周易正义》是对《周易》经文的解释以及对王弼的注的再解释，也就是疏。那么孔颖达就采取了一个办法，不把经文和注文都写上。他解释“天行健，君子以自强不息”，就写“天行至不息”，下面就说“正义曰”。原文省略了。为什么呢？不用都抄上，因为太费事了，那时候没有雕版印刷。另外作为读者来说，大家手里有经文，我又何必都写上呢？唐代科举考试，经书要背下来，才能应付“帖经”的试题（盖住几个字让你填，类似于英语的“完形填空”）。孔颖达的《周易正义》在诞生的时候只有他的《正义》，并没有《周易》的全文和王弼注的全文。这样一种只有《正义》，只有疏的文本，叫“单疏本”。《周易》单疏本是孔颖达的原貌。到了宋朝感受到在阅读上不方便，于是就拿了孔颖达的《正义》，他说“天行至不息”，就把这十个字“天行健，君子以自强不息”都给你写上。他说是“注某某至某某”，也把注的全文添全。这样经文、注解和孔颖达的疏就全了。这样的文本叫“经注疏合刻本”。合刻本我们现在知道的是南宋前期在浙江绍兴出版的。绍兴这个地方有这样的财力，是因为当时它有一个有钱的单位，这个单位叫“两浙东路茶盐司”。两浙是浙东浙西。两浙东路，还有一个两浙西路。两浙东路茶盐司，茶叶和食盐，挣钱的买卖。宋代地方政府设“公使库”，存一笔钱，用于来往官员的接待。两浙东路茶盐司这样一个有钱的单位驻在绍兴，它的“公使库”应当比较宽裕。宋代不少公使库到年底会剩下钱，就想很文雅、很合法地来开支，就用来出版书。这就产生了著名的“公使库本”。这个出版书就不能乱出了，最好是出版经书、史书，出这些正经书。因为什么呢？因为他出了书以后，会送给来往的官员，他会带到首都去，送给官员甚至皇上。因此校勘得也比较好，开本也比较大，质量也高。现在看，是宋版书当中的上等货。那么这个《周易》的经注疏合刻本《周易注疏》也诞生在绍兴这个地方。就是《周易》的两浙东路茶盐司刻本。可是《周易》的这个版本，在我们国家找不着了。在我们邻国日本却有这本书，在日本的一个古老的学校，在东京，叫“足利学”。在这本书上，有多处它的这一卷结束的地方，签了陆游的儿子的名字，叫陆子遹。陆子遹读书的时候在上面留下来的，也就是他写的题记。例如最后一卷之末写有：“端平二年正月十日镜阳嗣隐陆子遹遵先君手标以朱点传之。时大雪始晴。谨记。”是说陆子遹根据他父亲陆游的标点对这部《周易注疏》用红笔进行了标点。那么想必陆游家里书不少，因为陆游对古书很有研究，学问非常大。他也修过《南唐书》，还是个著名的历史学家，还写过《老学庵笔记》《剑南诗稿》《渭南文集》，他东西很多。

陆游是个大学者、大文献学家，那么他家里的藏书经过几代人可能会流出来。这个书流出来是正常情况，流出来以后叫别人买去了，继续流通就是了。这个书究竟通过什么渠道，也可能经过商船被带到了日本。商船在日本靠岸，主要在长崎。那么它落到了足利学，保存到了今天，我觉得怎么也算个功劳吧。这部真正的国宝级的古书，稀世珍品，日本人把它影印出来了，我们中国人又翻印了。现在可以很容易地获取影印本。我们校《十三经注疏》，大家知道《周易注疏》如果没有这个版本的话，简直就是一个巨大缺陷。所以我们的东邻日本保存了一些我们中国业已失传的书，以及这个书还传世但是业已失传的版本，应该说对中国文化是一个很大的贡献。

我们海外的典籍，大家知道我们的敦煌卷子流到了俄罗斯，流到了英国，流到了法国。我们的《永乐大典》世界上很多国家都有。存世的《永乐大典》现在有四百多册，八百多卷，分散在世界很多地方。这些珍贵典籍流到海外，当然是非法被劫的。但还有大量中国的典籍流落到了海外，在当年可以说大部分都是合法的出境，在海外得以保存，是件好事。

至少从清朝开始，中国的学者就在海外访求这些珍贵的书，把它抄写下来，或者拍照，供我们中国人来研究。早在清朝中期的时候，日本人也出版过中国已经失传的中国书，这套书叫《佚存丛书》，是日本的学者林衡编的，由日本人自己出版。这个《佚存丛书》在清代的中后期开始流传到我国。我国的收藏家都很珍视这些书，其中有一部书可能大家熟悉，它叫《唐才子传》，很宝贵。

所以我们要了解海外收藏的中国典籍，在我们今天来说，是我们国家文化资源调查当中很重要的任务。那么在海外保存中国典籍方面，排在头一位的，是日本。研究成就排在头一位的，也是日本。大家都知道在唐朝的时候，日本人一批又一批地公家拿钱，派人来中国留学。其中有一些是和尚，这些和尚叫“留学僧”，留学的高僧。其中有一些很有名，像圆珍、圆仁，都有著作。还有圆载，他很倒霉，他碰到了唐武宗灭佛，勒令他们还俗。那他是个日本和尚。日本和尚也要还俗、要结婚、要种地。他在田里种稻子，晒得乌黑。所以等到后来圆珍来了的时候，他急于找圆珍，因为他生活困难。他想知道圆珍能不能给他带一些经费来，圆珍在日记当中对他表示鄙视。他不知道，圆载是不得已的。后来由于政策变化了，圆载又出家了，并且根据日本政府对他的要求，他又购买了很多的经卷，搭着商船回日本，可惜半路上船沉了（关于圆载“还俗”也有不同的说法，这里不再涉及）。所以日本人来中国学习，购买中国的典籍，包括佛教的，也包括经史子集的，带到日本去，我觉得这是非常友好的，中日之间的佳话。我看过圆珍在中国学习的日记，也算是游记。徐霞客的游记就是日记体的。论体他是日记，论内容他是游记。而游记归入史部地理类，纯粹的日记要归入史部传记类，等于个人的编年史。

圆珍的这个日记叫《行历抄》，所谓“抄”是指日本人的节录本。《行历抄》在中国已经出版了，北京大学教授白化文先生注解，白先生赠送给我一部，我看了两遍，我觉得这部书太好了，我给白先生也回了信。后来出版社问白先生说，能不能发表一篇评论，以提高我们出版社出这部书的影响？白先生就写信说，你既然读过我这本书，你就写篇评论吧。我就写了一篇评论，评这个《行历抄》的，所以我对这本书就很熟悉。白化文先生是研究佛教的，语言学各方面水平都非常高，所以他那个注解，我觉得也是属于高水平的。叫《行历抄校注》。这个事情好多年了。在中日文化的交流上，有很多的佳话，有些宝贵的典籍保存在我们邻国日本，是相当好的事情。

我们现在国家对内的古籍普查可以通过行政的命令手段，就是说你是山东大学图书馆工作的老师，现在给你布置个任务，把你们图书馆的古籍，全部按照国家规定的格式登记上报，你每天上班就干这，不用干别的了。所以大家就在一段时间之内，重要工作是完成国家派下来的这个任务。我们山东大学图书馆，也成了国家古籍保护单位，也挂了牌子，还给经费。我觉得这都是好事情。我们也有一些学生当年参加过山东省的古籍普查工作，我们尼山学堂还有学生参加过四川省图书馆的古籍普查工作，也都长了很多见识。因为他在那个地方普查的时候遇到什么版本不好判断，会拍张照让我看。所以我觉得这些都是非常好的，推动了古籍整理研究的事业，也提高了国家对古籍整理事业的关注，总是好事。但是对外的古籍普查，中国古籍在国外，这个调查工作就不像国内那么容易了。比方说，咱没办法命令外国人干，是不是？咱也不好在外国雇人来普查。所以普查就不太容易。为了推动海外的古籍的调查，我们山东大学的郑杰文教授，就承担了“全球汉籍合璧”国家重大文化工程，取得了很多的成绩，也有很多外校的老师乐于参加郑杰文教授的汉籍合璧工程，是很有意义的工作。

《日本藏中国古籍总目》是 2017 年 11 月受国家古籍保护中心、国家图书馆出版社委托而启动的重大项目，时间上在“汉籍合璧工程”前一年。学校领导也很重视，这项工作的难度看上去不大，但是需要做的工作量却很大。我们要务实地对待这个事情。为什么要务实呢？就是日本收藏中国古籍的单位很多，他们有很多单位没有能力编目录，因此也没有公布。我去过大东文化大学。大东文化大学收藏的中国古书很多，而且很开放，山口谣司教授陪同我到地下库里去参观，碰到了这么两本书，好像是邵章写给傅增湘的信，裱起来的。我说我想拍下来，他说你拍吧。我就把它拍下来了。可惜光线不行，我的拍照技术不行，拍的不能用。但人家的态度是好的。所有的书都有函套，非常完整、整齐。可是他就没目录，他没有能力编目。你说要是我们跑去替他编吧，他会说他们自己能编，是吧？日本的东洋文库很有名，他们经、史、子、集的目录都出来了，薄薄的，编得很规范。我看了看他们那个时间，从 1945 年到 1993 年，48 年时间才陆续出齐。他们干活儿仔细，进展缓慢，咱不能等啊。我们要务实一点，务实的办法是什么呢？把业已公布的，日本人收藏的中国古籍的目录，给他汇总起来，搞一个联合目录。那么这项工作如果要做的话，也是工程浩大。

我们现在了解的日本收藏中国古书的单位，鼎鼎有名的是日本的宫内厅书陵部。宫内厅是日本的一个部门。宫内厅有个书陵部。书陵，我想陵就是山的意思了——书山。因为明朝也有《百陵学山》，“陵”就是高土堆的意思嘛。宫内厅书陵部收藏的宋元版书有 144 部。其中有不少重要典籍，中国人出版的，人家日本人买去了，收藏在皇家图书馆。北京大学很著名的教授安平秋先生，是教育部全国高等院校古籍整理研究工作委员会主任，也是国家古籍整理出版规划领导小组副组长。安先生由于长期领导高校的古籍整理工作，跟北美、日本这些国家的古籍收藏单位有着很好的友好关系。他就把日本宫内厅书陵部的宋元版书全部复印来了，复印来之后就影印出版了。当然有些版本咱们国内有，他就剔除了，其实也可以不剔除。为什么要剔除呢？省钱。先由线装书局影印了一批，没完成，应是经费困难。后来由上海古籍出版社出了 66 种。上海古籍申请国家补助才出来的。而这个申请要有两个专家来推荐，我就是一个，也就是说我帮过忙。不管怎么样吧，千辛万苦把它复印来出版了，我们就可以用了啊。这是很大的贡献。就像刚才我说的足利学《周易注疏》这样珍贵的本子一样，宫内厅的那些书的级别非常高。

日本又一个重要的、收藏中国典籍的、日本人骄傲的地方，在东京，叫静嘉堂文库。静嘉堂文库是日本的私人图书馆，它隶属于三菱财团。它收藏的中国典籍量非常大，来自我国清朝末年的四大藏书家之一，浙江湖州陆心源家。陆心源的藏书楼叫皕宋楼。“皕宋”就是两百部宋版书，还有很多其他的善本，全部被人家日本人买走了。这在中国文化史上真是一个巨大的创伤，了不得。因为什么呢，它居然发生在清末。让人家用大船运到东京，藏在静嘉堂文库。四大藏书家之一啊！静嘉堂文库出版了完整的目录，宋版书还出了图录。它的善本书的电子版在我们国家也有流传，最早是北京大学交换来的或是购买来的。

另外就是京都大学，是研究中国学问的一个高峰点。京都大学有个人文科学研究所。京都大学人文所的藏书，其中中国的古籍量非常大，也有很多特别好的书。我给你们举一个例子。《周礼》这部书是唐朝的贾公彦做的疏。他也参加过孔颖达的这个工作，所以是同时代的人。贾公彦的这个疏当年也是单疏。《周礼》的正文和郑玄的注并不全，只有贾公彦的疏是全的。这个叫《周礼》单疏本。南师大的三礼专家王锷教授曾经告诉我，《周礼》单疏本可能失传了，人间没有了。但是在1958年，日本有个学者叫加藤虎之亮，他几乎用了一生主要的精力对《周礼注疏》进行校勘，校勘得非常仔细，出版了《周礼经注疏音义校勘记》，这是他一生值得骄傲的工作。至今最完善的《周礼注疏》的校勘，是加藤虎之亮完成的。他就在仙台这个地方校了日本东北大学的《周礼》单疏本。收藏在东北大学的《周礼》的单疏是写本，那当然是稀世珍宝了，我们中国人都认为是找不着的书。复旦大学教授陈正宏先生在东北大学访问，我就发电子邮件请陈正宏教授看看有没有这部书。陈正宏教授查到了这部书，说是用照片粘贴而成，但他正好访问期满要离开，他请他的日本学生尾崎顺一郎等人分期借出来拍照，拍完以后存U盘里寄过来。东北大学的这套书是用照片粘贴起来的，所以体积很大。那么原书在哪里呢？尾崎顺一郎在邮件里说，藏在日本京都大学人文科学研究所。台湾大学教授张宝三先生，有《五经正义研究》。张宝三先生跟我说，他在京都大学人文所看过这部书。但是我们看目录上没有，哪里都查不到。尾崎顺一郎说，他们已经把全书高清彩色图像挂出来了，告诉我们登录办法，一共大约二十五个文件夹。我就让我的学生校经处的人分工，一人一个文件夹，下载了下来。

人家挂出来让你免费使用，山东大学挂出来没有呢？没有。

其他大学也没有。你能比得了人家吗？那样宝贵的古籍，保存在了京都大学人文科学研究所，人家还挂出来让你用。是日本人的抄本，不是中国人抄了传过去的。经过我的博士生韩悦研究，这部抄本来自南宋时期国子监刊刻的《周礼疏》。而这个南宋时期刊刻的《周礼疏》，在人世间已不存在了。这个抄本来自那个国子监本，还保存了国子监本的一些痕迹，比如避宋朝皇帝的讳，要缺笔，文字上也有很多特征。多么宝贵呀！京都大学人文所，出版了好几版他们的藏书目录，我们图书馆就有，我们这个地方就有京都大学的目录不止一套。在日本，编古籍目录水平最高的，早期的，就是京都大学的专家。早在 20 世纪 40 年代，就有这些目录。

还有一个收藏单位，是日本东京帝国大学，殷孟伦先生曾在那里留学。东京大学有个东洋文化研究所。这个东洋文化研究所我去过，四层楼，人家叫研究所。我们中国人都觉得叫研究所太小了，得改成研究中心、研究院。人家这种金牌是不会改的。刘晓东老师就说，你整天在换名，你连牌都挂不长，怎么能成为名牌？我觉得这个话很有道理。你要有自信心，哪怕是个研究室，你也可以世界驰名。东洋文化研究所的古籍量非常大，他们也出版过非常完善的《东京大学东洋文化研究所汉籍目录》。我们这里也有，藏书量非常大。静嘉堂出过全部的目录，东京大学东洋所出过，京都大学人文所出过。早稻田大学也出过完整的目录。还有龙谷大学、东北大学、关西大学等等，好多单位都出版过完整的目录。可是中国人要用这些东西，并不是很方便。因为他很分散，有的目录部头很小，流传不广。

我们中国人搞过几种联合目录，比如说《中国古籍善本书目》《中国古籍总目》《中国丛书综录》《中国地方志联合目录》《全国中医图书联合目录》《中国农业古籍目录》，都出过。那么我们为什么不顺着这个思路，搞出《日本藏中国古籍总目》呢？把人家业已公布的部分先汇总起来，按照经、史、子、集分类，加上索引，然后把这个成果挂在网上，不就好办了吗？京都大学有个网站，他们的信息很早就达到了九十多万条。这样一种网站有缺陷。第一，它不是学术性的目录，它属于资料目录，著录无法达到学术规范的标准。第二，它不是分类目录，查阅就不方便。你比如说，我知道有一本书叫《楚辞补注》，洪兴祖的，我还知道有一本书叫《楚辞集注》，是朱熹的，我还可能知道有一本书叫《山带阁注楚辞》，是蒋骥的。但是我并不能知道全部的《楚辞》目录，我更不知道日本人收藏了多少《楚辞》目录。如果你拿到了一部日本人的分类古籍目录，你拿到楚辞类，你一翻，全部楚辞书目都有了。什么版本、收藏在哪个图书馆，全有了。分类目录的好处，宋代的郑樵说过，叫“即类求书、因书究学”。按类查书，一查一堆，诗经类也罢，书经类也罢，李白的也罢，杜甫的也罢，《文心雕龙》的也罢。我但凡查到一部《文心雕龙》的书，全部的《文心雕龙》的书就都在那儿了。一条线就能牵出所有书来，所以这个分类目录非常重要。而咱们中国人编目的时候，从刘向

《七略》就开始讲究分类，分类越准确越好。如果我们把日本人收藏的中国典籍编出一个分类目录，带着版本、带着它的收藏地，那该有多好啊！这项工作并不是高不可攀的，它的真正的难度在于资源的调查，就是把日本人业已公布的信息，以及我们中国人去日本看到的信息，公布出来的，像北大的严绍璗教授，他在日本访书多少年，把得到的信息，编成《日藏汉籍善本书录》三大本；还有《王古鲁日本访书记》等等，其实很多。中国人在日本访书，杨守敬这些都是成就很大的。把这些成果都拿来，和日本人编的目录合起来，做成我们中国的经、史、子、集的分类目录，再放在网上，我们中国人用起来就方便了，当然外国人也要用。日本人，他要有他的联合目录多好啊。现在的日本人，已经没有这么个专家队伍了，他们学习中国文化的人，这个队伍很小，办不了这个活儿，只有由咱中国人去办了。所以我们这个工作要分步走。第一步，把日本人公布出来的信息总结出来，编成一个《日本藏中国古籍总目》。又过了十年，又公布了很多，我们搞增订本可以，我们搞续编也可以。路总要一步步地走，就像吃饭要一口口地吃。你光想着理想化，一网打尽，那我觉得三十年之内都没有可能。人生是有限的，我们的老师和专家能等着吗？等三十年的话，有的人都不在人世了，别说是用了。所以有很多事情不能等。不能等怎么办？最策略的方法就是分步走。所有的事情，你们将来记着，路要一步步地走，先易后难。能办的事情你都不办，人家目录已出来的，汇在一起的工作你都不做，光想着高大全，那是不行的。所以分步行动，由易到难，由近及远，你这一辈子都要记住这一条。我从事各种项目多少年，一直秉持这样一个原则。好大喜功、好高骛远，是不行的。我们要一步一个脚印来做。

怎么做呢？就是把日本人公布出来的书目，因为它们体例不一，用我们设计好的表格，往里填这些信息，让这些日本的信息并轨。所谓并轨，就是规范化。并轨之后就可以合并了。《周礼疏》在京都大学有抄本，而在东北大学有照片粘贴本，我把这两条信息汇在一起，进入经部礼类的周礼之属，一查就出来了。当然，《周礼注疏》还有其他的版本在日本有收藏，比如说《周礼注疏》的元十行明修本可能是有的；明代的李元阳本，即所谓闽本，应该是有的；毛氏汲古阁本、北监本都是有的；清代的武英殿本也是有的；阮元刻本也是有的。把这些都汇在一起，《周礼注疏》的信息不就全了吗？当然还有我们不知道的信息。所以我们现在做的信息采集工作，直接决定未来出版的《日本藏中国古籍总目》的基本面貌。那么汇集的工作过程当中，你把“周礼”打成“仪礼”了，经过比对，可以被发现。但是我们也要考虑这样一个问题：有些信息在日本只有这一条，并没有可以比对的材料。那你错一个字就带到最后，基本发现不了。所以我们现在做的这个日本书目的信息采集工作，实际上是国家海外中国典籍信息调查的工作的组成部分。当然我们没有跑到日本去。因为什么？我们不出山东大学就能办的事儿还没办呢。如果我们现在把手头得到的信息汇集起来，编出来，就已经很有规模了。并且我考虑，我们可以获得日本藏的中国典籍的百分之七十，这是有可能的。因为比如说日本某大学，它有中国古籍，它没有公布，它有一天公布了，公布以后我们干什么呢？我们就在电脑上对照我们已有的信息，才发现它那个地方真正稀见的书只有两部，其余的书在日本其他图书馆有。也就是说，纯粹的增量是很小的。我们山东大学的古籍已经比较多了，只有山大才有的这种书却很少。如果国家编联合目录，山东大学没参加，然后有一天，山东大学又愿意参加了，那怎么办呢？派人核对信息就行了。核对了半天，你只有几本书有价值，其他书别的图书馆都有。所以说并不是增加了一个图书馆，它的所有古籍都有用，而是它基本没用。从这个意义上讲，我们就现有的这些大图书馆的信息，汇总起来，甚至可以得到日本收藏中国古籍信息的百分之九十五，这种可能比较大。所以请大家来做这个表格的工作，从整体上看，是为国家做贡献。

我们这种工作是创造性不强，但对我们个别的同学来说，你会有什么收获呢？第一，你在做这个工作的时候，把很多古书的名字印在了脑子里，以及著录的格式，某某书多少卷，目录多少卷，卷首、卷尾等等。这样一些格式，当然都是专业性的。第二，你脑子里装了很多学者名，这些人也可能是文学家，也可能是语言学家，也可能是经学家，也可能是历史学家，也可能是宗教方面的高僧……总而言之，你脑子里装了很多的人名。以前老一辈会让学生看《书目答问》，张之洞的，让他把这些书名都记下来，把这些作者都记下来，然后才有资格跟老师学。那我们现在去背

《书目答问》，可能有些枯燥。我们录这个日本书目，既是为国家做贡献，又在无意之中记住了很多的书，记住了很多中国古代学者的名字，这个可以说是非常大的收获。如果你脑子里只有那些著名人物，你做学问，基本上是不好做的，你必须得扩大战果。扩大战果又缺乏一些机缘，你趁这个机会，就记住了一些看似无用的信息，实际上它是有用的，将来你就会明白了。第三，你还可以记住一些版本名称，这些版本名称奇奇怪怪的，你看“版本学概论”记不了这么真切，你看这个书目，你就能记真切。这就像看小说，你反复看小说就会认很多字，你就会学会文学表达方法，你的语文功夫就会大幅度提升，比你上课强多了。中学语文老师都知道这一条，就是你多看就行，没什么诀窍，多看！你看《小说月报》，就可以，你的语文水平就高。那我们搞古典学问的，就是做这类的目录学的工作，是基本功，所以同学们可以在这方面注意训练。第四，就是学会了不见面的配合。大家基本不见面，居然有这么多互不相识的人在做同一件事情，你知道这是多么不容易啊！只有在现代化的今天，才有这种可能性。要不然的话，我们过去国家修《四库全书》是把所有的人招到翰林院，上班，不在一块儿没法干。我们现在就能，是不是？就像我们今天开会还可以有人在线上开嘛，所以太好了。

胥润东是在座的同学，他整理了他们家乡的地方志《盐亭县志》，乾隆年间的，他才是个大一的学生。我跟我爱人程老师说，我们在大一的时候什么都不懂，没看过任何一眼古书，光知道看课本。他居然把乾隆时期的雕版印刷物整理出来。他约时间找我，他问什么东西呢？版本问题啊，校勘问题啊，大量的异体字怎么办，能不能改成通行的繁体字字体啊。我没法一口回答。我也曾经回答过“可以动”，但我后来跟他说了“不能动”。我跟他说不能动的时候又麻烦了，所以最后我只好采取了对我其他学生的办法，就是你一个字一个字问我，你别跟我说原则，我没法回答。他就把这些字写在白纸上，首先把一个乾隆本上的字，他认为不规范的写下来，然后接着就写一个他认为规范的字。一个字一个字编上顺序号，拍照，手机微信发给我。我来回答他，一、二、三、四、五能动，六、七、八、九、十不能动，我就好回答了。当然这是我们约好的暗语。我的那个学生孙欣婷，她是我的博士后，她整理清代一个刻本叫《小檀栾室汇刻闺秀词》，就是妇女的词集汇刻。那里面异体字很多，她就采取这个办法，一批又一批地给我发微信。我一个字一个字地给她提建议，这个能改，那个不能改。她把我的意见列成了表格，将来她要出版书的时候，把这个表格放到前头，那就可以说经过与杜老师商量，以下这些字规范化了，其他那些字没有规范化。这就是非常负责任的态度。也就是说，你借此机会认识了很多异体字、古今字、繁简字、正俗字（正体字和俗体字），甚至于讹体字，都有的。你不读书，怎么能实现这一步呢？我们从事古籍整理工作，会碰到这样或那样的问题。你碰到问题就要商量，商量就会长见识。我们到底通过什么方式来进步呢？我参加过无数的集体项目，重复着这样的劳动，最后我慢慢成长起来了，很多经验都是在参加项目中获得的。如果你在家里，读这些规范的出版物，这些书，标点也很好，排印也很整齐，规规矩矩的，你就大约走上另外一条路。什么路呢？什么都是规范的，什么都是规规矩矩的，好像人世间的书都应该是这样。其实百分之九十以上的书都不是这样。我们中国的古籍，经过整理和规范的比例很小，可以不折不扣地说是冰山一角，那么你只有去接触，去广泛地接触原版或抄本古籍，你才能够认识这一点。所以呢，做《日本藏中国古籍总目》，可以长见识，可以学会独特的团队配合。

如果不这样开开会，见见面，你体会不到，我们有一支看不见的队伍在为国家做工作，它的难度绝对不高，可这件事情是绝对的重要。另外，如果不是在座的各位，这样一个层次的人才，这项工作无法做。这项工作不是什么人都能干的，我想你一定会得出这一结论。难道我们就不做吗？就长期叫它处于这么一个涣散的状态，拿不出一个东西来。我觉得我们有这个能力，而且尽这样的义务，还是对国家有益的、为学术界能够创造方便的一项工作。国家古籍保护中心所做的工作在某种意义上来说就是无名英雄，没有名，也没有利，可是它几乎改变了我们从事优秀传统文化研究的生态。就是我们获取信息的方便度，是过去的百倍、千倍、万倍，缩短了时间，提高了效率，不都是他们做的吗？你不做，我不做，光想着方便，都不想着去开发，这是不正常的。

所以我们现在是要解决一个问题，海外汉籍收藏最多的日本，到底有多少中国古籍，它们在哪里。我们在做这种工作。我们不能一步到位，但是我们现在正在做力所能及的工作。即使是这样，我们在这个方面也是居于前沿的。也许对各位来说是举手之劳，但是我们汇集起来是造福于我们学界的一件大事。当然我们只能一丝不苟地去做，希望大家敲每个字的时候都知道这是一件重要的事情，需要保证质量的事情，集腋成裘的大事。我想，跟大家扯一扯这件事情的性质，有助于我们提高认识、统一认识，也有利于我们统一步调、加快进度。我们这项工作不具备连贯性，不像看小说和连续剧那样放不下。它一条是一条。比方说吃完饭，坐下来说闲话也是说，噼里啪啦弄了十条日本藏中国古籍信息也是干，累不着你。如果你心里头有这个事情，可以利用零零散散的时间，大家都这么做的话，我们的速度就会非常快。今天不做，明天不做，就像记日记一样，就中断了，中断了就更不想记了。所以利用零碎时间做这项工作是最适合的，它就像躺在床头上看手机、看闲书一样，是一个不需要整时间的活儿。希望大家可以从国家需求的高度把零碎的时间用上，从而使我们这项工作的进度可以往前赶一赶。这也有利于我们山东大学，提高我们的信义。因为这是我们答应的活儿，一诺千金。我们能早一日拿出来，该有多好！

（2021 年 3 月 7 日晚《日本藏中国古籍总目》编纂组会议的讲话。据录音整理。整理者：陈奕飞、袁玉琦、郑怡宁、韩超、谢雨欣、曲莹、隗茂杰、吴雪菡、李佳杰、刘润枫、林康、商赛博、李玺、方英权、马素雅、于快、冯梦非、许高雅、祖雪妍、尹冠桦、索浩然、董一峰、马宁、陈锴。整理稿经杜泽逊审订。）

《古籍简报》是我国古籍事业的实录

全国古籍整理出版规划领导小组办公室编印的《古籍整理出版情况简报》（简称《古籍简报》）即将达到600期，周杨同志来信约我谈谈对《古籍简报》的认识，我当即答应。

我是《古籍简报》的长期读者，我认为《古籍简报》较为全面系统地记载了我国当代古籍整理出版事业的历史，称得上是当代古籍事业的实录。

据有关材料，《古籍整理出版情况简报》是1958年国务院副秘书长、文化部副部长兼国务院科学规划委员会古籍整理出版规划小组负责人齐燕铭同志倡议创刊的，“文革”期间中断。1979年复刊，作为中华书局总编室编印的内部刊物。后来仍由国务院古籍整理出版规划小组办公室编，中华书局印。1993年国务院古籍整理出版规划小组更名为国家古籍整理出版规划小组，1999年组建全国古籍整理出版规划领导小组，《古籍简报》一直由古籍小组办公室编印。大部分年份，是一月一期，一年12期。

《古籍简报》刊登国家古籍整理研究及出版工作的有关政策，古籍整理研究及出版信息，有关古籍整理的经验总结、理论探讨、建言献策，古籍整理研究及出版成果的介绍、评论，古籍整理研究及出版机构、专家的介绍，古籍整理项目的介绍，等等。如果我们要撰写《中华人民共和国古籍事业史》，《古籍简报》是具有权威性、全面性、系统性的编年资料。

粗略统计，我在《古籍简报》上发表过17篇文章，最早的是1990年12月20日《古籍简报》总236期上和我的老师王绍曾先生共同撰写的《我们是怎样编纂〈清史稿艺文志拾遗〉的》。当时负责《简报》的是古籍小组办公室主任沈锡麟先生。文章发表后，王先生寄给美国匹兹堡大学东亚语文系王伊同先生，伊同先生回信中给予表扬，还说："泽逊先生必是高足。"王绍曾先生主持的《清史稿艺文志拾遗》是中华书局约稿，1989年列入全国高校古委会资助项目，1992年列入国务院古籍整理出版"八五"规划，2000年中华书局出版，获得教育部一等奖。2004年、2010年国家清史委员会先后把《清人著述总目》《清史·艺文志》委托给山东大学承担（杜泽逊主持）。仍是王绍曾先生创下的基业，打下的基础。《清史·艺文志》（清史委改名《清史·典籍志》）已于2018年7月22日校定清样上交清史委转人民出版社等待出版。《清人著述总目》2019年7月15日修订定稿，正在根据清史委的安排准备交付出版。从1983年王绍曾先生开始主持编纂《清史稿艺文志拾遗》，到2019年《清人著述总目》定稿，经过了

36年，初步厘清了清朝人著作的目录。《清人著述总目》共著录约22万7千种。这是当代古籍整理事业的一个小角落。

1992年11月20日《古籍简报》总264期发表了我的《〈四库存目标注〉叙例》。乾隆间纂修《四库全书》，从全国征集图书一万多部，其中3400多部选入《四库全书》，叫作“著录”。另有6793部《四库全书》未收，而列入“存目”。这两部分书都撰写了提要，汇为《四库全书总目》二百卷。“著录”的书当时另编《四库全书简明目录》单行，“存目”的书则由胡虔编成《钦定四库全书附存目录》十卷单行。《简明目录》与《四库全书》对应，中国古籍的骨干都在里头，所以早在清代中期就出现了版本标注，有名的有邵懿辰《四库简明目录标注》、莫友芝《郘亭知见传本书目》两家。黄永年先生收藏的清代朱学勤批注的《四库简明目录》也由国家图书馆出版社出版，而更完善的是傅增湘的《藏园订补郘亭知见传本书目》（傅熹年整理，中华书局出版）。1992年1月我在琉璃厂买到一部《四库全书附存书目》，清刻本线装四册，内有民国间佚名批注的各书版本。红色批注摘自《四库总目》，墨色批注条目很少，应是批注者知见的版本。我买到这部批注本，即学习邵懿辰、莫友芝，着手从事《四库存目标注》，对6793种“存目”之书进行版本调查研究，标注于各书之下。1992年5月国务院第三次全国古籍整理出版规划会议在北京香山饭店举行，那是一次盛会，古籍界的许多著名专家出席了会议，并在小组发言中发表了高见。这些宝贵意见首先刊登在《第三次全国古籍整理出版规划会议简报》上。会议简报共编印六期，我曾通过罗琳先生借用科学院图书馆古籍组的存本复印合订为一册。但那个时候还无缘看到《会议简报》。我拜读专家发言是通过《古籍整理出版情况简报》。专家意见中，5 月 26 日周绍良先生说："现在的问题是急需出些原始资料，如《四库全书总目·存目类》有很多重要的书，晚明和清初的很多书收在《存目》类中，如果编一部《四库全书存目丛书》，补齐《四库全书》，将是一件非常好的事。" 5 月 28 日胡道静先生又指出："《存目》开列的书有六千多种，比《四库全书》多了一倍。这些书曾放在翰林院，但在八国联军时被焚烧了。《存目》中的不少书，只是由于不合当时封建统治者的正统观念，而未被收入《四库全书》，其实《存目》中的书有价值的也不少，如李卓吾的哲学著作，还有《天工开物》等等。为此，今天也要做个清理，既弄清《存目》中的书存与亡，也是为搞好全国古籍总目做准备。"看了周、胡两先生的发言，我感到自己从事的《四库存目标注》更重要了，同时担心有人看了《简报》也来做《存目》版本调研工作，与我"撞车"。于是找董治安老师请教。董老师是古籍小组成员，参加了香山饭店会议，他建议我写一篇东西，寄有关专家征求意见，也是公开信息的一种办法。于是我写了《〈四库存目标注〉叙例》，模仿孙诒让《〈温州经籍志〉叙例》的格式和文风，寄给傅璇琮、赵守俨、安平秋、周勋初、章培恒、黄永年等先生。傅、赵两先生马上回信，予以勉励。傅先生是新当选的古籍小组秘书长，他把这篇《叙例》

发表在《古籍简报》上。1992 年 11 月 5 日我到北京办事，拜访住在北苑航空研究院的顾廷龙先生（顾廷龙先生之子顾诵芬先生是航空研究院副院长，飞机专家），把我的《四库存目标注》硬皮本第一册呈给先生看。先生阅后告诉我："事成则功德无量。"又说他也有一部《四库存目》，上面有批注，放在上海，等回上海带来给我参考。1992 年 12 月，北京大学东方文化研究会历史文化分会会长刘俊文先生、中华书局历史编辑室主任张忱石先生等共同向国务院古籍规划小组提出《四库全书存目丛书》编纂出版计划，23 日获古籍小组组长匡亚明先生批复，同意该计划，定为国务院古籍整理出版规划项目。1993 年 1 月成立《四库全书存目丛书》编纂出版工作委员会，刘俊文先生任主任。不久，傅璇琮先生介绍我加入工委会。4 月 20 日《古籍简报》又发表了我的《四库存目标注·易类书后》，介绍了"易类"版本调查的成果。10 月 17 日顾廷龙先生从北京寄给我《四库存目》清刻本四册一函，附有一封信："近读《古籍简报》，欣悉先生从事《存目》版本甚勤，无任钦佩！鄙人昔曾从事于此，所见《存目》书即注于目下。当时燕京 [大学] 购书费拮据，有收有未收，收者均在今北大。未注版本者，因已收入丛书，容易找。后来芦沟之变，百事俱废。兹将批注本寄奉参考，想河海不捐细流，或愿一顾。"顾先生虚怀若谷，提携爱护小辈，高山仰止，可谓楷模。1993 年《四库存目标注》列入当时的国家教委"八五"人文社科基金项目。1994 年 5 月，《四库全书存目丛书》编纂委员会正式成立，东方文化研究会会长季羡林先生任总编纂，我参加了成立大会。10月19日正式住到北大，全力参加《四库全书存目丛书》编纂工作，担任编目室副主任（主任是中科院图书馆古籍组长罗琳先生）、常务编委、工委会委员。后改任总编室主任。直到1997年11月2日工作结束，我才回到山东大学。作为国务院古籍整理出版规划小组的规划项目，《四库全书存目丛书》圆满完成了任务，共搜集影印《存目》之书4508种，精装1200册，大陆版由齐鲁书社影印出版，台湾版则由庄严文化事业有限公司影印出版。庄严公司其实是台湾的黄女士专门为支持《四库全书存目丛书》海外出版发行而成立的出版公司。《四库全书存目丛书》由广东精装印务有限公司（即广东供销学校印刷厂）、金坛古籍印刷厂分工印刷，齐鲁版装订成蓝色封皮，庄严版装订成棕色封皮，版权页也不同。庄严版以海外来料加工形式运往香港储存并发行。《四库全书存目丛书》为国家古籍调查抢救和整理研究出版工作做出巨大贡献，荣获第一届霍英东贡献奖（集体奖），与同为国务院古籍整理出版规划项目的《续修四库全书》（影印古籍五千余种）都是国家大型古籍整理影印的辉煌成就。当时围绕要不要编纂出版《四库全书存目丛书》展开过学术争论，《光明日报》《瞭望》《读书》《北京大学学报》等报刊陆续发表邓广铭、王绍曾、杨素娥（笔名）、宿白、施蛰存、黄永年、季羡林、杜泽逊等人的论文，对古籍整理的理论探索也起到了重要的推动作用。

我的《四库存目标注》于1996年11月被列入全国高校古委

会“九五”规划，直到2005年才完成，2007年由上海古籍出版社出版，精装八册，得到国家古籍整理出版补贴，出版后被评为全国优秀古籍图书一等奖。《四库存目》的调查研究与整理出版工作始终都在国家古籍整理出版规划领导小组、全国高校古籍整理研究工作委员会领导下进行，完成该项任务实际经历了15年。我作为亲历者，深刻认识到古籍事业是国家大事，由国家主导，才能成功。

1994年《古籍简报》总第281期发表了我的《论南宋黄善夫本〈史记〉及其涵芬楼影印本》一文。这篇文章涉及20世纪古籍整理，一些情况在此交代一下。我国20世纪古籍整理出版事业，前半期的龙头出版单位是商务印书馆，以《四部丛刊》《百衲本二十四史》《续古逸丛书》《丛书集成初编》《国学基本丛书》等为大宗，后半期的龙头出版单位是中华书局，以《二十四史》《清史稿》《资治通鉴》标点本，《十三经清人注疏》《新编诸子集成》《中国古典文学基本丛书》《古逸丛书三编》《历代史料笔记丛刊》等为大宗。这一局面延续到今天。前后两个时期，《二十四史》作为古籍的骨干，都格外受到关注，成为20世纪古籍整理出版事业的主线。中华书局《二十四史》标点的底本多数以《百衲本二十四史》为底本，张元济《百衲本二十四史校勘记》稿本170余册从商务印书馆借到中华书局作为重要资料，张元济《校史随笔》《百衲本二十四史》跋文是标点各史时版本选择的重要参考，都可以让我们看到前后衔接的关系。《史记》是《二十四史》第一部，无论在《百衲本二十四史》，还是中华书局标点本《二十四史》中，都是最受关注的。《百衲本二十四史》的《史记》，影印底本的选择，首先要考虑宋刻本。宋刻本《史记》有数种，这还不够，还要考虑与明代南、北监刻《二十一史》、清乾隆武英殿刻《二十四史》、同治五局合刻《二十四史》的对接问题，这当中《史记》都是三家注本，因此《百衲本二十四史》第一种《史记》最好选择宋刻三家注本，这就出现了一个难题，不容易找到。宋刻三家注本《史记》就是近人熟知的南宋黄善夫本《史记》。“黄善夫”这个名字被古籍界熟知，那是商务印书馆《百衲本二十四史》出版以后，在此之前还没有什么知名度。黄善夫刻过《汉书》《后汉书》，流传不广，而且评价不高。顾千里为黄丕烈写的《百宋一廛赋》说：“《汉书》特善，清秘留将。是曰景佑，戛乎其亡……每之冏而愈况，胡项背之敢望。”这个“之冏”是“之问”之误。南宋福建刘元起，字之问，刻有《汉书》，实为黄善夫刻《汉书》书板转归刘元起，刘元起改刻牌记印行。黄丕烈注云：“之冏，元刘之冏，其所刻流俗辄目为佳。”《史记》三家注宋黄善夫刻本在中国久已不传，而在东邻日本存有一部半。清末驻日留学生监督湖北人田吴炤（田潜）买回了那半部，转归琉璃厂正文斋书店，被张元济买去，归了商务印书馆涵芬楼。《百衲本二十四史》起初即用这半部，配上明嘉靖王延喆翻刻黄善夫本，所以柴德赓《史籍举要》介绍《史记》商务印书馆《百衲本》时仍然这样说。但张元济利用赴日本访问的机会，借照了日本所藏全套黄善夫本当中的另一半，配齐了，所以黄善夫本《史记》来之不易。中华书局标点《史记》选用金陵书局刻本作底本，曾受到一些批评，今天回头看，自有他的道理。商务印书馆保存的张元济先生遗稿《百衲本二十四史校勘记》稿本可以帮助我们认识这个问题。当张元济先生影印《百衲本二十四史》时专门成立了“校史处”，汪诒年先生任主任，蒋仲茀先生任副主任。王绍曾先生在无锡国专毕业后，经校长唐文治先生之介绍，进入商务印书馆校史处，与其他同事一起协助张元济先生校勘《百衲本二十四史》，留下了170多册校勘记稿本，其中《史记》《汉书》都是张元济先生亲笔写定的。1990年中华书局张忱石先生经手归还商务《百衲本二十四史校勘记》14种，后来又归还《金史校勘记》《宋史校勘记》2种，尚有7种未找到。1991年8月我陪王绍曾先生到北京，在王府井大街中华书局见到傅璇琮、赵守俨、张忱石先生。又到商务印书馆见到林尔蔚、胡企林、李思敬、陈应年先生，张树年先生也从上海赶来。商务在萃华楼宴请，把《校勘记》整理任务交给王绍曾先生。那次从商务带回了一箱《校勘记》稿本，其余的则由我在后来陆续拿回济南。根据王先生的指示，我分工整理《史记校勘记》。我复核了武英殿本、《百衲本二十四史》影印黄善夫本，发现商务影印黄善夫本时，改了二千余处。这些改动都是明显的刊刻错误，改字的依据绝大部分是清乾隆武英殿本。张元济先生在影印黄善夫本跋中并未提到金陵书局本，但我也复检了金陵书局本，发现商务影印黄善夫本改正的那些文字，金陵本大体上也是正确的。所以中华书局校点本选择金陵书局本作底本，或者选择武英殿本作底本，我认为都是合适的。当然选择商务影印黄善夫本也完全可以，因为明显错误已改正了两千余处。当然顾颉刚先生并不了解商务影印黄善夫本改字的事实。我们在整理张元济先生遗稿《史记校勘记》时，发现张元济先生批“修”字的条目，影印本都已改了，这部《校勘记》中华书局曾借用，有参考的可能。但从参加《史记》标点工作的贺次君所撰《史记书录》看，他们并不知道商务影印黄善夫本《史记》改字的情况。我们在整理张元济《史记校勘记》时把张批“修”字转到“备注”栏内，并在整理说明中特别作了交代。这样涵芬楼影印黄善夫本《史记》改字的具体情况就可以借以了解了。也许可以这样说,《二十四史》的整理研究与出版工作贯穿了20世纪古籍整理出版的历史,而《史记》整理研究及出版工作在《二十四史》中又具有代表性。我有幸参加《百衲本二十四史校勘记》整理，分工整理《史记校勘记》，其中的发现率先刊登在《古籍整理出版情况简报》，是值得纪念的学术经历。

2012年3月以来，我主持《十三经注疏汇校》项目，这是山东大学儒学高等研究院重大项目，列入全国古籍整理出版规划。以后又以《五经正义汇校与研究》列入国家社科基金重大项目，其中的《尚书注疏汇校》获得古籍整理出版资助，由中华书局出版，其余各种正在紧张进行中。由于我参与的重大项目较多，古籍整理出版规划领导小组办公室主办的古籍编辑培训班多次邀我讲课。我的讲稿《论古籍校勘中的“对校法”》分上、下两部分发表于《古籍简报》2016年总第549期、550期。另一篇讲稿《大型古籍项目的规划组织和实施》，发表于《古籍简报》2017年总第556期。在古籍界都产生了一定的影响。2020年4月古籍办发公函征求关于古籍数字化的建议，为制定《2021—2030年国家古籍整理出版规划》征求意见。我组织山东大学校经处成员33位分别提出建议，加上我自己一篇，形成《山东大学校经处对国家古籍整理工作的建议》，上交古籍办。近来古籍办周杨同志通知，准备在《古籍简报》上发表。

总之，我在《古籍简报》发表文章，从1990年至2020年，前后30年，大都与国家古籍事业有直接关系，这从一个角度可以看出，《古籍简报》确是我国古籍事业发展历史的实录，具有极为重要的文献价值。

（2020年12月12日于山东大学文学院。）

对新时代国家古籍整理出版及数字化工作的建议

2020年4月9日，全国古籍整理出版规划领导小组办公室下发了《关于征求古籍工作相关建议和意见的函》，为编制《2021—2030年国家古籍整理出版规划》和国家古籍数字化中长期规划征求意见。

我在收到《征求意见函》后即向山东大学校经处诸君转达了这一精神，要求每人提出一份建议。很快收到三十三份建议。我看完这些建议后，发现提建议最多的是古籍数字化。其中有建议图书馆开发高清古籍图像并免费开放自由下载的，有建议古籍影印成果集中数字化的，有建议国家主导开发更大规模检索数据库的。从保护到利用，从图像到检索，从版权保护到开发利用，非常全面，非常前沿。这反映了一个事实，中国古籍整理事业已全面进入数字化时代。

古籍数字化的必要性和重大意义已经基本上达成了共识。目前讨论的是古籍数字化过程中存在的问题。

第一个问题是古籍收藏单位的数字化水平和能力有待提升。许多大图书馆古籍数量庞大，连屋充栋，而数字化的人力、财力、技术力量投入相对较小，亟待图书馆领导部门文旅部、教育部、国家文物局、民委、宗教局等单位出台古籍数字化的监督检查考评制度，这是非常关键的制度建设。涉及一个国家文化资源数字化水平，是国家现代化水平的重要指标。我国古籍收藏单位众多，这些单位收藏的古籍，是几代人辛勤和智慧的结晶，要充分考虑这个因素，尊重老一辈的学术贡献，才能让古籍资源公开化的工作顺利开展。

第二个问题是古籍收藏单位公开古籍数字资源的程度有待提高。古籍收藏单位由于爱惜珍贵资源，舍不得把稀罕宝物公之于众，这种心情是可以理解的。还有一些收藏单位的主管专家同样不情愿把稀有古籍公之于众，希望这些独家所有的资料首先供收藏单位研究发表。基于这个原因，我国稀有古籍资源数字化进展不快。即使有了数字化成果，公开程度也很低，投放给读者的数量不够多，公开的程度不够大，看胶片和电子图像也要千里迢迢到收藏单位的电脑上去看，收藏单位不肯放在公共平台上让读者远程调阅免费下载。这就亟待上级主管部门了解收藏单位的诉求，出台合乎实际的古籍资源数字化和公开化的规定，并以此规定作为评估收藏单位工作等级和奖励先进单位的依据。

第三个问题是国家级公共古籍数字化资源平台建设问题。近年国家古籍保护中心、高校图书馆系统、古联体、国家文物局都建立了古籍数字公共平台。但是收藏单位的数字资源上传数量不够大，也同样存在保守观念。亟待国家有关部门联合下发公共古籍数字资源平台建设的规定，把各收藏单位上传公共平台的古籍数字资源的文物等级、质量、数量作为考评业绩和奖励先进单位及个人的重要指标。

第四个问题是古籍整理水平有待提升，队伍有待加强。古籍数字化主要有两个方面：一是原书的图像资源，也就是全书高清图像资源开发；二是标点、校勘、注释、今译版本的数字化。原书高清图像的公开化可以解决古籍资源利用的源头问题，克服过去踏破铁鞋去访求古籍、借阅书籍的困难，足不出户可以知天下书、可以用天下书。我们需要对这些文物性古籍进行初步鉴定，确认其书名、卷数、册数、著者、年代、版本、内容分类等。就如一个婴儿出世，必须有个户口，取个名字，认定性别、出生年月日、出生地、民族、父母等事项，让他有个正式身份。这一切都是学术工作，其鉴定结论属于学术成果。鉴定者的水平取决于鉴定的难度和结论的准确性。所以对图像资源的开发也要以古籍整理的学术成果为根本前提。当然出版社的影印古籍也要依赖上面的鉴定结果，并且还要进一步探究其内容价值。至于古籍数字化的第二个方面，便捷检索资源的开发，首先要准确的标点，不同文本的校勘，难解字句的注释，甚至全文译成现代汉语。这个深度古籍整理工作，对于全民读者来说，是关键的一步。图像资源的读者基本上限于专家，而检索资源的使用者则是全民。文字是否准确，断句标点是否恰当，注释是否正确，今译是否切合原义，直接决定了读者对原书原文的正确理解，直接决定我们继承弘扬优秀传统文化的准确性，是关系国家文化传承和建设新文化的根本大事。因此，古籍整理专业人员的水平是一个关键问题。目前看，这支队伍的水平亟待提升，队伍也亟待扩大。这就需要教育部、文旅部等国家部门在相关学术成果的评价体系中，单独设定古籍整理成果认定办法。山东大学多年前就在评职晋级和绩效考核标准中专门设定了古籍整理成果认定部分，笔者直接参与了有关条款的制定，对古籍整理人才培养和事业发展都起到了很好的促进作用。

第五个问题是古籍出版水平有待提高。我国的古籍出版业务主要在古籍出版社，如中华书局、上海古籍出版社、人民文学出版社、凤凰出版社、齐鲁书社、巴蜀书社、岳麓书社、黄山书社、国家图书馆出版社等。古籍小组连续举办了多期古籍编辑培训班，我也讲过几次课，我认为这是值得表扬的非常好的举措。但是，这还不够。我们还要从源头上解决古籍整理出版人员的水平问题，那就是高校古籍整理人才培养问题。全国高校古委会在几十年坚持不懈的努力中，率领全国各大高校古籍所培养了大批古籍整理专业的本科生、硕士生、博士生。但是必须看到，在新形势下，许多大学把古籍所归并到其他相关学院如文学院、历史学院了，有的古籍所已经名存实亡，有的所连牌子都撤了，只有寥寥可数的几个高校古籍所还保存着较好的师资队伍和学生规模。这种总体上的下滑趋势亟待纠正，古籍整理研究所的独立建制亟待恢复。这项工作需要教育部出台政策，要求文史见长的重要高校恢复古籍整理研究所独立建制，以古委会为领导部门，加大经费投入，从源头上解决古籍整理人才和古籍出版编辑人才的水平下滑问题，从根本上提升我国的古籍整理与出版水平，这样才可以提高古籍整理成果的水平，才能从根本上提高古籍数字化的质量。这是百年大计，应当引起教育部、中宣部出版局、文旅部等领导的高度重视。

第六个问题是古籍资源的共享问题。古籍收藏单位、古籍整理专家、古籍出版单位、古籍数字化开发者，它们之间是什么关系呢？各有自己的立场和合法权益，如果我们继续各维其权，则作为古籍整理工作末端的古籍数字化工作将无法开展有效的工作。不少古籍数字化工作者不得不自己组织排版、录入、校勘、标点工作，请问，我们的古籍鉴定专家、古籍整理专家、古籍专业出版社，是如何支持古籍数字化的？这是古籍数字化面对的巨大的法律和制度上的难题。这件事应由国家古籍整理出版规划领导小组代表国家出台相关政策，既要维护古籍收藏者、鉴定者、整理者、出版者的权益，也要最大限度开通古籍数字化的通道。也只有这样，古籍数字化成果才能真正公开化、全民化、公有化。否则，动辄侵权，如何能够顺利开发，顺利公开化呢？

以上六个问题，涉及古籍整理各个层面，必须从制度上理顺关系。国家只有花大力气才能使我国古籍整理事业走上科学的、健康的、快速的发展之路，真正做到继承弘扬优秀传统文化，让丰富的古籍资源为建设新时代的更先进的文化发挥源头活水的作用。

（2020 年 4 月 18 日起草，原题《新时代国家古籍及数字化工作的几点思考》。《古籍整理出版情况简报》2020 年第 11 期发表。此据原稿。）

1992年张树年、王绍曾两先生的商务印书馆之行

1992年秋天，王绍曾先生到北京商务印书馆、中华书局访问，还在周振甫先生陪同下访问钱锺书先生。我和刘光裕先生陪同王绍曾先生，经历了这次北行。

王绍曾先生到中华书局、商务印书馆是为了同一件事，那就是张元济先生民国间主持商务印书馆校印《百衲本二十四史》过程中形成的巨大稿本《百衲本二十四史校勘记》。王绍曾先生无锡国专毕业后，经校长唐文治先生介绍，进入商务印书馆校史处，协助张元济先生校勘《百衲本二十四史》。建国后，中华书局主持标点《二十四史》，从商务印书馆借去《百衲本二十四史校勘记》稿本。20世纪80年代，王绍曾先生发表文章，呼吁整理出版《百衲本二十四史校勘记》，得到商务印书馆支持。中华书局副总编辑、原历史编辑室主任、中华书局标点《二十四史》经办人赵守俨先生，认为自己负有责任，于是发动中华书局有关同志把《百

衲本二十四史校勘记》稿本收集起来，归还商务印书馆。当时的借据是赵守俨先生签的，商务印书馆保存着。可是《校勘记》稿本分借给了标点《二十四史》各史的专家。有的带回家里。例如《元史校勘记》借给翁独健先生，翁先生“文化大革命”中被抄家，翁先生本人也过世了，《元史校勘记》不见了。总之赵守俨先生找到了大部分《校勘记》稿本，有7种丢失了。在那个特殊年代，这是很难预料的。找到的部分陆续归还商务印书馆。商务印书馆委托王绍曾先生整理。王绍曾先生来京就是这个背景。那时王先生82岁了。

王先生先去了中华书局，见了赵守俨先生。赵先生和程毅中先生一间办公室，程先生热情打招呼。赵先生说：“王先生，您的心情就是我的心情，其他校勘记一定继续找。”那种诚恳和清晰的口齿，我记忆犹新。在中华书局还见了总编辑傅璇琮先生、历史编辑室主任张忱石先生，谈《清史稿艺文志拾遗》的出版。王绍曾先生到商务印书馆，是商务印书馆总经理林尔蔚先生特别安排的。因为张树年先生专门从上海赶来了。这一天上午先到商务印书馆。商务印书馆和中华书局在王府井大街北头路东同一座楼上。商务印书馆领导林尔蔚、胡企林、李思敬先生，历史编辑室主任陈应年先生都参加会谈。张树年先生比王绍曾先生还大。他们就委托王绍曾先生整理《百衲本二十四史校勘记》稿本达成一致。商务在王府井萃华楼宴请张树年、王绍曾先生。各位领导都参加了，我和刘光裕老师陪同王绍曾先生同往。席间张树年先生回忆，建国初张元济先生参加第一届政协会议，文化部长茅盾请张元济先生吃饭就在萃华楼。茅盾是老商务，受聘主编商务印书馆的《小说月报》。

《百衲本二十四史校勘记》找到的稿本一百三十多册，经过山东大学十几位老师八年的努力整理完毕，由商务印书馆出版了。这是商务印书馆历史上的大事，商务印书馆的赵非女士来山东大学参加何朝晖教授主持的"第三届中西比较文献学与书籍史研究工作坊"，谈及这一往事，赵非女士很重视，建议写出来，因记如此。回忆有不准确处，请读者纠正。

（2020年10月18日于山东大学知新楼。）

山东大学文学院图书室匾额八种小记

予奉命至文学院工作已逾二载，每见图书室连屋充栋，几乎密不透风，辄思整理改良之，期于窗明几净，书籍列架，鳞次栉比，师生端坐其间，如沐春风然。今春疫作，学校封闭，甚为清闲。乃与同志商议，调换书架格局，倚墙增设钢制书架十数，开通室内门户，使书库连廊，畅通无阻。腾空南北门面房二间，以为阅览修习之室，内连书库，外接电梯。书籍不减，而堂室倍觉宏敞。因思内外门眉，宜添匾额，以增雅趣。乃忆齐鲁先贤室名别号，昔所景慕者，择其八种，或取遗墨，或邀本院教授书写，复倩名匠李振豪君以花梨厚板雕造，历月余而后成。是日悬诸各室，木理密致，绿字朱钤，顿增庄严肃穆之气。八匾者，南阅览室门面曰“借书园”，内室三，曰“稼轩”，曰“归来堂”，曰“石庵”。北阅览室门面曰“碧虑簃”，内室二，曰“峻斋”，曰“岸堂”。别有特藏室，存冯沅君、陆侃如、萧涤非诸先生手稿，室内一匾曰“玉函山房”。同人以为各匾来历不无故实，骤难尽晓，促为疏释。因为之记云：

借书园，清代学者周永年藏书之所。永年，字书昌，济南府历城县人，清乾隆三十六年进士，应征纂修《四库全书》，与戴震、邵晋涵、纪昀、翁方纲为书馆砥柱。藏书五万卷，与曲阜桂馥、北平翁方纲各出所有，筑借书园，置书其中，供人阅读，乃中国图书馆历史上之先驱也。事见章学诚《周书昌先生别传》、蒋祥墀《桂未谷墓表》。此匾王培元教授书。

稼轩，南宋济南词人辛弃疾别号。弃疾，字坦夫，改字幼安，中年后自号稼轩居士，济南府历城县人，抗金名将，以词名世，著《稼轩长短句》。清人陈廷焯《白雨斋词话》云："辛稼轩，词中之龙也。"此匾郑训佐教授书。

归来堂，南宋金石学家赵明诚、词人李清照夫妇堂号。明诚，字德甫，诸城人，著《金石录》。清照，号易安居士，济南人，婉约派代表词人，有《漱玉词》。归来堂，为北宋末宰相赵挺之在青州府第之堂号，后挺之子明诚、儿媳李清照夫妇居之，诗词唱和，讨论金石文字，传为佳话。此匾龚鹏程教授书。

石庵，清代书法家刘墉别号。刘墉，字崇如，号石庵，山东诸城人，乾隆十六年进士。历任直隶总督、吏部尚书兼理国子监事务、体仁阁大学士、上书房总师傅、《四库全书》副总裁、会典馆正总裁等。嘉庆七年，皇帝赴热河，刘墉留京主持朝政。作为宰相刘统勋之子，为官五十余载，乃乾嘉间重臣。长于书法，为帖学之集大成者。此匾取自刘墉遗墨。

碧虑簃，现代作家、文学史家、画家黄孝纾先生堂号。孝纾先生，字公渚，一字颿士，号匑厂，福建闽侯县人。祖籍辽宁铁岭，隶汉军正黄旗，故自题铁岭黄氏。父曾源，光绪十六年进士，与文廷式、夏曾佑、蔡元培同科，历任青州知府、济南知府，辛亥以后隐居青岛。孝纾先生承其家学，为诗词骈文名家，擅书画，精“选学”，富藏书。二十世纪三十年代至四十年代以后，长期担任山东大学文学院教授，与冯沅君、陆侃如、高亨、萧涤非并称“五岳”，著述甚富。碧虑簃，是黄先生室名之一，盖取南朝梁萧纲《谢赉碧虑棋子屏风启》。碧虑，乃屏风之名。碧，碧玉，乃屏风之材质。虑，则萧纲《启》所云“极班马之巧，兼曹史之虑”，乃“巧思”之谓。先生随父移居青岛，其地濒海，康有为以“碧海蓝天”称之，“碧虑”隐喻其意，抑或有之。此匾取自先生手稿《碧虑簃词话》，其稿藏蓬莱慕湘藏书楼。

峻斋，现代语言文字学家、书法篆刻家蒋维崧先生别号。维崧先生，原名蒋峻，字维崧，后以字行，号峻斋。出《诗经》“嵩高维岳，峻极于天”。先生长期担任山东大学教授，曾担任《汉语大词典》副主编，做出重要贡献。长于书法、篆刻，有《蒋维崧书迹》《蒋维崧印存》等传世。事见徐超教授《嵩高维岳》等书。此匾取自先生遗墨。盖金文无“峻”字，借“畯”为之，二字古通用。

岸堂，清代文学家孔尚任别号。尚任，字聘之，一字季重，号东塘，别号岸堂，山东曲阜人，孔子六十四代孙，以《桃花扇传奇》名世，与洪昇《长生殿》号称“南洪北孔”。诗则有《岸堂稿》《湖海集》等，亦一时名家。此匾徐超教授书。

玉函山房，清代学者马国翰藏书处。国翰，字词溪，号竹吾，济南府历城县人，道光十二年进士。精文献之学，其《玉函山房辑佚书》共搜辑亡佚典籍六百余种，为清代辑佚第一名家。藏书处曰“玉函山房”。玉函山，在济南市南郊。唐段成式《酉阳杂俎》：“昔汉武登此山，得玉函，长五寸。帝下山，玉函忽化为白鸟飞去。”国翰居历城全福庄，因以玉函山房名其书斋。此匾徐超教授书。

夫八家皆一时俊才，名留青史。吾辈倘能读其书而继其志，仪型模范，发扬而光大之，则可以语上也矣。

公元 2020 年 8 月 30 日杜泽逊恭记。

西游承教录

杜泽逊述　康博文记

2017 年 10 月 29 日至 11 月 7 日，尼山学堂 15 级、16 级赴西安、兰州、武威、张掖、酒泉、敦煌游学，凡十日。余于途中有幸数闻杜师传道，语中名家掌故、为学之法俯拾即是，甚为珍贵，因据录音以成文。康博文记。

一

《四库全书》一共修了七套，第一套就放在皇宫里头，文渊阁。后来又抄了六套，一套放在圆明园，一套放在盛京沈阳，就是入关以前的首都，文溯阁。还有一套在避暑山庄。另外还有南三阁：镇江文宗阁、扬州文汇阁和杭州文澜阁。当时说《四库全书》有很多毛病，需要校勘，像刘墉他就负责圆明园这一套，因为他正在圆明园里头陪太子读书，有问题直接派修补匠，挖改。

到嘉庆初年还有翻工检查《四库全书》呢，各部的大臣，停止办公，一人几套检查，还给他们送绿豆汤，天热！当时《四库全书》的总纂官，陆锡熊，上海人，奉命到山海关外，去校那套书。关外很冷，陆锡熊年纪大了。冻得生病了，死在关外了。不容易啊。陆锡熊死了倒成全了纪昀，他一个人说了算了。原来陆锡熊很有地位，大理寺卿。刘统勋，《四库全书》，他是一把手啊，军机处大臣，乾隆皇帝最信任的人。刘统勋管了一年死了，换了于敏中。于敏中对四库馆有个什么指示，他都是写给陆锡熊，现在留下了十八九封信。民国十几年的时候故宫博物院给它影印了一小本书，叫《于文襄公论四库全书手札》，其实都是写给陆锡熊的信，你就能想象陆锡熊那时候很有地位。纪晓岚一手主管，那和陆锡熊的死有关，纪昀能活啊。刘心明老师有一次跟我说，纪昀能吃肉，一顿吃一斤肉，喝茶，他不太胖，你看纪昀的画像，这种人不会血压高，也不会高血糖。胖人大都不行，我看那个孔广森，他就是个胖人，比较丰满，从小他就没出过大力啊，《清史列传》上记他父亲死了，过于悲痛，哀毁以终。这都是曲笔！他肯定血压高、血糖高，礼数又过多，从开始去世，到最后安葬，不知道磕多少的头，守夜守灵，接待客人，那血压呼呼地就上去了，没法控制，当时没药，光喝中药汤子管什么用？中药这些东西啊，有些病不行，有些病是真行，这种病不行。血压过高，就会造成这个脑溢血，最常见的问题，导致心脏病，孔广森应该就是这个问题，他当时年龄并不大，三十五岁。你想现在三十五岁，西山尚志三十多岁吧，还跟小孩儿一样。我整天问，我说西山啊，什么时候结婚啊，他就笑。他以日为夜，白天睡觉，晚上干活，搞出土文献，刻苦治学，而且水平也比较高。

二

吉发涵老师是“文革”后第一届大学生，春节入校，1977 年。81 年的春节他就毕业了，毕业之后他就当我们的辅导员，我是 81 级。你想大学才毕业嘛，他也就是年龄长一些，他也没有太多的经验。住在校内七号楼，就在四号楼的路西，现在好像拆了。一家四口一个单间，在门口有个炉子做饭。我们那时候去他家比较容易，又没电话，想什么时候去敲敲门就进去了。说完了话扬长而去。那时候上老师家去都这样，没法打招呼。所以我们对吉老师有感情，同学们回来聚会都会邀请他。他比较生硬，循规蹈矩，主要那时候没经验，管理起来就比较紧。

在西安黄永年先生给我们讲了一次课，跟他的研究生一块儿。白化文先生去敦煌，经过西安，黄先生请他，给他的研究生，大概十来个人，上了一次课。就把山东大学的学生也叫来，加起来就有二十四五个人。白先生很客气，讲敦煌学在我国的发展历史，其中就提到关德栋，山东大学中文系教授。他就这么坐着吧，然后说到“关德栋关先生”，马上站起来，然后鞠一躬：“那是我师叔！”因为下面有山大的学生。白先生是满族人，礼数多。

三

白化文先生就拿出一本书，叫《敦煌遗书总目索引》，编者叫王重民。是念重（去声）吧？（按，重民先生字有三。《论语·尧曰》：“所重民食、丧、祭。”若王先生名字果用此典，则当读去声矣。）主要是《斯坦因劫经录》，还有《伯希和劫经录》，然后就是北京图书馆，他用的是《敦煌劫余录》，陈垣编的。其他都是散户，有这么几家，搞这么一个索引。他说他搞敦煌学整个就靠这么一本目录。因为这本目录，一件一件的东西上面，有的时候有题衔，说那个背面有几首诗，或者尾巴上有什么题记。就说编这个目的人，《斯坦因劫经录》《伯希和劫经录》，这个编者是特别地内行——那就是说，用的字非常少，但是提醒非常重要。其中《伯希和劫经录》是王重民自己编的，《斯坦因劫经录》，编者叫刘铭恕。原来他在中国科学院图书馆工作，当时他拿到了斯坦因，英国这一部分胶卷，他根据胶卷编的《斯坦因劫经录》，他就做了一些必要的提示。刘铭恕先生后来在敦煌学方面没有写很多东西，这位先生可能比较老实，后来就调到河南大学当教授。大概在 20 世纪 80 年代，成立了中国敦煌吐鲁番学会。这个学会成立不一般，它是要给中国人争口气，因为当时说敦煌在中国，敦煌学在日本？反正在国外吧。要争这口气，就推举季羡林为会长，王永兴这帮人都是重要成员。王永兴是陈寅恪的学生。他们就编一个《敦煌学大辞典》。这个《敦煌学大辞典》就现在说，是该领域最好的一本书，很全，解释很准确，每一个词条是谁写的都打了括号，搞敦煌学这帮人都团结起来了。当时跑腿的叫宁可，首都师范大学的教授，他是秘书长，他跑腿。凡是非佛教的，儒家经史子集的书、残卷，写词条的时候都归了刘铭恕。刘先生年纪大了，他就找白化文。白先生两口儿，白先生的太太叫李鼎霞，北大图书馆最有学问的人，八九十年代无人不知。你找任何书，你跟她说，包括大学生也罢，她都会给你找到这个书，并且她会给你建议。那么白先生和他的太太李鼎霞，还有他的学生，这就开始写词条……白先生认为，建国以后，"文化大革命"以前，到改革开放以后，搞敦煌学的人，都是靠这个《敦煌遗书总目索引》过日子的。我觉得他这话有一定道理，因为这个东西属于目录学。这就牵扯一个问题，目录学到底要完成什么任务？尤其是专科目录学。比方说《经义考》，朱彝尊的；《小学考》，谢启昆的，或者是中国数学方面的书目，都有那种书目，究竟要完成什么任务呢？恐怕应该对治学的人有个指导作用。就是说要做必要的提示，而这种提示呢，是非专家不可的。我考虑书目也是著作的一种方式。比方说谢国桢，研究晚明史的大家。谢国桢字刚主，他的堂号叫瓜蒂庵。什么意思呢，他说人家收藏书都是收藏值钱的书，人家拿走了瓜，我呢收的是些零碎，拿走的是蒂。也有人说谢先生这个堂号起得不吉利，说瓜熟蒂落，其实他活得还是蛮大的，活到八十多。他写了一个书《晚明史籍考》，凡是搞晚明史的谁也离不了这本书。晚明史籍量这么大，跟它处于历史敏感期有关。有些书遭到禁毁，其实你越禁毁它越多。这书应该是个名著，而且是不朽之作。它不就是个目录么？所有跟晚明史相关的资料，不管你是文集笔记，还是其他的历史书，它都有一个提要，并且告诉你是个什么版本，谁收藏的，这个书有什么样的序、什么样的跋，和哪一本书的内容雷同。这个书很厉害，《晚明史籍考》，这不是目录学么？“文化大革命”以后，编《中国古籍善本书目》，谢国桢走了一些大图书馆，看了一些好书，写了一本小书大概二十万字，叫《江浙访书记》。那书也很好，可以说是传世之作，记载了一些秘本，一些善本书。访书记也可以成为著作。人家晁公武不是《郡斋读书志》么，读一本书写个提要。我们看书的时候，要注意看书名是什么，作者是谁，作者的朝代一定要记着，如果是中华书局出的，整理者是谁，然后要好好看看整理前言。前言里对这本书的作者，这本书的写作、流传、价值、主要的版本以及这位先生整理这本书做了什么工作，都做了很好的交代。这就是读这本书的一个入口。有的时候同学读了一本书，我说你读的什么本啊？“不知道。”哪家出版社出的？“不清楚。”这就不行了。凡是搞学问的人看书，一定要记得书名、作者、朝代、书的内容得失，甚至主要的版本都要知道。至于说这个内容是不是都要全看，就不一定了。可以看一部分，而看一部分的时候呢要尽可能从头看，不能从腰里看。为什么要从头看呢？例如李善注《昭明文选》，他并没有凡例，你怎么知道他的例呢？他在开头的地方，每碰到一种情况他就交代一次，下面不再交代了。

大约你把第一卷看完了，所有的例都能知道。所以看书有门道啊。你全看完得很多时间，如果时间充裕也可以。但是往往时间不充裕，就可以考虑看一卷或者第一卷的前半，你就知道这本书是怎么回事了。这样读书，可以读一本书做一个记录。记录的时候肯定要说什么书多少卷，比方说《昭明文选》三十卷，梁萧统撰。他叫撰，为什么呢？在魏晋南北朝时期，撰就是编，到唐代还是这样，你看《初学记》，不是个类书嘛，唐代的徐坚，奉敕编的，它就说徐坚撰。《艺文类聚》就写欧阳询撰。这个撰的意思是编。到宋元以后，撰逐渐模糊化了，所有的著作都叫撰。这样一模糊呢，有时候就得强调这本书是编的，不是著作，于是就出现了编。编和撰又对立了，撰就有了著作的意思。但是撰的概念比较宽泛，比方说你编了一个书目，像《北京图书馆善本书目》，1958 年到 1959 年编的，没有提要，它的内容是书名、卷数、朝代、著者、著作方式和它的版本，因为它是善本书目。版本比方说它是万历十五年刻本，二册，就完了。而这一切都是学术劳动的成果——怎么样确定它的准确书名？怎么样确定它的版本？怎么样确定作者朝代、著作方式？甚至有的书没作者你怎么知道是他写的呢？你怎么知道是万历十五年刻本呢？这都是学术劳动成果。因此这样的书目你看上去是编，你可以说是某某人撰，这样无形之中对他有个尊重。

四

《遂初堂书目》，是尤袤的。尤袤是南宋四大诗人之一，他的诗集失传了，十分可惜。杨万里、范成大、陆游，都没丢，那个《范石湖集》是吧，都没丢，就尤袤的丢了。尤袤留下一个《遂初堂书目》，没有任何解题，只有少量的书，记上了版本，被认为是记版本的书目的开端。这本小书目记的书的量很大，但是由于它没有提要，就不显。那么这本书是怎么保存下来的呢？元朝末有个陶宗仪，比较有名的书是《南村辍耕录》，这本书引用率最高了。另外陶宗仪编了一个大丛书，叫《说郛》，郛是小城的意思，“说郛”就是说库、说海、说汇，就是这个意思。《说郛》收了一些小品，一些子部的书，小说杂品收了一千多种，其中有很多书都不全，反正不收大书，主要是说部的书，其中就把《遂初堂书目》收进去了。要不是陶宗仪，这书八成得丢失。《说郛》也很不幸，后来又大面积地丢失。到了明朝末年大概天启年间，在杭州，有人把这个书全部刻出来了。到了顺治初年，大概顺治三年，当时两浙督抚，周南李际期汇集印出来。长期以来人们认为是李际期刻的，包括《中国丛书综录》《中国古籍善本书目》，都说是李际期刻的，不对，明天启年间就刻了，李际期印的。天启年间刻的那个书啊，还有些零本，就是不整套的。这些零本有个特点，第一行是书名，第二行就是作者，第三行就是校勘的人，那个校勘的人多数是杭州人。杭州有个别名叫武林。到了李际期印这个《说郛》的时候，这个校勘者的姓名大部分都被铲掉了。它在版上是凸显出来的对吧，用小刀一刮就掉了，就不好辨认了。但是你把单行的带有校勘的本子和《说郛》的本子对一对，你就发现是一块版出来的。有的版框断了它也一样，裂缝也一样，不是李际期刻的。这个本子就是所谓宛委山堂本——李际期的堂号。宛委是中国古代传说中藏书的地方，不是藏之名山吗？宛委是一个山，大西山是个山，小西山是个山，二酉就是大酉山、小酉山，都是传说藏书的地方。宛委山堂本的《说郛》，它那个分卷的卷，写作弓。这个书啊，宛委山堂本，就内容来说，不是太全。明代还留下了一些抄本，大部分都是明中期的抄本，有的地方比宛委山堂本多，有的同一本书内容也比它多。这些明抄本都是白棉纸的，人间稀有。到了大概民国十年，有个浙江学者叫张宗祥，浙江图书馆馆长，有很多著作。他根据明抄本，重新校了《说郛》，分一百卷。宛委山堂本是一百二十卷。虽然是一百卷，但是它的内容更早。百卷本《说郛》由商务印书馆排印出版，线装本，竖格排印本，没有标点。所以《说郛》实际上有两个版本，一个是宛委山堂本，是明刻清初印，一个就是张宗祥校本，商务本。商务本晚出，但是底本比宛委山堂本早。《说郛》里面的东西很多，这个书还大有研究价值。

《遂初堂书目》就在《说郛》里头得以流传。我的研究生李钰，我曾经让他把《遂初堂书目》的唐人别集部分跟两唐书《艺文志》、《经籍志》对过，包括《宋史·艺文志》，因为《宋史·艺文志》

也记唐代的东西，包括《通志·艺文略》《郡斋读书志》《直斋书录解题》都对过，这些书目全都没有的唐人别集，《遂初堂书目》里有一批，这个都没有人去挖掘。《遂初堂书目》还值得挖掘，我那个学生只写了唐别集，《遂初堂书目唐别集考》，就光这一部分就很有收获。比如你写宋别集也可以，因为尤袤是南宋初年的人。“遂初堂”这三个字，是宋孝宗直接给他题的。有一些很偏门的课题，一般的人是不会选的，如果我们说把《遂初堂书目》每部书都来个底朝天的清理工作，就是到底哪些书目记载了哪些书？还是谁都没记载过？因为遂初堂失火了，有些书可能只有他家有，人间仅有之本，从此消失了。他四部书都有啊，经史子集，南宋初年一个大藏书家，在一个时期，有这么一些书聚集在他家里。这些书在别人家有没有啊？常见还是不常见？这些作者是些什么人啊？因为他那上边有些没写作者，你还得根据书名、字、别号考这个作者。比如你摘录一个新旧《唐书》怎么说的，墓志铭怎么说的，作为一个旁证，你可以形成一个著作，叫《遂初堂书目考》。人们对于域外的东西很注意，但对传世的东西好像不大注意，其实东西有的是。

唐朝啊，日本人搞了一个《日本国见在书目》，藤原佐世，日本人编的，他这些书都是中国流到日本去的书。上海复旦大学有个老师叫孙猛，他好像很早以前就到日本去了，现在在日本是个教授，他就花了很长时间，把《日本国见在书目》，全部做了考证。其他的书有没有记载，可以印证的，搞了很厚两本，叫《日本国见在书目录详考》，上海古籍出的。不过我认为他那个太烦琐了。

我觉得这个《遂初堂书目》可以考证。还有一个书目，比较重要。就是说这个明朝开国，是在南京。南京有个国家藏书的地方叫文渊阁，永乐时迁到北京了。《四库全书》的文渊阁用的是明朝的名字。文渊阁的书有一些是从元朝继承下来的。徐达攻打北京，朱元璋告诉他把书弄来，因为元朝的首都嘛，一定要保护书，把书拿到南京来。所以有些是宋元留下来的。明朝自己也很注意买书，永乐皇帝上台以后，他就专门过问国家的藏书全么，臣下说“不全”。不全可以去买。现在有一些永乐时候留下来的书，少量的，还夹着条呢！谁买进来的，买进来的这个人叫苏叔敬。这些书都是宋元版书，国图有一个老师叫冀淑英，她专门写了一篇这个夹条，因为她在国图编目，碰见这个夹条，发表在《文物》杂志上。她是辅仁大学毕业的。永乐时候买这些书，当时办了一件大事——修《永乐大典》。后来呢大概在，也是明初，正统年间，管文渊阁的杨士奇等人编了个《文渊阁书目》。可惜它著录得非常不详细，它根据橱，第一橱、第二橱、第三橱，这么登录的，只能说是一个账本。它记得太简单了。可是这个《文渊阁书目》我认为事关重大，它是宋明之间中国典籍流传的极其关键的一本书目，这一个转折期把书登录下来的一个账本，承前启后，我觉得这个书目也应该清算。清算这里面的书啊，在这之前，是不是见于记载？现在还传世不传世？有必要进行清理。《永乐大典》引用过它么？这是宋元遗留下来的一些遗产，它的作者情况怎么样？有的作者是名家，就算了——著作之道，详人所略，略人所详啊，常见人物你别考证，不常见的人要做考证。比方说这个作者是个宋朝人，早已失传了，宋史也没有任何记录，但是在一个什么方志上，有一段他的事迹，你就可以抄过来。一定要弄人家不知道的东西。如果这个书还流传于世，那么是些什么本？可以开列在下面。这样人们对于《文渊阁书目》就可以有清醒的认识了。其中必然有一些书，不见于任何记录。这是对文化遗产的一个清理。我们对唐朝人留下来的书目很重视，对《汉书·艺文志》很重视，到了元明清时期就不重视了，原因在哪里呢？时代近，认为不重要。问题是搞《汉书·艺文志》的人无数，你再搞，就没有油水了，是不是？

到了明朝后期，万历年间，有一个管内阁书库的叫张萱，还有个人叫孙能传，好像是他们编了个《内阁书目》。这个《内阁书目》比起《文渊阁书目》来，大量的书都不全了。明朝皇宫藏书的管理不善，书外流了，大臣们借了不还，甚至偷去了。《内阁书目》的内容是可以和《文渊阁书目》对照的，但是《内阁书目》就不必要考证了，应该考证《文渊阁书目》，因为它是一个时期较为完整的记录，就是文物鼎盛时期的一个产物。

万历时期，还产生了一部书目，可能比较重要，焦竑的《国史经籍志》。为什么这个书重要呢？当时有个人修国史，国史就是明史，后来因为什么原因这个事情就中断了。焦竑分工可能是编经籍志，他的经籍志出来了。我估计焦竑还收集了大量的传记资料，准备给人物写传，焦竑编了一部一百多卷的大书，《国朝献征录》。国朝就是当代。献，文献的献。征是征求意见的征。《论语》上有“文献不足征”，献是指贤才，那么这里献就指人物，大概是一百二十卷。搞明史的人都要看这部书，它保存的传记资料很多，各种墓志铭、传都有。我估计他是在参加修明史、修国史时候收的一些资料，后来中断了。我觉得焦竑是善于著述之人，很会因地制宜。《国史经籍志》非常复杂，既有当时传世的书，比方说和《内阁书目》都有些关联，同时也有一些是前朝书目著录的书。它的来源比较复杂，有些资料只有他有。我记得有部书叫《孔氏实录》，就像孔子家谱。我印象这部书大家都不知道它的作者，但是《国史经籍志》上说，是孔元祚。这就提供了一个重要线索。他还说有一个人帮着校，这个人叫施泽之。这些都提供了很重要的线索，也就是说这本书的编者，应该在元朝。包括《四库全书总目》《山东艺文志》都不著录它的作者。他是怎么知道的呢？一定是见过书。所以《国史经籍志》需要清理，需要清算。我记得顾颉刚他们经常引《国史经籍志》，《四库总目》也经常引用，可就是没有人给这个书做考证。以前不是有《〈汉书·艺文志〉考证》嘛，王应麟，后来到了清朝，又考证《隋书·经籍志》，章宗源，但是没有人搞《国史经籍志》考证。

章学诚曾经花费多年的心血，写了一部《史籍考》，实际上是模仿朱彝尊的《经义考》。后来这个书是两淮盐运使叫潘锡恩，想给他出，就委托许瀚，山东日照的学者，给他校。许瀚花了很大工夫校。后来捻军占领了许瀚的家乡，这个书失传了。好多人都不知道怎么失传的，是王重民先生考证出来的。这个书消失了，我们编《清史·艺文志》的时候，就给它放到《艺文志》里去了，因为这部书很重要，尽管失传了。入《艺文志》的书少，十选一吧，但是《史籍考》我认为应该放进去。《史籍考》就跟《经义考》是一样的，是一部目录学的书，就跟《晚明史籍考》也是一样。它为什么叫《晚明史籍考》呢？就是模仿章学诚的《史籍考》。

著作的方式很多，人家王仲荦写《北周六典》，就是北周职官志；《北周地理志》，这个“志”就是准确地记录它的职官制度。不是光写论文和章节体的著作，还有很多别的方式，甚至于写日记都是著作。像李慈铭日记，《越缦堂日记》；王闿运的日记，叫《湘绮楼日记》，晚清一个大人物。钱锺书也经常引《湘绮楼日记》，有一次钱锺书引《湘绮楼日记》，说到给钱先生的父亲开纪念会，他说王闿运的日记有一首诗说：“灵均枉自伤心死，却与闲人作令辰。”就是说名义上端午节是纪念屈原自杀的，它实际上是被一些闲人当作良辰节日。不过王闿运著作很多，远不止这些。《徐霞客游记》就是日记，你们可以翻翻看看。咱们现在每天不也在游玩吗，你要写日记，就是个考验。晚上困得慌，眼睛睁不开了，第二天一大早又出发了，今天没记欠着，明天没记欠着，那就没有积极性了。我现在每天还记日记，不过记得简单，因为累得慌嘛，但是都要记，这是对自己的考验。过去把日记作为“日课”，这个“课”是什么含义？就是考，考试的考。什么叫日课？第一，当你懒惰不想记的时候，对你是个考验；第二，吾日三省吾身，一省就行了，你这一天是不是无可记啊？你只能记“今日无事”。其实不是无事，你不想记，这是每天对你的拷问。所以那个孔府的日记啊，就“今日无事”。后来搞《孔府档案选编》，他们就说，你看，他们过得多么无聊的生活！其实呢，他是有选择地记，并不是真的没事。

伍　序言

《吴庆峰教授八十华诞纪念文集》序

岁月荏苒，时光匆匆，吴庆峰先生在我心目中作为“中生代”定格的形象，竟也年届八旬了。先生电话告知，八十生日，门生诸子编撰《纪念文集》刊行，以祝遐寿。嘱为序。

为什么说吴先生是“中生代”呢？1966年到1976年的十年间，我国中断了高等学校招生考试。十年中大批才俊中路迷途，进取无方。1977年恢复高考，半年后1978年恢复考研究生，无数青年在极度失望中像做梦一样踏入了大学之门。那时把大学比作知识的殿堂，可以说一点都不过分。大学图书馆一排排的书，大学课堂站在讲台上衣着朴素而学问高深的老师，所提供给青年学子的，无异于那个困难时期食堂的饭菜，是急于充饥的食粮，所以才有“如饥似渴”“生吞活剥”这类描述。吴庆峰先生1978年考取山东大学中文系研究生，导师是语言学名家殷孟伦教授。那时山大中文系还有一位语言学名家殷焕先教授，时称“二殷”。他们的研究生共同上课，有时候分不清是哪位殷先生的弟子。这两位殷先生的弟子，我知道的还有朱广祁、徐超、路广正、姜宝昌、刘晓东、朱正义、国光红、赵伯义诸位。同届的古代文学萧涤非教授的研究生还有王洲明、王培元、萧华荣等几位。教授们大约上午10点多开始陆续从山大南院家属院步行到校园内文史楼中文系办公室拿报取信，手里提着一个包，走在校园主干道的路边上，精神格外饱满。路上见了同事或学生会打招呼，或停下来说几句话。这种场面让我产生了当一名大学老师的憧憬。我是1981年考入山大中文系的，对77级学长来说，是恢复高考的第五届。77级是春节后入学，78级是暑假后入学，中间差半年。81级入学时，77级还有半年才毕业，所以出现了历史上不多见的五届同时在校的半年时光。77、78、79这三届学生年龄差距很大，小的十七八岁，大的三十几岁，有不少拖家带口，有的人念不起，硬是申请改本科四年为专科两年毕业了。77级大学生、78级研究生，都在1981年毕业。第一届毕业生，在百废待兴的大学，大都留校或直接分配到其他大学当老师。我们81级的老师就有新毕业留校的大学生谭好哲老师、吉发涵老师，新毕业的研究生姜宝昌老师、徐超老师、路广正老师、王洲明老师、王培元老师、萧华荣老师，等等。他们作为崭新的大学老师，意气风发，是积极奋斗的一代，开拓进取的一代，才如风雨气如虹，数风流人物还看今朝。事实上，在其后30年间，中国学坛几乎是这一代人的天下。相对于经过浩劫洗礼幸存下来的萧涤非、殷孟伦、殷焕先、王仲荦这些饱学之士、老师宿儒，77级、78级的青年才俊，可谓之“中生代”。精神状态与老一辈大不相同。吴庆峰先生当时毕业去了山东师大中文系，后来担任古代汉语教研室主任、汉语言文字学学科带头人。我所认识的国光红先生去了山东省教育学院（后改名齐鲁师范学院），大约在30年间每年学生打分都是第一名。徐超、姜宝昌、王洲明三位老师都曾担任山大中文系副主任，姜、王二位老师还先后担任国际教育学院院长，路广正老师担任古汉语教研室主任，刘晓东老师担任古籍所所长、文史哲研究院副院长，77级的谭好哲老师担任了文学院院长。加上78级、79级的大学生，他们真正扮演了一代学人的角色。

我作为这个“中生代”的学生辈，目睹了他们和他们的老师砚田笔耕、愚公移山的历史画卷，也引发了许许多多的回顾。我的导师王绍曾先生与殷孟伦、萧涤非先生为同一辈，先后师从唐文治、钱基博、张元济、高亨先生治古文献学，历任山东大学图书馆研究馆员、古籍所教授。1978年恢复招研究生时，王先生在图书馆工作。两位殷先生、王仲荦先生邀请王先生为研究生讲目录版本学课，王先生编选油印了一本《古籍目录版本校勘文选》。大约1980年，程千帆先生应殷孟伦先生之请来山大为研究生讲校雠学。当时听课的朱广祁、徐超、吴庆峰三位把听课笔记整理出来寄给程千帆先生。程先生又根据南京大学自己的研究生徐有富、莫砺锋、张三夕的笔记整理成了《校雠学略说》。这个16开的小册子是1981年由山东大学刻蜡板油印的。封面刻印：“南京大学程千帆讲，南京大学研究生徐有富、莫砺锋、张三夕记录，山东大学研究生朱广祁、吴庆峰、徐超整理。”1985年我考上山大古籍所的研究生班，王绍曾先生讲目录校勘学，发给我们每人一册，那是1983年山东大学第二次油印本，前头有王绍曾先生1983年6月的“说明”，其中说：“我和王培元同志一起，改正了一些错字，对引文进行了校对，并对第四章和第五章与全书统一了体例，卷首又加上一个目录。”后来徐有富先生在程千帆先生指导下增订为四大册《校雠广义》，1988年由齐鲁书社出版。王绍曾先生告诉我：“《校雠广义》太详细了，远不如《校雠学略说》来得精要。”可是除了山大的油印本，《略说》似乎没有正式出版过。这次看到《吴庆峰先生八十华诞纪念文集》，其中有吴先生两篇回忆，一篇是《程千帆先生给我们上校雠学》，一篇是《回忆殷孟伦先生》，我拜读之后，了解到当时的更多情况。1980年6月底程千帆先生在山大授课结束回南京，到济南火车站送行的有殷孟伦先生、蒋维崧先生、王绍曾先生以及研究生朱广祁、徐超、吴庆峰等，在火车站合影留念。1979年11月15日殷孟伦先生在南京大学为教育部委托洪诚先生主办的训诂学培训班讲课，写信给吴庆峰先生，要他办几件事，其中一件是：“《目录校勘文选》，程先生要70份。即请您告诉出版科。”王绍曾先生和程千帆先生长期书信往还不断，这本山大油印的《古籍目录版本校勘文选》是山大的研究生教材，程先生他们实际上是购买了70册，给南京大学的研究生用。我上研究生时，也是每人发一本。这本讲义老先生都很关心，傅璇琮先生曾提议中华书局出版，王绍曾先生说应当增加注释。可是王先生手里大约十个项目同时进行，注释工作没有时间做。去年福建人民出版社宋一明同志提出愿意出版，我才把复印本给了他。离油印的时间，已四十多年了。

我在1987年研究生毕业后留山大古籍所工作，所里指定我为王先生的助手，从此我就走上了文献学的路。在跟随王先生从事《清史稿艺文志拾遗》编纂的20世纪80年代后期，有一天吴庆峰老师来山大图书馆请王先生写一份学术鉴定。王先生当场写好，交吴老师拿走了。吴老师瘦高个子，对王先生很尊敬，三十多年过去了，如在眼前。以后因专业原因，与吴老师一直很熟悉，有一次我应邀到山师大古籍所讲了一堂课，吴老师亲自到场评议，这是对我的莫大提携。吴老师参加董治安先生主持的国家项目《两汉全书》，郑玄三礼注都是吴先生整理的。郑玄是山东高密人，是中国学术史上的一个学术标杆，《郑玄全集》理应由吴庆峰先生整理，于是建议山东大学儒家文明协同创新中心立项资助。我又与齐鲁书社联系签订资助出版合同，予以出版。这部大书估计近期就要正式面世了。

吴庆峰先生秉承章黄学派的传统，亲受业于黄侃先生高足殷孟伦先生，学问深湛，无愧师门。笃于友谊，提携后辈，不遗余力。在我所记的“中生代”中具有一定的典型性。中国古典学术注重一个“传统”，汉代人强调师法、家法。传统是一代一代传递的核心精神，在吴先生身上就蕴蓄着浓厚的极其宝贵的传统精神。

当吴先生电话告诉我他已八十岁时，我说：“有八十吗？”他说：“确实八十了，可是我不老。”“我不老”三个字脱口而出，让我肃然起敬，当时我想到了《三国》里的赵子龙。我想，吴先生在学术上一定能够一如既往，不断做出令人仰慕的成绩，让学术传统发扬光大。

二〇二〇年四月十五日，后学杜泽逊恭序。

《四库提要小传斠补》序

李君坚怀著《四库提要小传斠补》即将出版，来函嘱序。坚怀执教于安徽科技学院，2015 年春来山东大学儒学高等研究院从余游，为访问学者，盘桓于校经处者月余。一日出示《四库提要》考订若干篇，皆就小传补其未备，纠其错讹，探幽抉微，多独得之言。因就繁简去取稍作调整，勉其赓续。坚怀孜孜不倦，日有所进，及返合肥，积渐成帙，2017 年申请国家社科基金后期资助项目，获得批准，问世有期矣。

我国目录学，自刘向《别录》、刘歆《七略》，树立楷模，千古仰望。惜全编久佚，仅存零简残句。至清代乾隆间官修《四库全书总目》出，而高标重铸，士林宗法。唯工程浩大，篇帙逾万，考证或有未到，议论间失公允，不能无白璧微瑕之叹。近人余嘉锡《四库提要辨证》、胡玉缙《四库全书总目提要补正》出，补阙订讹，学者称善。其后文献整理日见进步，检查技术更远胜于前，昔所不能睹者今睹之，昔所难寻绎者今钩索剔抉几于幽隐，宜乎考据成果层出不穷也。坚怀因地制宜，专心致志，逐一核证《四库提要》之作者小传，于各家之后，收获颇丰，殊可喜也。张之洞尝赞《四库提要》为良师，学者读《提要》而佐以诸家辨正，自可正本清源，得其真谛，则坚怀矻矻爬疏，亦足慰藉矣。

二〇二〇年五月十三日夜，滕人杜泽逊序于历城清济堂。

《四库提要选注初集》序言

2019年春季，山东大学文学院资助开设读书会14个：陶渊明读书会（李剑锋主持）、苏轼诗文研读会（樊庆彦主持）、《聊斋志异》研读会（李桂奎主持）、戏剧读书会（刘方政主持）、新世纪文学阅读会（马兵主持）、当代文学史料研读会（史建国主持）、《共产党宣言》及相关经典著作研读会（刘志业主持）、批评理论读书会（杨建刚主持）、生态美学研究读书会（胡友峰主持）、西方音乐与文化读书欣赏会（凌晨光主持）、世界文学读书会（刘林主持）、爱勃拉姆斯《文学术语词典》研读会（夏冬红主持）、文学经典与医学读书会（徐爱梅主持）、《四库全书提要》读书会（杜泽逊主持）。每个读书会由一位老师主持，基本人数达到十人即可申请立项。固定教室，固定时间，预报每期内容。我主持的《四库全书提要》读书会，报名的博士生、硕士生、本科生近八十位，足见诸生读书之热情。鉴于成员较多，不容易办成圆桌围坐式读书会，就采取了轮流领读讲解的方式。

我从《四库全书总目》中选出40篇提要，经史子集都有，请诸生两人一组认领一篇作详注。注释条目为人名、地名、引证文献、专门术语等。要求以引用典籍的方式达到注释的目的。引用典籍力求其原始性。例如人名、地名，不允许直接采用人名词典、地名词典，而应采用正史列传、历代地理志。引用典籍亦应说明采用版本。我先注释一篇样稿发给诸生参考。至于谁先讲，则征求诸生报名。读书会大都在星期四晚上。主讲学生先来校经处和我讨论注释是否正确，繁简是否得当，引用文献断句是否确切，格式是否规范。每次读书会约三小时，讲两篇，主讲学生四位。主讲程序：先通读一遍，再领读一遍，然后讲解。讲解则先介绍版本流变，再详解提要内容。详解以疏通文句、考证事实、分析层次、阐发精义、订补缺误为主要任务。一篇讲完，提问讨论，我再作补充评述。讲过之后，主讲人修改完善注释。2019年春季一个学期共有22位同学讲解了11篇提要，加上我的一篇共12篇。我把这12篇提要注释结集为《四库提要选注初集》，排印成一册，发给读书会诸生参考。每篇之末标明了注释人，并附有注释者简历。本集之末附上《山东大学文学院四库全书提要读书会2019年春季同人录》。这本《选注》可以作为半年来读书会成果的纪念。注释容有不成熟、不准确之处，请读者批评教正为感。

读书会课代表于静波同学始终热情工作，联络成员，安排会务，这本小册子即由静波同学助余编校整理而成，潘磊同学、孔妍文同学以及我的博士生王笃堃同学参加了整理工作。担任排印工作的是济南甲骨文化传媒公司翟德军经理。诸位的贡献，理应表扬。特此说明。

2019 年 7 月 10 日

《四库提要选注二集》序言

山东大学文学院资助的读书会，2019 年春季有 14 个，我主持的《四库全书提要》读书会是其中之一，学期末读书会的成果《四库提要选注初集》一册已由山大文学院印行。2019 年秋季，读书会继续开展。本学期文学院资助的读书会 11 个:《庄子》研读会（孙学堂主持）、《世说新语》读书会（李剑锋主持）、苏轼诗文研读会（樊庆彦主持）、《四库全书提要》读书会（杜泽逊主持）、“新世纪文学”阅读会（马兵主持）、莫言读书会（丛新强主持）、《摹仿论：西方文学中现实的再现》研读会（刘林主持）、西方音乐与文化读书欣赏会（凌晨光主持）、“批评理论”读书会（杨建刚主持）、《共产党宣言》及相关经典著作研读（刘志业主持）、《历史语言学》研读会（张燕芬主持）。

我主持的《四库全书提要》读书会仍采用春季读书会办法，尽量每周聚集一次，每次两三个小时，请四位同学讲两篇提要，两人一篇。列入注释讲解的提要由我事先开出目录发下去，读书会诸君两人一组认领。为了保证质量，讲课采取预约办法，提前注释。注释文字尽可能由我提前审阅，与注释者共同商议修改补充。每次聚会都在晚饭后六点半开始，大约九点半至十点结束。读书会的地点设在知新楼A座620室（文学院报告厅）。上半场讲一篇，下半场讲一篇。讲解者均做好课件PPT，大都加上善本书影。引证丰富，不乏新见。讲毕，同学提问，再由我点评。本学期参加读书会的同学54位，有的是上学期的老成员，也有新成员，有博士生、硕士生、本科生，成员不限于文学院，还有儒学高等研究院尼山学堂学生及其他学院、其他学校的学友。由于时间不足，登上讲台的只有37位，完成提要注释讲解20篇。这是很大的成绩，比上学期增加一倍。现在结集为《四库提要选注二集》。注释的体例，仍是力求征引原始文献以达到注释的目的，不提倡"直解"。个人见解则在引用文献后加案语。这样做是为了提高诸君认识古典文献、检索古典文献、使用古典文献的能力和规范，学会追根溯源，学会切分前人旧说和个人新说，避免一锅粥式的再叙述。个人案语固然是学术成果，发掘原始文献也同样是学术成果。当你把原始文献摆出来后，一切就真相大白了，你不必再赘一词，真所谓不着一字尽得风流。傅斯年说"史学便是史料学"，也有这方面的启发。这是治学的一种方法、一个层面，并不能绝对化、泛化。它适应某些学术领域，并且行之有效。所谓治学方法，都有适应的范围，我们的方法也是这样。每篇注释后附有注释者的小传，全书后则附有本学期读书会成员名录，也可说是雪泥鸿爪吧。

这学期的课代表是博士生潘磊同学、本科生孔妍文同学。现在汇集的这本成果是他们的功劳。我的博士生王笃堃同学、负责排版和印刷的济南甲骨文化传媒公司经理翟德军先生，都为此费心良多，在此代表读书会诸君感谢他们。由于疫情，各方面工作拖延，我的这篇说明也是补交的作业。

2020 年 5 月 24 日

《2019年山东大学文学院同人录》序

马克思认为“人的本质是一切社会关系的总和”。同事关系，和家庭关系一起，构成人生最主要的社会关系。因此对家庭关系和同事关系的研究，从来都是学者关注的重点。不过，关于家庭的研究，其深入程度和成果的丰富，都似乎高于对同事关系的研究。要对同事关系进行研究，当然要依赖记载同事的材料。

基于山东大学筹备一百二十年校庆工作的考虑，我们成立了山东大学文学院院史资料编写组，利用业余时间搜集一百余年来山大文学院的历史人物、历史事件、人才培养、学术成就等方面的资料。这当中有《文史哲》社员合照，使我们更真切地感受到《文史哲》是同人杂志的含义。某一特定历史时期为从事某项共同事业而聚在一起的人群，他们的关系是同事，文雅的称呼是“同人”。迄今为止，还没有发现山大文学院（以前也叫中文系）历史上的同人合照，也还没有发现同人名册。这让我萌生了编一本同人录的想法。我把这一想法向文学院党政联席会议做了汇报，获得一致通过。这就是《2019年山东大学文学院同人录》的来历。

同人录，截取历史上一个特定时期来记载相关人物。这类著述在中国源远流长。司马迁《史记》有《十二诸侯年表》《汉兴以来诸侯王年表》《高祖功臣侯者年表》《建元以来侯者年表》《汉兴以来将相名臣年表》等篇，集中记载一个特定历史时期朝廷具有特殊身份的人群。还有一篇《仲尼弟子列传》，集中记载了孔子弟子七十七人，这多少有点像今天的“同学名录”。唐代司马贞《史记索隐》指出：“唯文翁《孔庙图》作七十二人。”又说：“如文翁《图》所记，又有林放、蘧伯玉、申枨、申堂，俱是后人以所见增益，于今殆不可考。”文翁在汉景帝末年任蜀郡太守，兴办教育，创设蜀郡讲堂，又名“石室”，其后屡经修缮，历二千年而仍存（今成都石室中学）。讲堂绘古圣贤周公、孔子及七十二弟子像，这与《史记·仲尼弟子列传》可以互证。

唐代有著名的《尚书省郎官石柱题名》，记载了唐代开元至大中时一百五十余年郎官姓名及任免情况。又有《御史台精舍碑题名》，记载唐初至天宝元年御史官员近千名。南宋陈骙撰有《南宋馆阁录》十卷，又有无名氏撰写了《续录》十卷，二录的“官秩”门记录了南宋建炎元年至咸淳五年秘书省任职官员960余人的简历。南宋又有记载在朝官员姓名的《班朝录》（见《容斋三笔》）。传世的明代在任官员名录有万历十二年春季《新刊真楷大字全号缙绅便览》，崇祯十四年秋季《新刊详注缙绅便览》等数种。清代沿用明代习惯，每年春、夏、秋、冬四次刻印《大清缙绅全书》，可以说是动态的全国官员名录。

科举名录也由来已久。宋洪适编有《大宋登科记》，自建隆元年至绍兴三十年，记载登进士科及词科中举者23600余人。记一科名单的有著名的《绍兴十八年同年小录》，为王佐榜进士题名录，朱熹为该榜五甲九十名。因为这个原因，这份《同年小录》很有名气。又有《宝祐四年登科录》，状元为文天祥，也流传至今。明清两代的乡试录、会试录、殿试录，流传较多。同一年参加科举考试考中的叫“同年”，互称“年兄”。考上的时候有“乡试录”“会试录”等，按名次排列。还有一种“同年齿录”，则是按年龄大小排列的同年录。

近代开始出现同学录。光绪五年的《同文馆题名录》，光绪三十二年的《京师大学堂同学录》《山东师范学堂同学录》，宣统二年的《山东高等学堂同学录》，都属于同学名录。

民国时期政府部门的职官录已比较多见，2016年凤凰出版社出版的王强主编的《民国职员录汇编》30册，2019年大象出版社出版的冯立昇主编的《北洋政府职员录集成》109册，都是史料价值较高的民国时期各政府部门职员录的汇编。《2019年山东大学文学院同人录》放在我国历史上同类文献中，至少不觉得有什么突兀，而是中国传统历史文献中传记体文献编写模式的一种继承。

编写《同人录》在今天有了新的要求，比如高质量的照片，准确的个人履历，规范的语言，都是应当尽力求其精善的。基于这样的特殊要求，我们邀请了具有中文学科背景而又有摄影和新闻专业基础的刘梦冬女士承担了这一任务。经过一年的紧张工作，在老师们的大力支持配合和指导下，在编纂团队的合作下，这份《同人录》终于完成了。本书仿“齿录”的体例，按年龄大小排序，在职与退休教师员工一体收录，是2019年山东大学文学院同事的一次汇集。为了保证质量，文学院专门组成了一个工作委员会，对书稿进行了认真审读，然后交给山东画报出版社出版。

《周易·同人卦》说：“同人于野，亨。利涉大川，利君子贞。”集体的力量是巨大的，团结合作，可以让我们履险如夷，不断收获耕耘带来的硕果。这也许是这本《同人录》给我们的启示吧。

2020年7月16日

《滕州文献志》序

友人杨其东先生著《滕州文献志》,将付梓,以稿相示,嘱为序。

余读其书，著录滕人古今著述富且备矣。每书必考其著者里居行迹，存者详其版本抄刻，序跋题记，内容宗旨，授受源流。佚者亦考其著录，辑其残賸。一邑文物往迹，藉以见梗概，曷胜钦慕。

我国历史悠久，幅员广阔，区域文化，争奇斗艳，地方著述，汗牛充栋。清代以来，文献学发达，地方文献目录出于名家之手者，如孙诒让《温州经籍志》、项士元《台州经籍志》、缪荃孙《江阴县续志·艺文志》、甘鹏云《潜江书征》、徐世昌《大清畿辅书征》、金毓黻《辽海书征》、李小缘《云南书目》、蒋元卿《皖人书录》、王绍曾师《山东文献书目》、沙嘉孙《山东文献书目续编》、徐泳《山东通志艺文志订补》等，久为世重，皆其荦荦者。其东先生《滕州文献志》，继轨方驾，跻身地方艺文志之林，洵为不可无之书也。

先生滕人也，业书，博览精思，卓尔不群，见邑人书辄录存之，不遗夫片楮只字，集腋成裘，裒然成帙，遂为不朽之业。昔王文进著《文禄堂访书记》，孙殿起著《贩书偶记》《清代禁书知见录》，罗振常著《善本书所见录》，雷梦水著《古书经眼录》，严宝善著《贩书经眼录》，江澄波著《古刻名抄经眼录》，皆以业书而著书，侧身学林，流芳百代。若其东先生，王罗孙雷之流亚欤？斯可敬也！

二零二零年十二月十八日滕人杜泽逊谨序。时乘火车南下漳州，风驰电掣，过滕园，无任桑梓之感也。

《欧洲满文文献总目提要》序

友人王敌非先生出示大著《欧洲满文文献总目提要》书稿，嘱为序。拜读一过，其书计有满文典籍提要 475 篇。这些珍贵的满文典籍是王敌非先生历多年艰辛，孜孜不倦，从欧洲各国访求并研究所得。收藏国家包括英国、法国、德国、波兰、丹麦、梵蒂冈、意大利、匈牙利、荷兰、瑞典、挪威、拉脱维亚、奥地利、捷克、比利时共 15 个。还有一个满文文献收藏大国俄罗斯，其藏品提要将另撰一册。这样专门而踏实丰厚的学术成果，经历了怎样的艰苦劳动，注入了多少专业见解，想来令人肃然起敬。

这让我想起一件往事。1986 年我在山大古籍所读研究生，老师霍旭东先生、刘聿鑫先生、徐传武先生带我们一行十人去洛阳、西安等地考察实习。在西安请黄永年先生讲版本学。有一天黄先生通知我们去陕西师大听白化文先生作报告。白先生带着自己的研究生杨宝玉同志到敦煌考察，途经西安，黄先生请作报告，我们也就跟着沾了光。白先生作报告时特别提到山东大学关德栋先生。白先生站起来鞠一个躬说："关德栋关先生，那是我师叔。"关先生出周叔迦先生之门，而白先生又出周叔迦先生哲嗣周绍良先生之门，因有此说。白先生手里拿着一本《敦煌遗书总目索引》，王重民先生主编。他说："这些年来敦煌学界的成果大多是从王先生这本《总目》衍生出来的，其中的提示是从事学术研究的线索，我本人写的几篇文章就是受《总目》之赐。"还特别提到《总目》中的《斯坦因劫经录》是刘铭恕先生根据胶卷撰写的。我们再看王敌非先生的《提要》，应该有同样的感受吧。目录学对从事学术研究工作所起到的门径作用，是学术界公认的。看似简单的提要，对于行家来说，是发现学术线索的重要抓手。

我学习目录学的真正入门，是80年代后期王绍曾先生开了书单命我写的一百余种书目的提要。这些提要稿王先生大都作了批改，至今保存着。至于关德栋先生，俗文学名家，精通满文。2001年山东大学百年校庆，作为校友的季羡林先生到山大参加庆典，在谈话中特别问到关德栋先生的满文是否有人继承。很遗憾，无人继承。记得有一次，徐传武先生的友人拿来一份圣旨，希望鉴别。徐老师把我和刘心明同志叫去。我们表示：没见过真圣旨，无能为力。山大图书馆长徐经泽先生也来了，他说关德栋先生整理过满文老档，能看圣旨。我们一行到了关先生家。关先生接过圣旨，快速展开看了一下，说："是真的，留着吧。"我们问关先生如何鉴别。关先生说：料是内务府五色织锦，文字是满汉两种，民间不易做出来。我们深感钦佩，而关先生非常平淡。王绍曾先生主持《清史稿艺文志拾遗》，我后来主持《清人著述总目》，当然要面对满文文献，我们可谓束手无策，只能抄录若干现成的有汉字著录的书目，聊备一格。像王敌非先生这样精通满文而又深入研究文献学的学者，真是不多见。钦佩之余，还希望敌非先生继续扩大战果，逐步完成存世满文文献的提要撰写工作，为学术界提供更多的学术资源。熏沐祷之，企予望焉。

公元2020年10月13日杜泽逊恭序。

后　记

收入这本小书的文稿，有不少是友生整理而成，帮助整理的友生有：韩博韬、康博文、刘润枫、曹湲媛、任君敏、胡玉花、赵子瑄、林容单、王少帅、叶子淇、孔妍文、杨胜祥、吴雪菡、陈奕飞、袁玉琦、郑怡宁、韩超、谢雨欣、曲莹、隗茂杰、李佳杰、林康、商赛博、李玺、方英权、马素雅、于快、冯梦非、许高雅、祖雪妍、尹冠桦、索浩然、董一峰、马宁、陈锴。凤凰文化的采访是向松阳先生整理的。帮助审校清样的友生有：姚文昌、李玺、方英权、马素雅、王子宁、尹冠桦、马宁、陈锴、谢雨欣、李思怡、刘哲、孟楠、杨雅然、范萌、毕婉琪、戴金鑫。均此申谢。

泽逊。2021.11.7